本书系浙江省哲学社会科学规划青年课题（20NDQN270YB）的阶段性研究成果

合同调整规则的教义学建构及规范适用

吕双全／著

宁波大学校级国际化专业建设项目（法学）资助
国家一流本科专业建设试点

宁波大学东海文库

法律出版社 | LAW PRESS

宁波大学东海文库总序

21 世纪正面临一个从“黄土时代到蓝土时代”的转型大变局。从“面朝黄土、背向海洋”到“面向海洋、海陆统筹、谋新蓝图”，后者已成为当今世界发展的大趋势。毋庸置疑，宁波作为“面向海洋、海陆统筹、以海定陆、谋新蓝图”趋势下向海而生的重要节点城市，面对上述转型大变局，其本土所生发的系列先行先试治理及法治实践，正进一步被推向前台。

宁波作为计划单列市、副省级城市，是“一带一路”重要节点城市，有着诸多先行先试的商、海、港等先试资源，正承担“全面展示中国特色社会主义优越性、全国生态文明先行示范、高质量发展建设共同富裕示范”等 10 余项国家级先行示范区的时势之责。就宁波港而言，其历史可追溯到数千年之前，唐朝建立明州港，元朝更名为庆元港，明朝更名为宁波港。宁波舟山港位于中国大陆海岸线中部、“长江经济带”的南翼，为中国对外开放一类口岸，中国沿海主要港口和中国国家综合运输体系的重要枢纽,中国国内重要的铁矿石中转基地、原油转运基地、液体化工储运基地和华东地区重要的煤炭、粮食储运基地。宁波舟山港作为上海国际航运中心的重要组成部分,该港由北仑、洋山、六横、衢山、穿山等19个港区组成,共有生产泊位620多座,其中万吨级以上大型泊位近160座,5万吨级以上的大型、特大型深水泊位90多座,是服务长江经济带、建设舟山江海联运服务中心的核心载体。2020年,宁波舟山港完成货物吞吐量11.72亿吨,同比增长4.7%,连续12年保持全球第一;完成集装箱吞吐量2872万标箱,同比增长4.3%,继续位列全球第三。

宁波大学面朝东海、根系内陆,于二十世纪八十年代由北京大学、浙江大学、复旦大学等五校对口援建而成。正如同其校训"实事求是、经世致用"一样,宁波大学扮演着地方与国家、本土与海外、理论与实践相对话与沟通的重要桥梁。宁波大学法律系于1986年在北京大学法律系对口援建下创办,是宁波大学最早设立的八个系之一。法学专业先后获国家综合改革专业、国家特色专业、浙江省"十二五"和"十三五"优势特色专业,2019年入选首批国家一流本科专业建设点。2020年法学专业排名"5星级",全国第53位,排名全国前8.69%;2021年的邱均平本科专业法学专业排名列全国前8.38%;行政管理专业为浙江省重点建设专业,入选首批浙江省一流本科专业建设点,2021年行政管理专业排名列全国前29.04%。法学学科为浙江省一流学科(A类),2020年在中国软科学排名中法学学科位列全国第50名,公共管理学科是浙江省重点建设学科。宁波大学法学院已形成民营经济与中小企业法治服务、法治政府与地方治理、生态文明与海洋法治等特色学科建设领域。法学院拥有浙江省高校人文社科重点研究基地——法学、省重点学科——民商法学，获得法学浙江省首届高等学校省级教学团队、“滨海湾区建设及其法治保障”浙江省高校高水平创新团队，拥有浙江省高校人文社科重点研究基地、浙江省首批重点专业智库——东海研究院、国家首批知识产权信息服务中心等系列学科科研建设平台。

宁波大学东海研究院有着15余年的建设积淀。2006年4月，宁波大学东海研究院的前身（浙江省海洋文化与经济研究中心）以扎实的竞争实力，获评浙江省首批哲学社会科学重点研究基地。2016年11月浙江省海洋文化与经济研究中心进一步提升发展为宁波大学东海研究院。2017年被晋升与遴选为浙江省教育厅首批高校智库。2018年被晋升与遴选为浙江省首批重点专业智库，其后先后入选中国CTTI来源智库，成为中日韩黄东海战略联盟核心支撑平台之一。东黄海研究智库联盟是为落实李克强总理在2014年第九届东亚峰会上提出的建设东亚海洋合作平台的倡议，由自然资源部海洋发展战略研究所2017年发起成立的我国首个专门研究东黄海涉海问题的智库合作机构。宁波大学东海研究院从“环境”与“海洋”两大领域跨学科推进系统深入研究，尤其重点关注“生态文明及法治基础理论及重点实践，海洋法治、海洋经济、海洋环境和海洋教育”等领域的重大前沿理论与现实问题。通过积极开展厚实的积淀建设与广泛国内国际交流合作，东海研究院已建立了一支专业优势突出、研究视野宽广、决策能力突出、结构合理的研究团队；形成“高端东海智库论坛、东海沙龙、东海讲坛、东海通讯、海洋教育研究通讯”等系列有影响力的智库品牌与交流载体；刊发诸多深层次的前沿真知灼见和有价值的论著；获得了国家社科重大招标项目，以及重要国家领导人、国家生态环境部部长、浙江省委书记及省长等省部级领导的肯定性批示等系列高端标志性成果；在国内外形成充分影响力与知名度，积极发挥国家战略及地方治理先行先试的理论研究与资政智囊团作用。

伴随着人类人口剧增，人类对海洋这一"最后空间"进一步涉足，人类的"活动半径"正进一步从"内陆"延展至"海洋"，陆地资源因大规模开发利用而日趋短缺，海洋也已成为人类在地球上进一步拓展足迹的"最后空间"。伴随着党中央全面推进依法治国、推进国家治理体系与治理能力现代化等系列重大战略举措的大力推进，我们正面临坚定不移走中国特色社会主义法治道路，在法治轨道上推进国家治理体系和治理能力现代化，为全面建设社会主义现代化国家、实现中华民族伟大复兴的中国梦提供有力法治保障，探索地方治理体系与治理能力现代化先行先试经验等时代要求。面对时势，对于宁波、宁波大学、宁波大学法学院及东海研究院等而言，无疑需要在"前沿理论问题研究、先行制度机制创新先试、先行先试经验提炼推广、国家及地方政府治理战略咨政建言、高层次地方治理及法治人才培养"等方面，对转型大变局下的系列新诉求予以积极回应，以及积极回应"全面展示中国特色社会主义优越性、全国生态文明先行示范、高质量发展建设共同富裕示范"等时代重责，积极扮演"示范先行区、发展引领区、改革试验区、展示探索者"等时代角色诉求。

也正基于此，促就了"东海文库"的共同谋划与系统生发。本文库旨宣传先行先试区域、宁波大学、宁波大学法学院及东海研究院等在积极回应转型大变局及时势使命诉求中，所涌现的系列优秀理论与实证研究成果。成果入选本文库，不论作者职称、地位和亲疏，一切以学术性为唯一考量，以求立足"顶天立地"以力承时势之责，为推进国家治理体系与治理能力现代化贡献绵薄之力！面对转型大变局，秉承“国家战略、区域先行、国际视野、中国立场”，立足“海陆统筹、以海定陆、谋新蓝图”视角，基于“根植于本土、归属于全国、面向新时局”的逻辑主线，“东海文库”正走在新征程，敬请大家批评指正！

钭晓东

2021 年 6 月

序

周江洪[*]

合同调整规则问题，虽然学术界对其有零星研究，但就合同调整规则的统一问题作出体系化思考，无论是域内外，均尚处于起步阶段。对于该问题的思考，是民法学前沿问题之一。与学说鲜为关注不同的是，该问题属于实践中颇为必要而棘手的难题之一。例如，基于瑕疵担保责任而选择适用减价的场合，在无法确定瑕疵物现有价值之时，应如何平衡双方当事人的利益成为问题。若纵观民法体系全局，会发现此时与情事变更原则适用中变更标准不确定时相类似，均面临着如何变更合同的难题。吕双全博士的著作《合同调整规则的教义学建构及规

* 浙江大学社会科学研究院院长，光华法学院教授。入选国家万人计划哲学社会科学领军人才、中宣部文化名家暨“四个一批”人才、中组部首批青年拔尖人才、教育部青年长江学者和教育部新世纪优秀人才计划等重要人才项目，获第八届、第九届“全国杰出青年法学家”提名奖。

范适用》立足于国内外学说理论的比较分析，将该种问题统一归结于“合同调整”问题，主张再交涉义务在减价领域的类推适用，为此提供了研究相关问题的新思路。

本书结合《民法典》的最新规定，从体系角度整合合同调整规则，建构统一的适用体系，既有宏观视角，也有细节探幽，为学界进一步的研究夯实了基础，为实务界处理变更难题提供了解决方案。相较于既有研究，该书最大的理论创新在于体系整合，将几个看似不相近的制度以一根无形的线连接起来，从合同调整的角度试图重新对合同法的内容做“提取公因式”的总结，为研究合同法提供了全新视角。该书首先对合同调整的内涵与外延进行分析，明晰合同调整的法理基础与适用要件；在此基础上，从三个典型法定合同调整规范出发，抽象出法定合同调整规范的一般性规则，再将该规范与意定合同调整规范做统一性的分析。全书层次分明、逻辑清晰，体现了作者扎实的理论功底、开阔的比较法视野和娴熟的论证分析能力。

吕双全博士2015年进入浙江大学光华法学院，在我的指导下攻读博士学位，2018年顺利毕业。读博期间，包括作为本书基础的博士论文在内，与其说是指导，更多的是就相关问题的共同学习、共同研讨，师生相长。其在读博期间于日本京都大学访学交流一年。其熟谙德、日两门外语，这使其论著中体现出较广的比较法视域，为其研究本国相关制度提供了很好的参照系；同时，双全博士在浙江大学学习期间，也深受浙江大学民商法所注重中国问题意识的熏陶，使其包括本书在内的研究得以时刻回望我国相关制度的实务演进和学理构成。本书由其博士学位论文修改而来，是其初涉学术研究的成果之一。作为对其研究的肯定，与本书关联的部分研究成果也得到学界的积极肯定,已在相关杂志刊发。例如,《合同变更中同一性识别规则的规范构造》发表于《现代法学》2021 年第 2 期;《情事变更原则法律效果的教义学构造》发表于《法学》2019 年第 11 期;《旅游合同中单方变更权的法理构造》发表于《旅游学刊》2018 年第 5 期;《减价救济之定性与实现的逻辑构成》发表于《政治与法律》2018 年第 3 期;等等。这些研究内容,得到了学界的积极关注,也逐步在"合同调整"研究领域形成了一定的影响力。作为指导老师,看到其不断成长,其研究成果不断得到肯定,由衷地感到高兴,非常乐意将他以博士论文为基础修改完善的新著推荐给大家。当然,也希望其再接再厉,产出更多的佳作,为中国民法学添砖加瓦。

周江洪

2021 年 6 月

目录

第一章 绪 论

第一节 合同调整规则的统一趋势

正如内田贵教授所言,当今社会正是“契约的时代”。[1] 随着市场化的进一步深入,大到公司的成立、合并与分立,小到市民的衣食住行,合同扮演着举足轻重的角色。而奠定整个合同制度基础的即是合同自由原则。作为近代民法的基本原则——私法自治——在合同中的具体体现,合同自由原则主要体现在以下两个方面:一是当事人得排除他人干涉,基于自由之意思形成合同规范,并且受该规范拘束;二是国家应对该合同规范予以尊重,并承认与保障合同的拘束力以及强制力。[2] 合同具有拘束力,也就是契约严守原则(pacta sunt servanda),内含于合

---

[1] 内田貴『契約の時代』(岩波書店,2000 年)2 頁参照。同时由于引用的原因,本书在同等含义上交替使用“合同”和“契约”术语。

[2] 潮見佳男『新債権総論 I』(信山社,2017 年)3 ~ 8 頁参照。

同自由之中,是诚实信用原则的具体要求。[1] 作为合同法领域的一项重要原则,契约严守原则支撑起合同制度,乃至支撑起整个社会经济发展。该原则自罗马法时代便已存在,同时为我国《民法典》所接受。[2]

依契约严守原则,当事人在合意缔结合同之后,只能按照合同所确定的内容完成履行,不得随意单方变更合同。在此背景下,合同内容经由当事人要约承诺即已确定,再之后就仅剩合同的履行而已。然而,现实生活中的合同现象却是从合同缔结前的阶段起,到完全履行完毕为止的一系列连续的过程。[3] 在合同缔结后的履行过程中,若发生当事人缔结合同时未预见到或者未注意到的情事,原则上已缔结的合同内容不受该情事的影响。[4] 不过,世界其他立法例均不同程度地承认一定范围内的例外,从而赋予当事人一定的权利,让其在某种情事发生变更的情形下,可要求协议变更合同或者违背另一方当事人的意愿单方变更合同。其中最典型的例子就是情事变更原则在各国法下的应用。[5] 我国实证法体系也借鉴吸收了德日等大陆法系国家的经验,在某些场合承认了合同变更这一例外。例如,《最高人民法院关于适用〈中华人民共和国合同法〉若干问题的解释

---

〔1〕 我国《民法典》第 7 条规定"民事主体从事民事活动,应当遵循诚信原则,秉持诚实,恪守承诺",突出强调了"恪守承诺"。具体到合同法领域,该条即表示当事人依据诚信原则,应当恪守在合同订立时对自己愿受合同拘束的承诺。

〔2〕 《民法典》第 136 条第 2 款规定:"行为人非依法律规定或者未经对方同意,不得擅自变更或者解除民事法律行为。"第 465 条规定:"依法成立的合同,受法律保护。依法成立的合同,仅对当事人具有法律约束力,但是法律另有规定的除外。"

〔3〕 内田貴『契約の時代』(岩波書店,2000 年)89 頁。

〔4〕 Matthias Eckelt, Vertragsanpassungsrecht, Duncker & Humblot, 2008, S. 25.

〔5〕 例如,《德国民法典》第 313 条;日本虽无成文法支持,但学说判例均支持情事变更原则,具体介绍请参见『新版注釈民法(13)』(五十嵐清)(有斐閣,1996 年)66 ~ 90 頁。

（二）》（以下简称《合同法司法解释二》，已失效）第26条引入的情事变更原则（后为《民法典》第533条所确认），《民法典》第585条所规定的违约金调整等。同时，值得注意的是，在当事人的合同特约中，也会有一些合同变更条款，来约定在特殊情事发生之时的合同内容之变化。笔者欲借鉴德日两国理论对于合同变更与合同调整的区分，采依照新出现之情事调整合同之意，将上述能够在事后变更合同的现象，用“合同调整”（Anpassung、契約調整）这一术语加以称呼，而区别于“合同变更”（Änderung、契約変更）术语。[1]

关于这些分散在各个领域的合同调整规则，步入21世纪之后，德日已经有学者有意地将其进行梳理，拟从合同调整的角度再行提取公因式，进行规则的梳理与统一。例如，在德国，施奈德（Angie Schneider）教授试图在继续性合同领域统一合同调整规则[2]，卡玛纳博（Sudaber Kamanabrou）教授则致力于统一合同意定调整规范的规则[3]，浩尔（Wolfgang Jakob Hau）教授和艾克特（Matthias Eckelt）博士则试图在合同法总则领域构建统一的合同调整规则。[4] 在日本学说上，法定与意定调整规则的统一往往与对契约原理的认识息息相关。例如，内田贵教授主张的关系契约论，该学说认为契约规范的内容并非仅依据当事人合意之内容确定，而应将契约的社会背景也纳入考量，依据法共同体以及现实生活所共同拥有的规范确定内容，同时着重强调契约的“持续性（継続性）”原理和“灵活性（柔軟

---

〔1〕 具体概念区分详见本书第二章论述。

〔2〕 Angie Schneider, Vertragsanpassung im bipolaren Dauerschuldverhältnis, Mohr Siebeck, 2015.

〔3〕 Sudabeh Kamanabrou, Vertragliche Anpassungsklauseln, Verlag C. H. Beck, 2004.

〔4〕 Wolfgang Jakob Hau, Vertragsanpassung und Anpassungsvertrag, Mohr Siebeck, 2003; Matthias Eckelt, Vertragsanpassungsrecht, Duncker & Humblot, 2008.

性)”原理。灵活性原理通过将契约关系过程中产生的诸多变化灵活纳入契约规范之中,从而得以回避契约的终止,使契约的持续性得以保持。[1] 在该理论下,合同的一系列调整规范只不过是印证契约灵活性原理的论据之一。又如,森田修教授认为合同规范之内容并非在达成合意之时确定,而是随着合同缔结后合同履行的进行而持续地形成,若存在债务不履行,则根据不履行过程中时刻变化的事实状况和为了解决纷争而进行的当事人之间的交涉来确定合同规范内容。[2] 森田修认为法律中所出现的诸多合同调整规则,正是在该种合同构造的理论背景下,于近代社会出现的。

可以看出,在德日等国比较法中,合同调整规则虽然仍处于萌芽阶段,但已经有众多学者将目光集中于梳理和统一各个领域的合同调整规则之上。这些存在于法律中或者当事人约定中的,能够引起合同调整的规范,虽然适用要件各不相同,但会产生同样的合同调整的法律后果。对于此种合同调整效果的统一,基于德日民法中所出现的数本教授资格论文以及专著,将其概括为近年来大陆法系在合同调整规则领域新兴起的一种趋势,并不为过。

第二节　合同调整的复杂性与多样性

在我国法下,有学者虽然已经注意到现行法规定了不同合同领域的调整规则,并作出了一定的分类,然而并没有进一步深入研究、分析其中所隐藏的规律,同时并未给出可以一般适用的规则。[3] 在

〔1〕 内田貴『契約の時代』(岩波書店,2000 年)92 ~96 頁参照。

〔2〕 森田修『契約責任の法学的構造』(有斐閣,2006 年)13 頁参照。

〔3〕 杨立新:《合同法》,北京大学出版社 2013 年版,第 207 ~208 页;韩世远:《合同法总论》(第 4 版),法律出版社 2018 年版,第 588 页。

我国学者的论述中,合同调整规则的问题,更多地仅是体现为合同变更的类型问题,在适用上属法律体系中极少数的例外。

一些例子可以体现出本书所欲探讨之合同调整领域项下内容的问题:在情事变更原则下的合同调整中,关于调整标准如何确定的问题,法院并无固定计算方式,绝大多数的判决仅依赖法官的自由裁量〔1〕,从而导致调整标准存在不确定性以及任意性〔2〕;在减价制度的适用中,当事人不能提交出证明瑕疵物现有价值的证据时,实务中往往避谈减价标准,仅依靠法官的"酌定"来判断减价份额〔3〕,该种酌定甚至会引起双方当事人的反对〔4〕;对于当事人合同中约定的"涨价条款",在实践中效力如何,在何种情形下适用,同样存在不少争论〔5〕;在工程承包合同中,是否以及如何对业主单方变更权进行

---

〔1〕 最高人民法院(2008)民二终字第91号;海南省海口市中级人民法院(2015)海中法民一终字第689号。

〔2〕 例如,同样是有关土地承包合同承包费用的调整,有的法院依照时价作为调整标准[吉林省四平市铁东区人民法院(2015)东石民初字第47号];有的法院将调整标准降为时价之下[海口市中级人民法院(2015)海中法民一终字第689号];有的法院依据当事人提出的调整方案,确定调整标准[山东省德州市中级人民法院(2015)德中民终字第263号]。需要注意的是,情事变更原则下合同调整的案例多为基层人民法院或中级人民法院所出,但也不能因此否定该判决的代表性意义。因为最高人民法院《关于正确适用〈中华人民共和国合同法〉若干问题的解释(二)服务党和国家的工作大局的通知》(法〔2009〕165号)中强调,适用情事变更原则时,各级人民法院应当正确理解、慎重适用,"如果根据案件的特殊情况,确需在个案中适用的,应当由高级人民法院审核,必要时应提请最高人民法院审核",在程序正当的情况下,我们有理由相信本案所引基层法院的判决,已经经由了高级人民法院的审核,因而同样具有代表性。

〔3〕 浙江省高级人民法院(2014)浙海终字第81号;四川省成都市中级人民法院(2013)成民终字第5834号;江苏省无锡市中级人民法院(2014)锡商终字第0883号。

〔4〕 江苏省高级人民法院(2013)苏商终字第0146号。

〔5〕 参见辽宁省高级人民法院(2015)辽审一民再字第12号;江苏省高级人民法院(2016)苏民终1009号。

限制，亦成问题[1]，等等。

这些例子充分体现了合同调整的复杂性与多样性。在诸多合同调整规则的适用中，应以何种内容调整合同的问题，始终是一个难点。如果在合同调整规范中明确了具体的调整内容，如合同中特别约定了特殊情事下的合同内容，则该难点自然迎刃而解。但是实务中存在争议的情况恰恰是合同调整规范没有规定具体调整内容的场合。例如，在情事变更原则的适用中，《合同法司法解释二》第26条仅是简单地提示人民法院应当结合实际情况确定合同"是否变更或者解除"，并没有规定具体的调整内容，从立法技巧上其也无法规定具体的调整标准。在此背景下，若试图公平合理地分配当事人的利益，则不仅需要考量当事人合同上具体复杂的约定，考察现实中纠缠在一起的当事人利益，而且需要结合具体情事变动等个别的要素加以判断。[2] 由此可见，合同调整是一个极其复杂的问题。针对该种复杂性，在情事变更适用的领域，学说及立法已经进行了一定的回应。我国通说借鉴域外法讨论，主张运用再交涉义务，让合同当事人协商确定合同调整的内容。[3] 《民法典》第533条第1款规定"受不利影响的当事人可以与对方重新协商"，从立法层面确认了再交涉义务。然而，在当事人协商不成的情况下，依该款规定，当事人可以请求人民法院变更或者解除合同。也就是说，在再交涉无结果之时，法官仍旧需要面临合同调整难题，引入再交涉义务能一定程度地减轻合同调整的复杂性，但并不会完全解决该难题。同时，在情事变更以

---

〔1〕 徐伟、黄喆、沈杰：《工程承包合同变更的限制》，载《东南大学学报（哲学社会科学版）》2012年第3期。

〔2〕 石川博康『再交渉義務の理論』（有斐閣，2011年）138頁参照。

〔3〕 参见王利明：《合同法研究》（第3版）（第2卷），中国人民大学出版社2015年版，第391页。

外的其他合同调整场合,虽然在某些情况具有同样的复杂性,但我国学术界还未给予适当的关注,未展开深层次的讨论。[1]

综上所述,对于合同调整规则,在我国学术界中并没有学者从一个更为广阔、更为统一的视角加以考察,因此也未有学者意识到各个合同调整规范的相通之处,也就忽视了其所共同面对的问题。基于此,本书所作的工作具有以下理论以及实践意义:第一,通过"提取公因式"的方法对合同调整规则进行总结,在理论上可以愈加明晰各种合同调整规范的体系上之关联,进一步应对处于"萌芽"状态[2]的合同调整所生之问题领域;第二,在实务中,通过解释将统一的合同调整规则适用于或类推适用于相关领域,而本书的论证正是为该种解释提供说理基础,如在下文中笔者主张应视情况在减价制度中同样适用再交涉义务;第三,构建合同调整规范的框架体系,为以后立法者在典型合同中设立合同调整相关规范提供相应的模式。

当法律研究者从事教义学上的研究时,其目的在于,在一个既定领域,查明并列举一个依统一、连贯、上位的基本思想而产生的法律规则,并将其归入一个具有逻辑的可交流的系统之中,同时以此考察仍在持续产生的法律材料(Rechtsstoff)——涉及法律规定或者法官判决,考察其是否嵌入了现有秩序之中或者是否有必要进一步对该

---

[1] 例如,在《民法典》第582条规定之减价权的适用下,当标的物瑕疵所占的比重无法鉴定之时,减少价款的金额如何确定,同样存在本书所述合同调整领域的复杂性。在该问题的具体处理上,我国有学者主张,减价最终数额的确定应首先需要双方当事人达成一致意见,实际上也是在阐述再交涉义务的适用(虽然并不自知)。参见韩世远:《合同法总论》(第4版),法律出版社2018年版,第858~859页;李永军、易军:《合同法》,中国法制出版社2009年版,第449页,注释②。

[2] 对"萌芽"状态的认定来自森田修教授,他将近时出现的包括情事变更项下合同调整的几种情形,统一界定为"合同调整"的问题领域,并断定处于萌芽状态。森田修『契約規範の法学的構造』(商事法務,2016年)214頁参照。

秩序进行补充或改建。[1] 本书正是以此为目标,试图考察在我国理论中并未引起重视的合同调整相关规则,吸收域外法上经验,为我国理论学说提供在合同调整领域上的教义学框架,同时为《民法典》分则中典型合同具体条文的解释适用提供另一个视角以及建议。

---

〔1〕 Kötz, RabelsZ 54 (1990), 203 (204). 转引自 Wolfgang Jakob Hau, Vertragsanpassung und Anpassungsvertrag, 2003, S. 4。

第二章　合同调整规则概述

第一节　合同调整的概念

“合同调整”(Vertragsanpassung)一词属于舶来之物,在德国法上,其与合同变更(Vertragsänderung)为不同的法律术语,在日本学说理论中其用语为“改訂”,和“更改”“变更”亦有不同。然而,在我国实证法上,合同调整的概念并未得到明确的承认。在我国学术界中,也并未对此术语加以重视,往往不区分调整与变更的概念,而作统一之运用。[1] 没有合同调整这一专业法律术语,并不代表没有此种法律现象,只是在我国的立法与理论之中,与合同调整有关的法律现象被杂糅在合同变更的适用之中而已。

---

〔1〕 例如,韩世远教授将变更和改订并列,均为情事变更原则的效果,参见韩世远:《合同法总论》(第4版),法律出版社2018年版,第515页;王利明教授亦没有对我国的“变更”和德国的“Anpassung”作不同处理,参见王利明:《合同法研究》(第3版)(第2卷),中国人民大学出版社2015年版,第388页。

对一个法律术语进行界定,仅通过对该术语定义的介绍是远远不够的,还需要考察该术语的内涵及外延。也就是说,仍需要进一步考察该概念所包含的范围,以及该概念和类似概念的区别。由于我国仅有合同变更概念,而并无合同调整概念,因而首先厘清我国法下合同调整与合同变更之间的关系,也是极其必要的。在本节中,将依次介绍合同调整的定义、合同调整与合同变更的关系、合同调整定义之构成以及与其他概念之间的区别。

一、本书中合同调整的定义

由于"合同调整"这一概念的用语来自域外法,尤其是德国法,因此在论述合同调整这一法律现象时,应首先追根溯源,考察在德国法上既有概念的界定与争论。《德国民法典》第 313 条所采用的"Anpassung"(调整)一词作为专业术语,在德国债法修改之前,就已存在于德国学者著作之中〔1〕,但仅散见于个别特殊的领域,并未形成统一的规范。从合同法总则的领域,以提取公因式的方式论述合同调整则是德国学者近数十年刚兴起的尝试。正如继续性合同、再交涉义务等概念一样,合同调整的概念获得了较多的关注和议论,但目前仍旧未能够形成统一的见解。

具体来看,在德国,围绕合同调整,最近十余年出了大批博士论文或教授资格论文,但对其适用领域和调整概念的界定,仍有着细微的差别。

浩尔教授在其提交的教授资格论文中,对合同调整契约(Anpassungsvertrag)下的定义是:指依据新产生的或者已被明确表达、有望

〔1〕 Vgl. Karl Larenz, Lehrbuch des Schuldrechts, Allgemeiner Teil, Bd. 1, 13. Aufl., 1982, S. 164.

达成一致的要求(Wünschen),而将既有之债务关系予以改造(umgestaltet)的协议(Vereinbarung),基于此,当事人可以确保合同的同一性。[1] 合同调整(Vertragsanpassung)和合同变更(Vertragsänderung)一样,均改变了原债务关系的内容。然而,两者概念范围却并不是相同的,合同调整是合同变更的下位概念。[2] 浩尔教授试图通过调整目的来界定合同调整的范围,其将一般意义上的合同变更分为合同调整和出于外部动机变更合同,虽然两者均对原债务关系作了变更,然而两者在目的上有着很大的不同:合同调整的目的是维持当事人现有合作关系,以避免合同关系的破坏,侧重点是对原有既存之债务关系同一性的保持[3];出于外部动机的合同变更并不将维系合同本身的继续有效履行为目的,变更的原因是基于某种外部目的,如合同主体变更、基于赠与原因(donandi causa)变更合同或者签订独立的补充协议而扩展原债务关系范围。[4]

相反,卡玛纳博教授对于合同调整的范围有不同的理解。在其关于当事人之间签订的意定合同调整规范(合同调整条款)的教授资格论文中,其意识到,若当事人订立合同时留有空白条款,即需要事后确定的条款,则很难称为合同变更,因为在这个时候合同的相关条款内容还未经过第一次确定,更不用谈变更,但是其却将此种情况作

[1] Vgl. Wolfgang Jakob Hau, Vertragsanpassung und Anpassungsvertrag, Mohr Siebeck, 2003, S. 9.

[2] Vgl. Wolfgang Jakob Hau, Vertragsanpassung und Anpassungsvertrag, Mohr Siebeck, 2003, S. 18.

[3] Vgl. Wolfgang Jakob Hau, Vertragsanpassung und Anpassungsvertrag, Mohr Siebeck, 2003, S. 10.

[4] Vgl. Wolfgang Jakob Hau, Vertragsanpassung und Anpassungsvertrag, Mohr Siebeck, 2003, S. 18f.

为合同调整的类型。[1] 进一步说,其将合同调整作广义和狭义之区分。广义的合同调整指当事人为灵活维持合同关系同一性所能够采取的所有可能性,而狭义的调整仅指事后变更合同。其论文是从广义的角度界定合同调整,也就是说,合同调整包括合同变更和事后的空白条款确定。[2]

艾克特博士在其"合同调整权"(*Vertragsanpassungsrecht*)一文中,并未以"下定义"的方式明确给出合同调整的定义,而是在认为合同调整是合同变更的一种方式的前提下,通过与相似概念的比较来确定合同调整的概念范围。在该文的理解中,合同变更是一种上位概念,任何对原有合同所作出的变动均为合同变更,如合同撤销、合同解除、减价以及给付内容的确定(Leistungsbestimmung)。[3] 和给付内容的确定相比,合同调整是对既已确定之合同内容的变更[4];和合同的撤销相比,合同调整是因为事后合同情事的变化而产生的变更,当事人缔结合同时的意思表示真实且有效[5];和给付障碍法中的规则相比,从债权人角度出发,合同调整不仅像给付障碍法中的规则一样,可实现履行利益,还可以超越履行利益,实现其他未得到满足的经济和个人利益[6];和合同终止相比,合同调整通过使当事人缔结之约定相对化的形式,使合同继续存续。[7]

---

〔1〕 Vgl. Sudabeh Kamanabrou, Vertragliche Anpassungsklauseln, Verlag C. H. Beck, 2004, S. 11.

〔2〕 Vgl. Sudabeh Kamanabrou, Vertragliche Anpassungsklauseln, Verlag C. H. Beck, 2004, S. 12.

〔3〕 Vgl. Matthias Eckelt, Vertragsanpassungsrecht, Duncker & Humblot, 2008, S. 26.

〔4〕 Vgl. Matthias Eckelt, Vertragsanpassungsrecht, Duncker & Humblot, 2008, S. 31.

〔5〕 Vgl. Matthias Eckelt, Vertragsanpassungsrecht, Duncker & Humblot, 2008, S. 35f.

〔6〕 Vgl. Matthias Eckelt, Vertragsanpassungsrecht, Duncker & Humblot, 2008, S. 39.

〔7〕 Vgl. Matthias Eckelt, Vertragsanpassungsrecht, Duncker & Humblot, 2008, S. 40ff.

也有不严格区分合同调整与合同变更的观点存在，施奈德教授即在其教授资格论文中对合同调整作出了这样的定义：在保持（持续性）债务关系一体性的前提下，依据变化之情事，对合同规定作出的调整（Angleichung）。[1] 在该文中，对合同调整与合同变更在概念上不作硬性区分，其认为，在受内部或外部情事影响之时，当事人可以达成合意或者单方作出调整，亦可以采取事先保留或事后调整的方式。[2] 同时，该文强调债务关系同一性的重要性，将合同调整与合同重建（Neubegründung）作严格区分。前者的先后债务具有同一性，合同上的担保权益以及期限利益继续维持，而后者不具有同一性，应给予如同新合同订立一般的对待。[3] 也就是说，只要合同的改变维持合同同一性，即是其所讨论的合同调整（变更），用语上的划分并不重要。

由上文可见，在德国法的理论中，合同调整的范围并未形成通说，各个学者的观点仍存在轻微的差异。同时，各个学说对于合同变更概念的理解并不在一个层面之上。在浩尔教授的理解中，合同变更既包括维持同一性的合同调整，也包括未维持同一性的合同更改，还包括当事人主体的变更，因而范围较广[4]；在艾克特博士的理解中合同变更概念更为广阔，甚至还包括合同解除和撤销等概念[5]；

---

〔1〕 Vgl. Angie Schneider, Vertragsanpassung im bipolaren Dauerschuldverhältnis, Mohr Siebeck, 2015, S. 50.

〔2〕 Vgl. Angie Schneider, Vertragsanpassung im bipolaren Dauerschuldverhältnis, Mohr Siebeck, 2015, S. 75.

〔3〕 Vgl. Angie Schneider, Vertragsanpassung im bipolaren Dauerschuldverhältnis, Mohr Siebeck, 2015, S. 61.

〔4〕 Vgl. Wolfgang Jakob Hau, Vertragsanpassung und Anpassungsvertrag, Mohr Siebeck, 2003, S. 18f.

〔5〕 Vgl. Matthias Eckelt, Vertragsanpassungsrecht, Duncker & Humblot, 2008, S. 26.

相反在卡玛纳博教授的著作中，其将合同变更又缩小至事后变更合同之上[1]；施奈德教授在考察以上合同变更与合同调整概念的基础上，认为对两者精确的区分并非必然的，因而放弃了两者的区分，无论合同变更与合同调整哪方是上位概念，仅从其文中所划定的范围界定合同调整的概念。[2] 也就是说，在合同变更概念不确定的前提下，有的学说将合同调整定性为合同变更的上位概念，有的定性为下位概念，有的统一看待两者；有的将合同调整理解为合同变更的手段，有的将合同变更作为合同调整的手段。

不过，虽然各个学说对于合同调整的概念以及范围略有差别，但仍旧可以得出以下两个结论。第一，虽然有着不同的讨论范围，但各个学说对合同调整概念所要规制的核心问题是统一的，即合同调整是指在保持合同同一性的前提下，依照合同情事的变化，而对合同内容作出的变更。第二，为了更加明确合同调整的概念，将其与合同变更作对比是必要的手段，也是需要事先回答的问题。

综上所述，本书将合同调整概念限定为各个学说均认同的核心领域，即在保持合同同一性的前提下，为适应情事之变化，对合同内容所作出的变更。[3] 然而，该种现象是否一定要通过“合同调整”这一不存在于我国实证法中的术语体现出来，仍有待进一步探讨。对

〔1〕 Vgl. Sudabeh Kamanabrou, Vertragliche Anpassungsklauseln, Verlag C. H. Beck, 2004, S. 12.

〔2〕 Vgl. Angie Schneider, Vertragsanpassung im bipolaren Dauerschuldverhältnis, Mohr Siebeck, 2015, S. 50.

〔3〕 同样的趣旨，可见日本学者五十岚清对合同调整的定义。其将合同调整定义为“指依据当事人间的合意或者法院等权限机关的判决，将合同内容适应于合同成立后的新事态”。参见[日]五十岚清：《情事变更·合同调整·再交涉义务——情事变更原则效果再考》，刘士国译，载梁慧星主编：《民商法论丛》（第15卷），法律出版社2000年版，第435~436页。

此，有必要对比我国既有的“合同变更”概念，对合同调整与合同变更之间的关系加以阐释，从而审视合同调整这一术语使用的正当性与必要性。

二、合同调整与合同变更——“合同调整”术语的必要性考察

从域外法上的研究可以看出，合同调整概念所描述的法律现象是，在维持合同同一性的基础上，根据作为合同订立基础之情事的变化，对合同内容作出一定程度的改变。众所周知，在我国法律体系下，已有“合同变更”术语来表达合同内容变化之意。那么合同调整所描述之法律现象，在我国法律体系下能否通过合同变更术语表现出来，有必要进一步考察。对该问题的回答与使用“合同调整”术语的必要性息息相关。然在探究答案之前，有必要先对我国法下合同变更概念的范围作出界定，以树立参照系。

合同变更历来是我国合同法立法比较重视的一个法律概念。自1982年《经济合同法》第三章以“经济合同的变更或解除”为名专门规定合同变更以来，1985年《涉外经济合同法》第五章、1999年《合同法》第五章以及2020年《民法典》合同编第六章也承继了此种方式，用专章规定合同变更制度。这种以专章为名规定合同变更的形式，在比较法上鲜有规定，这也正体现了我国合同法的特殊性；为了进一步宣示合同变更自由，在合同自由观念仍未能完全摆脱行政强制限制的前提下，合同法有必要肩负一定的宣示功能。[1]

从我国实证法上具体对合同变更这一概念的运用来看，最为明显的是我国《民法典》合同编第六章“合同的变更和转让”中的规定。

---

〔1〕 参见朱广新：《合同法总则研究》（下册），中国人民大学出版社2018年版，第461页。

《民法典》第543条承继《合同法》第77条,规定"当事人协商一致,可以变更合同"[1]。然而,该条仅是规定了双方当事人协议变更合同,并未涵盖合同变更的所有场景,在实证法中还有其他地方提示了合同的"变更"。例如,在合同法总则领域,在适用情事变更原则的场合,《民法典》第533条规定当事人可以请求变更合同;在合同履行不符合约定之时,《民法典》第582条规定的"减少价款或者报酬"实际上正是对原合同内容的变更;在适用定金规则的场合,《民法典》第586条第2款规定实际交付定金数额与约定数额不同时,视为对原约定的变更。同时,在合同法分则领域,我国实证法也在各个典型合同的规定内,设置了实质上当事人可以单方面变更合同的规则,如《民法典》第777条、第805条、第821条、第829条、第892条第2款,《旅游法》第67条第1款。值得注意的是,《合同法》第54条承认在重大误解及欺诈胁迫等情形下的合同变更权,而《民法典》未延续《合同法》的做法,仅规定了在该些情形下的合同撤销权。[2]

在学说上,普遍认为合同变更存在广义和狭义两种含义。广义的合同变更指合同主体和内容的变更。合同主体的变更是指以新的主体取代原合同关系的主体,即债务人或者债权人一方或双方发生

〔1〕《合同法》第77条第2款关于批准、登记的相关规定,被《民法典》转移统一至第502条。

〔2〕《民法典》不予保留变更权,据全国人大法工委专家介绍,主要是基于以下理由:第一,从实践情况来看,合同法中规定之变更权并未得到广泛适用;第二,赋予相对人变更权不符合国际上的立法趋势;第三,由法官或仲裁机构进行变更不一定符合当事人的内心意思,容易形成公权力对私人权利领域的不当干扰。参见黄薇主编:《中华人民共和国民法典释义》(上),法律出版社2020年版,第294页。在立法过程中同样存在反对意见,如崔建远教授认为,《民法总则》在意思表示瑕疵制度中废除变更权实属"罔顾生活",是"草率的,不明智的",因而主张在《民法典》合同编中应继续维持现有《合同法》规定。参见崔建远:《合同效力规则之完善》,载《吉林大学社会科学学报》2018年第1期。

变化，而合同内容不发生变化，其实际上是合同权利义务的转让，具体区分为合同权利的转让、合同义务的转让和合同权利义务一并转让；合同内容的变更是指保持合同主体不变而改变合同的具体内容。[1] 鉴于我国《民法典》合同编第六章与《合同法》第五章相同，将合同的变更与转让作并列规定，因而理论界一般认为我国合同法所采取的合同变更的概念，为狭义的合同变更概念，即仅指合同内容的变更。[2]

此时仍需要注意的一个概念是合同更改。合同更改，又称合同的更新、债务更新、债务更替等，是指当事人双方通过协商，变更了原合同的基本条款或主要内容，从而使变更后的合同与变更前的合同在内容上失去了同一性与连续性，导致原合同关系消灭，新合同关系产生。[3] 合同经更改后，丧失其同一性，旧债消灭，因而旧债上所附着的利益和瑕疵均消灭，期限等也要重新起算。我国实证法上并没有明确规定合同更改的概念。然而，对于《民法典》及原《合同法》中规定的合同变更，是否在范围上包括合同更改，学者们的意见不一致。

肯定说认为，我国合同法中规定的合同变更，并未对合同变更与合同更改进行区分，因此可以用统一的合同变更制度解决合同更改问题。[4] 否定说认为，我国合同法中所规定的合同变更，属于在维

---

[1] 参见崔建远：《合同法总论》（中卷），中国人民大学出版社2012年版，第513页。

[2] 参见王家福主编：《民法债权》，中国社会科学出版社2015年版，第74页。

[3] 参见郭明瑞、房绍坤主编：《合同法学》（第3版），复旦大学出版社2016年版，第130页。

[4] 参见王家福主编：《民法债权》，中国社会科学出版社2015年版，第77页；崔建远主编：《新合同法原理与案例评释》（上册），吉林大学出版社1999年版，第374页；杨立新：《合同变更禁止推定规则及适用》，载《国家检察官学院学报》2019年第6期。

持合同同一性下对合同内容所作出的变更,应当和合同更改相区分。合同法虽未规定合同更改,但根据合同自由原则,当事人仍可以依其自由意思加以约定。[1]

由此可见,对于合同变更本身的概念,在我国理论界中仍未达成一致,仍存有不小争论。总体而言,否定说观点占据上风,为多数学者所支持。[2]《民法典》第543条延续了《合同法》的规定,同样并未对合同是否延续同一性表明态度。从体系解释的角度出发,在我国《民法典》并未将合同变更规定在权利义务终止一章之中——日本法正是于债权消灭一节规定了合同更改——的前提下,认为我国实证法中合同变更不包括合同更改的学说,更具有说服力。因此,本书的立场为否定说,即认为我国合同法上合同变更的概念并不包括合同更改,其概念是保持合同同一性的合同内容之改变。不过,当事人具有合同自由,即便《民法典》中无更改规则,当事人亦可以自行更改合同。

综合我国主流观点对合同变更范围的介绍,我国合同变更主要包含以下范围:[3]

第一,法定直接变更。意指在法律规定的情形出现时,合同的内容当然的发生变更,不以法院或者仲裁机构的裁判或当事人协议为必经程序。例如,债务人违约导致合同不能履行,履行合同的债务变

〔1〕 参见韩世远:《合同法总论》(第4版),法律出版社2018年版,第587页。

〔2〕 参见王利明:《合同法研究》(第3版)(第2卷),中国人民大学出版社2015年版,第164页;崔建远:《合同法学》,法律出版社2015年版,第174页。

〔3〕 参见崔建远:《合同法总论》(中卷),中国人民大学出版社2012年版,第513页;韩世远:《合同法总论》(第4版),法律出版社2018年版,第588页;杨立新:《合同法》,北京大学出版社2013年版,第207~208页。

成损害赔偿债务。[1] 第二,裁判变更。意指基于法院或仲裁机构的裁判而使合同的内容发生变更。例如,在情事变更使履行显失公平之时,法院对合同的变更等。第三,协议变更。意指经当事人各方协商同意而变更合同。《民法典》第六章所规定的合同变更即是指此种变更。第四,单方行为变更。意指特定条件下,当事人可以依据单方意思表示而变更合同。例如,选择权人行使选择权而使选择之债变为单纯之债,定作人依据《民法典》第 777 条中途变更承揽工作的要求,承运人依据《民法典》第 821 条降低服务标准,旅行社依据《旅游法》第 67 条变更旅游行程等。

上述我国学术界对合同变更概念以及范围的界定,实际上是较宽泛的一种界定,从双方协议变更合同到合同违约带来的债务之变更,所有在相同主体之间所作出的对合同内容的改变,只要维持了同一性,均在上述合同变更的范围之内。在《民法典》出台之前,甚至在欺诈胁迫等意思表示瑕疵领域的合同变更,亦属于该范畴。[2] 然而,合同调整概念所欲表达的在"一定情事变化"的情况下通过调整将合同予以维持的思想,无法通过如此广阔的合同变更概念加以展现。在我国学术界现有的合同变更概念的用法中,所包含的情形远比合同调整的情形多得多,如选择权之行使及合同违约带来的债务改变,不属于合同调整,却为合同变更。因此,有必要通过"合同调整"这一新的术语,对合同变更中随情事之变化而变化的变更类型加以表达。从这个意义出发,在本书的理解下,合同变更为合同调整的上位概念。

---

〔1〕 同样有个别学者反对该种变更类型,认为因违约使合同之债转化为损害赔偿之债,是合同效力的体现,而不宜作为变更的一种情况。参见隋彭生:《合同法要义》(第 4 版),中国人民大学出版社 2015 年版,第 194 页。

〔2〕 参见韩世远:《合同法总论》(第 4 版),法律出版社 2018 年版,第 588 页。

合同调整这一术语的必要性，正是建立在我国学界以及实证法目前对于合同变更概念理解的多样性以及宽泛性之上的。当然，如果有观点认为合同变更的概念和本书所界定之合同调整概念一致，则合同变更和合同调整在术语上的区分也就没有那么必要。依拙见，重要的并不是对专业术语的选择本身，而是对该术语背后所代表的某种法律现象之概括。有鉴于此，下文将对合同调整定义所包含的构成因素加以分析，进一步廓清合同调整的概念，使之更为具体化。

三、合同调整定义的构成因素

王泽鉴先生曾指出，“要确实把握法律概念，须善加运用分解方法，解析其构成因素”[1]。如本节第一部分所述，合同调整的定义是，在保持合同同一性的前提下，为适应情事之变化，对合同内容所作出的变更。在该定义下，其主要包括以下三个方面构成因素：维持合同同一性；适应新情事的变化；合同内容发生变更。

（一）维持合同同一性

合同调整不仅能够变更合同内容，而且变更后的新合同与原合同具有同一性。[2] 认定当事人对合同的变更是否具有同一性，是判断是否为合同调整的重要标准之一。合同同一性的维持，也能够使合同调整与合同更改的概念明显区分开来。需要注意的是，判断当事人对合同的变更是否具有同一性，不仅具有概念上的意义，在实践

---

〔1〕 王泽鉴：《民法思维：请求权基础理论体系》，北京大学出版社 2009 年版，第 10 页。

〔2〕 Vgl. Angie Schneider, Vertragsanpassung im bipolaren Dauerschuldverhältnis, Mohr Siebeck, 2015, S. 62.

中同样也具有重要意义。如果合同继续保持同一性，则依据《民法典》第 695 条的规定，保证人的保证责任继续存在；如果合同不再保持同一性，则并不适用第 695 条的规定，保证人的保证责任消灭。[1] 此外，维持合同同一性的效果，不仅体现在对旧合同关系之担保以及相关期限利益等的维持上，而且体现对合同形式要求的放宽之上。[2] 例如，依据我国《民法典》第 707 条的规定，6 个月以上的租赁合同为要式合同，在此背景下，如果当事人试图通过口头约定对一个书面的长期租赁合同进行变更，则效果如何？若将该变更认定为合同调整，基于合同同一性，则无须再另作要式表达，依口头约定即可完成；若将其认定为合同更改，则当事人有必要另行作书面约定，否则依第 707 条第 2 句规定，更改后合同存在被视为不定期租赁的可能性。[3]

更为重要的问题是，如何判断当事人对合同所作出的变更行为，是维持同一性的合同调整，还是不维持同一性的合同更改呢？

对此，我国学者多从合同变更与合同更改的辨识角度探讨同一性判断标准的问题，该讨论对本书具有重要参考借鉴意义。在同一性的认定上，第一种学说认为，合同内容的变更是在保持原合同效力

---

〔1〕 参见黄薇主编：《中华人民共和国民法典释义》（中），法律出版社 2020 年版，第 1319 页。

〔2〕 Vgl. Karl Larenz, Lehrbuch des Schuldrechts, Allgemeiner Teil, Bd. 1, 13. Aufl., 1982, S. 85.

〔3〕 当认定当事人对合同内容的改变为合同更改之时，在没有采用书面形式的情况下，或许有以下两种理解：第一种是合同更改有效，只是依据第 707 条的规定，在无法确定租赁期限之时，视为不定期租赁而已；第二种是认为合同更改无效，因为不满足 6 个月以上租赁合同的要式要件，合同仍按照原有内容履行。笔者认为，应采取第一种理解。合同更改夹杂着消灭原合同、成立新合同的思想。在单纯成立新的长期租赁合同之时，书面形式要件的违反依据第 707 条并不会使租赁合同无效。同理，该形式要件的违反自然也不应该让本意为成立新合同的合同更改无效，只是更改后的合同有可能被视为不定期租赁而已。

的基础上，形成新的合同关系，这种新的合同关系应当包括原合同的实质内容，如果新的合同关系并没有包括原合同的实质内容，则不属于合同的变更，而属于一个新合同的成立。[1] 第二种学说更加深化一步，认为应当区分债的要素的变更与非要素变更，要素变更的场合为合同更改，而非要素变更的场合为合同变更，判断是否为要素变更的关键点是依照当事人意思和一般交易观念。[2] 第三种学说认为该问题属于解释问题，解释标准首先是当事人的意思表示，其次为当事人订立合同的目的，最后才是原合同构成要素的重要性。[3]

第一种学说的判断视角更侧重于考察合同实质内容是否产生了变化。然而，何者为合同的实质性内容仍旧应当进行价值判断。该说仅将目光局限于合同客观内容的变化，并没有尊重当事人的意思，因而会产生在当事人明确合意选择合同更改的情况下适用合同变更，或相反的怪异现象。相对于此，在域外立法例中，即便是法律明确规定合同更改需要合同“要素”变更（新债法修改后为“给付内容的重要变更”）的《日本民法典》第 513 条，也往往通过当事人意思来判断何者为合同的重要内容变更。[4]

第二种学说虽然和第一种学说一致，也从变更内容上着手，作出了要素及非要素的区分，但是不同点在于，第二种学说在区分的标准上强调了当事人意思和一般交易观念。然而，在当事人意思和一般

---

〔1〕 参见隋彭生：《合同法要义》（第 4 版），中国人民大学出版社 2015 年版，第 191 页。

〔2〕 参见王利明、房绍坤、王轶：《合同法》（第 4 版），中国人民大学出版社 2013 年版，第 176 页；韩世远：《合同法总论》（第 4 版），法律出版社 2018 年版，第 587 页。

〔3〕 参见朱广新：《合同法总则研究》（下册），中国人民大学出版社 2018 年版，第 462 页。

〔4〕 潮見佳男『新債権総論Ⅱ』（信山社，2017 年）333 頁参照。

交易观念相冲突时的处理上，并没有进一步的解释说明。该说认为，按照一般交易观念或者当事人的意思，认为给付变更已使合同关系失去同一性的，即为债的要素变更，不再属于合同的变更，而是合同的更改，并举出了买卖汽车变为买卖拖拉机、租赁甲楼变更为租赁乙楼等典型案例。[1] 从该段论述以及所举之例来看，该说似乎是采综合考量两者的办法来确定是否为合同的要素内容，更强调一般交易观念的适用，反而忽视了对当事人意思的考察。在评价上，第二种学说虽然比第一种学说更尊重当事人意思自治，然而立场并不坚定和明确。

第三种学说突出了对当事人意思表示的重视，即便是合同的重要内容，如合同标的，发生了变化，也并不必然意味着这样的合同改变即超出合同变更的范围。[2] 然而，在当事人意思表示不明确的情况下，该学说的论述则显得过于混乱，既提到合同目的和合同构成要素的重要性，又分别提到"合同内容所做改变的经济意义""社会生活观念"，还需要经由双方利害关系及约定的全部内容，来判断合同改变的法律意义。[3] 同时，该学说也并没有形成统一的适用规则，除了确定首先考虑当事人意思之外，并无统一的判断细则。

由上文可见，我国的三种学说均有不完善之处。然而，学说中所体现的重视当事人真实意思的趋势，值得肯定。为进一步明晰合同调整的范围、夯实理论基础，下文将基于我国现有学说讨论，同时借鉴比较法上相关争论与选择，完善合同同一性的认定标准以及顺序，

---

〔1〕 参见韩世远：《合同法总论》（第 4 版），法律出版社 2018 年版，第 587 页。

〔2〕 参见朱广新：《合同法总则研究》（下册），中国人民大学出版社 2018 年版，第 462 页。

〔3〕 参见朱广新：《合同法总则研究》（下册），中国人民大学出版社 2018 年版，第 462～465 页。

重构同一性认定体系。

1. 当事人明确的意思表示

我国《民法典》与《合同法》并未规定更改制度。在法律明文规定合同更改制度的立法例下的讨论，对本书有着借鉴意义。在《日本民法典》修改前[1]与修改后的第 513 条中，均规定了合同更改。修改前《日本民法典》第 513 条第 1 项规定，“当事人缔结变更债务之要素的契约之时，该债务依更改而消灭”。在该债法修改中，将该条改为“当事人缔结契约取代以前之债务、成立新债务，并发生以下所揭之情事时，原债务依更改而消灭。(1)对原给付内容作出了重要的变更；(2)将原债务人换成了第三人；(3)将原债权人换成了第三人”。其债法修改对更改要件作出的改变，乍看之下变动较大，其实不然。在旧条文下，更改意指债务要素的变更，而债务的要素在具体的解释适用中亦分为债务人、债权人和作为债务内容的给付三种类型，新法只不过是将其明文化了而已。[2] 由此可见，其新旧两法条在实质上并无变化。

从《日本民法典》第 513 条规定的文义上看，合同更改制度适用的着重点或许在债务之要素（重要的内容）的变更上。的确，在明治民法立法之初的讨论中，争论焦点更多的是在对债务要素的界定之上，如是否应当将旧民法草案财产编第 489 条中规定的“（债务发生）

---

〔1〕 本书中所称的《日本民法典》的修改，指代 2017 年 5 月 26 日由日本参议院通过的《关于修改民法部分规定的法律(「民法の一部を改正する法律案」)》。由于此次修改主要涉及债法领域的修改，所以又被称为债法修改。具体进程，参见吕双全：《日本债法修改介绍与分析——兼论对我国〈民法典〉制定的启示》，载《上海政法学院学报》2017 年第 5 期。

〔2〕 潮見佳男『民法（債権関係）改正法案の概要』（金融財政事情研究会，2015 年）181 頁参照。

原因的变更"[1]作为债务要素的变更。[2] 然而，在随后的学说发展中，相较于对债务要素之变更的认定，更强调更改成立的契约性质。也就是说，更改契约，需要当事人明确具有使新债务产生、旧债务消灭的意思表示。[3] 因此，依据日本学说的解释，更改的适用即有了两个维度的标准：当事人意思和客观要素的变更。关于该两者相互间的关系，日本学说中也存在些许差异。多数学说（a 说）认为，只有在存在变更债务同一性的合意之时，才会发生合同的更改，如果没有此种合意，即便有客观上要素的变更也不会发生更改。[4] 另有学说（b 说）认为从条文的文义出发，只要当事人缔结了变更债之客观要素的合同时，债务就会发生更改，而不问当事人主观上是否具有变更债务同一性的意思，对于债之客观要素的认定则属于解释上的问题。[5] 还有学说（c 说）认为，判断要素的变更，应当在合同内容客观的意义上结合当事人的意思加以判断，在认定新旧债务并无同一

---

〔1〕 债务发生原因的变更，例如，当事人将买卖合同的价金支付义务变更为借款合同，并没有被明治民法的立法者作为"要素"的变更，因此不构成合同更改。因为，更多的观点认为，债权的性质自债权发生之时起即已确定，债权性质的不同直接决定适用的法律规范亦不同。如若允许当事人得以途中任意变换债权性质，可能会产生些许不合理现象。其中，存在当事人有悖于公共利益而变更合同的可能性。前田達明監修『史料債権総則』（成文堂，2010 年）729 頁参照。在债法修改之时，该问题又被提出，多数学者认为"原因的变更"也需要复杂的条件，若将其加入更改的概念中，会使更改概念变得更为复杂和不明确。因而在债法修改中，债务发生原因的变更也未获得认可。「法制審議会民法（債権関係）部会第 48 回会議議事録」2 頁参照。

〔2〕 前田達明監修『史料債権総則』（成文堂，2010 年）732 ~ 734 頁参照。

〔3〕『注釈民法（12）』（石田喜久夫）（有斐閣，1970 年）479 頁。

〔4〕『注釈民法（12）』（石田喜久夫）（有斐閣，1970 年）483 頁；松岡久和 = 中田邦博編『新・コンメンタール民法（財産法）』（日本評論社，2012 年）748 頁；潮見佳男『新債権総論Ⅱ』（信山社，2017 年）333 頁参照。

〔5〕 池田真郎『民法債権総論（第二版）』（慶應義塾大学出版会，2013 年）198 頁参照。

性时，才成立要素的变更。[1] 更改之所以会发生消灭旧债务成立新债务的效力，最根本的原因是当事人的意思自治，正因如此，即便实证法不规定更改的相关制度，在合同自由的前提下当事人依旧可以实施更改。在该种理念下，a 说更有说服力。实际上 c 说也在试图将当事人意思作为重要判断要素，[2] 从这个角度看，a 说和 c 说或许并没有那么大的区别，仅是 c 说的解释更加顾及《日本民法典》第 513 条法条原文的文义，而 a 说更加靠近合同更改背后的法理基础。

基于学说上的讨论，在日本此次债法修改之初，学者们就已经试图强化意思存在的重要性，仅从更改意思的存在这一个角度构建更改要件，并提出了相应的草案，“在当事人缔结变更债务目的之契约的场合，在表示出消灭债务的意思之时，该债务依更改而消灭”[3]。该种观点在债法修改中期出台的论点整理之中也得以体现。[4] 在随后的修法过程中，虽然逐渐舍弃“要素”的用语，转为直接规定具体客观上的内容，然而直到最终的要纲草案之前，以更改意思的存在为重心的思路一直未变，具体体现在，在“关于民法（债权关系）修改的要纲草案的第二次案”中，其关于内容更改的要件中并不需要有“重

---

[1] 我妻榮『新訂債権総論』（岩波書店，1964 年）362 頁参照。

[2] 例如，在合同条件发生重大变更时，仍应考察当事人意思，如果当事人仍意欲继续保持合同同一性，则并不发生合同更改。我妻榮 = 有泉亨 = 清水誠 = 田山輝明『コンメンタール民法（第二版）』（日本評論社，2008 年）941 頁参照；加藤雅信『債権総論』（有斐閣，2005 年）435 頁参照。

[3] 民法（債権法）改正検討委員会編『詳解債権法改正の基本方針Ⅲ』（商事法務，2009 年）80 頁参照。

[4] 在“关于民法（债权关系）修改的中期论点整理”第 19 之 1(1) 中阐明了大致的方向：“一边将民法第 513 条规定的更改要件——‘债务的要素’的具体内容尽量的明文化，一边将判例法理上当事人应具有更改意思（特别是消灭旧债务的意思）的更改要件通过条文予以明确，在这两个方向上进一步探讨如何。”「民法（債権関係）の改正に関する中間的な論点整理」71 頁参照。

要”变更。[1] 不过,在之后形成债法修改的要纲草案之时,条文又回归到修法前的模式,在内容更改的要件中添加了“内容发生重要变更”的要求,并最终形成了修改后的条文。在要纲草案的补足说明中对此存在如下说明,“依据之前的提案,若给付内容变更,只要存有更改意思的话,更改就能成立。不过依照判例,即便给付内容发生变更,但如果不能将其评价为个别特殊之变更的场合,更改的成立仍会被否定(大判大正5年2月24日民录22辑329页,大判明治34年4月26日民录4卷87页)。在此有必要将此种观点表达出来。所以,在要纲草案中,增加了‘进行重要的变更’的要件”。[2] 从结果上来看,新法实际上是又回到了修改前的模式,文义中似乎仍要求区分变更是否“重要”。然而,在解释论上,多数学说仍然认为当事人变更债务同一性的意思是更改制度的核心,如果当事人之间存在此种意思,即使没有涉及客观的重大内容,也可以将其认作更改。[3]

由上文可见,在日本法的讨论之中,受法条文义解释的限制,对更改适用要件的讨论很难离开对合同客观要素(修法后为合同重要内容)的讨论。即便如此,学说中的多数说也试图通过解释,转为仅依靠当事人意思来作是否更改的判断。

相同的学说中的争执,同样也出现在明文规定更改制度的意大利法之中。围绕更改意思所扮演的角色,有观点认为“新的要素”和

---

〔1〕“关于民法(债权关系)修改的要纲草案的第二次案”第25之1规定:“将民法第513条规定改为以下内容:当事人取代以前的债务、缔结包含以下所揭任意之变更而成立新债务的契约之时,以前的债务依更改而消灭。(1)规定了与以前的给付内容不同的内容;(2)以前的债务人换成了第三人;(3)以前的债权人换成了第三人。”「民法(債権関係)の改正に関する要綱仮案の第二次案」42頁参照。

〔2〕「民法(債権関係)の改正に関する要綱仮案(案)補足説明」34頁参照。

〔3〕潮見佳男『新債権総論Ⅱ』(信山社,2017年)333頁参照。

更改意思两者均是更改的要件,缺一不可,并将论据依托于《意大利民法典》第 1321 条所包含的意思自治中;另有观点立足于《意大利民法典》第 1230 条第 1 款的字面意思,认为只要具有新的要素出现,无须当事人具有更改意思,同样也可以成立更改。[1] 由此来看,似乎明文规定更改制度的国家,均会或多或少不可避免地受到既有条文文义解释的限制。

然而,我国实证法中并没有此种条文的限制。在没有明确要求客观要素要件的前提下,我国学说中既有的对合同重要内容的界定以及对要素和非要素的区分,则显得并没有必要也无现行法依据。这在同样未以法律明文规定合同更改制度的德国法下也有体现。在德国判例中也强调,对于主给付义务的变更,并不一定就突破了《德国民法典》原第 305 条(现第 311 条)规定合同变更所规制的范围,即并不一定属于合同更改[2];在学说中亦多主张,将当事人意思作为判断是否为更改的首要考虑因素。[3]

因此,笔者认为,在对合同更改的认定上,应不受客观要素的限制,而仅考量当事人之间的主观意思。在能够认定当事人具有明确的变更合同同一性的意思,即更改意思之时,方可认定合同更改的成立。一般认为,更改的意思表示也适用意思表示的一般原则,也可通过明示或默示的方法作出,正如《法国民法典》第 1273 条所述"更改不能推定"那样,在默示的意思表示的场合,需要能从当事人行为中

---

〔1〕 参见[意]阿雷西奥·扎卡利亚:《债是法锁——债法要义》,陆青译,法律出版社 2017 年版,第 150~151 页。

〔2〕 BGH v. 26. 2. 1992, NJW 1992, 2283 (2285).

〔3〕 Soergel - Wolf, § 305 BGB, Rn. 51. 又如 Gernhuber 教授所阐述的那样,"谁意欲超越同一性的界限,也就同时决定了(前后合同的)不连贯性","在连贯与不连贯性上,仅由当事人们决定"。Joachim Gernhuber, Das Schuldverhältnis, Handbuch des Schuldrechts Bd. 8, 1989, S. 13, 617.

毫无疑问地明确认识到更改的意思存在,才能适用更改的规则。[1]

确定当事人意思优先的规则,能够在客观变更情况与当事人明确表达的意思不一致的情况下,作出更符合当事人意志的判断,这也是私法自治的要求。然而,在实际交易中,多数当事人并不会明确表示合同的变更究竟是为了维持合同同一性抑或相反,若在此时对合同同一性问题发生争议,则应该如何认定呢?解决方法只有一个,即进一步通过合同解释规则来确定。

2. 同一性解释考量因素

即便当事人未明确表示维持合同同一性与否的意思,但是通过对其约定之合同变更的范围、侧重点以及方式等考察还是可以窥知端倪。我国《民法典》第466条第1款将合同解释规则转介至第142条第1款。该款规定,“有相对人的意思表示的解释,应当按照所使用的词句,结合相关条款、行为的性质和目的、习惯以及诚信原则,确定意思表示的含义”。该条款规定了意思表示解释的一般规则。合同解释的目的为确定当事人的真实意思。一般认为,解释旨在查知可以被相对人理解为表意人意思的东西。[2] 也就是说,相对于合同当事人内在的真实意思,表达出来的客观意思才是解释的方向。[3]具体到认定合同同一性的解释规则上,结合司法实践,亦存有些许应注意的特殊之处。

在对同一性进行解释的认定上,最基本、最首要但并不完全起决

〔1〕『注釈民法(12)』(石田喜久夫)(有斐閣,1970年)479頁参照。

〔2〕[德]迪特尔·梅迪库斯:《德国民法总论》,邵建东译,法律出版社2000年版,第239页。

〔3〕韩世远将该种意思称为“当事人双方的真实意思”,意指“表意人和受领人一致表示的意思”。参见韩世远:《合同法总论》(第4版),法律出版社2018年版,第870页。

定性作用的解释方法为文义解释。在合同解释的场合,如果需要解释,则首先是按照所使用的词句进行解释。[1] 对当事人于合同中所用文字语句的解释,可以一定程度推断出当事人于合同中所表达的真意。例如,如果当事人以新的合同内容完全变更了原合同或者放弃原有合同中相应的利益考量的时候,更多地会认为此时发生了合同更改。[2] 当然,需注意的是,语言文字本身具有多义性,这也就要求在文义解释之时,不能过度拘泥于文字的字面意义。[3] 因而在解释之时,应当全面考虑与交易有关的环境因素,包括书面文件,口头陈述、双方表现其意思的行为以及双方缔约前的谈判活动和交易过程、履行过程或惯例等。[4] 在实务中,当事人对合同变更的约定有多种形式。当以"合同变更协议"[5]的方式约定时,通过文义解释,或许至少能将解释范围限缩至变更(调整)和更改两选一之上。然而,实务中多数以"补充协议"或订立新合同的方式加以约定,在此时究竟是合同更改,是合同调整,抑或与前者合同完全无关的新的合同

---

〔1〕 参见最高人民法院民法典贯彻实施工作领导小组主编:《中华人民共和国民法典总则编理解与适用》(下),人民法院出版社2020年版,第718页。

〔2〕 Vgl. Angie Schneider, Vertragsanpassung im bipolaren Dauerschuldverhältnis, Mohr Siebeck, 2015, S. 71.

〔3〕 合同(意思表示)解释不拘泥于所用词句的要求,已为诸多立法例所明文规定,如《德国民法典》第133条、《法国民法典》第1156条、我国台湾地区"民法"第98条。

〔4〕 参见崔建远:《合同法》(第5版),法律出版社2015年版,第304页。

〔5〕 参见《中国农业银行汇金支行诉张家港涤纶厂代位权纠纷案》,载《最高人民法院公报》2004年第4期。

呢，单从文义解释上来看显然无法辨别清楚。[1]

因此，除了应考量文义因素之外，变更的范围也应该在考量之内。变更幅度越大，对当事人权利义务的改变也就越大，因而认定丧失同一性更具有说服力。在判断变更范围上，依施奈德教授观点，应当综合考虑变更在经济上的意义、交易通念和给付方式的变化等加以判断。[2] 结合我国学说，一般认为合同的主要条款变更，特别是合同标的变更，属于范围较大的变更，而合同标的数量、质量、交货地点时间、价款或结算方式等发生变化，属于范围较小的变更。[3] 值得注意的是，有必要考察当事人签订合同背后的经济利益关系，如果当事人的经济目标能够通过维持同一性的合同调整来实现，则当事

〔1〕 例如，在中国电子租赁有限公司诉无锡湖光电炉厂、中国建设银行锡山市支行借款担保合同纠纷抗诉案中，出借人 A 与借款人 B 签订“中电租字第 94001 号”合同，由保证人 C 提供担保，后在该借款期限届满前，A 和 B 对延期还款达成一致，拟另行签订合同延期，但保证人 C 不愿为其该延期合同继续提供担保，因而转由案外人 D 提供担保，A、B、D 三方签订了“中电租融字第 94001 号”合同（合同号和原合同一致，仅多了“融”字）。后因 B 还款不能，A 要求 C 承担责任，诉至法院。一审法院认为，借款合同（意指第一个合同）有效成立，C 应当承担保证责任；二审法院认为，新合同并非旧合同的展期合同，两个合同相互独立，因而 C 理应依旧合同承担责任；最高人民检察院申诉认为，新合同是对旧合同的更改，效果为旧合同消灭而新的合同成立，故而 C 无须承担责任；再审法院最终认为，C 为旧合同提供的担保合同有效，本应承担本金和利息的担保义务，但 C 作为担保人，在合同到期后明确表示不再为展期合同担保，经 A、B、D 协商一致后，变更担保人为 D，因此，C 对借款的本金部分不再承担保证责任，但对旧合同中的利息需要承担担保责任（结果为因诉讼时效经过而无须承担）。参见《最高人民检察院公报》2001 年第 3 号；北京市高级人民法院（2000）高经再终字第 35 号。

〔2〕 Vgl. Angie Schneider, Vertragsanpassung im bipolaren Dauerschuldverhältnis, Mohr Siebeck, 2015, S. 71f.

〔3〕 参见王利明、房绍坤、王轶：《合同法》（第 4 版），中国人民大学出版社 2013 年版，第 175 页。

人对合同进行的变更不宜解释为合同更改。[1] 然而,对变更范围及力度的判断,正如施奈德教授本人所言,在实务中操作起来具有非常大的不确定性,因其判断与法官的自由裁量息息相关。[2] 因此在判断时,仍要结合其他具体因素来作综合的考量。

施奈德教授为此提出了一个比较有意思的视角,即将保持同一性或不保持同一性的法律效果反过来作为一个重要的考量因素。正如上文所述,合同调整保持合同同一性,原有合同的权利、瑕疵以及保证等都将得以维持,而合同更改不保持合同同一性,原合同上权利义务消灭,新合同的权利义务产生。通过对效果的考察,或许亦能解释出当事人调整合同的真意。例如,在6个月以上的长期租赁合同(依《民法典》第707条的规定为要式合同)中,当事人变更该租赁合同未经过书面形式,如果此时认为是合同调整,则原合同关系继续维持同一性,变更也为有效;而如果此时认为是合同更改,此处具有形式瑕疵,存在无法形成有效定期租赁合同的可能性。[3] 在此时与其解释为合同缺乏形式要件,不如将其向合同有效的方向解释,也就是向合同调整的方向解释。[4] 如果能够认定当事人存在维持担保存

---

〔1〕 Vgl. BGH v. 14. 11. 1985, NJW 1986, 1490 (1491). 在此案中,被告(律所)受原告委托将4万马克用于偿还对妻子的债务(基于夫妻财产增加额共同制的要求,《德国民法典》第1363条以下),而后在被告的建议下,原被告将其转换为信托保管协议,后因合同是否有同一性产生争议。法院认为除了合同丧失同一性和明确的当事人意思存在外,还应具有易于理解的经济上目的(verständlichen wirtschaftlich Zweck)。

〔2〕 Vgl. Angie Schneider, Vertragsanpassung im bipolaren Dauerschuldverhältnis, Mohr Siebeck, 2015, S. 72.

〔3〕 《民法典》第707条相较于《合同法》第215条新增了一项要件,要求当事人未采取书面形式,并且满足"无法确定租赁期限的",方可视为不定期租赁。该条虽然对要式合同的效果进行了弱化,但仍保留了视为不定期租赁的可能性。

〔4〕 Vgl. Angie Schneider, Vertragsanpassung im bipolaren Dauerschuldverhältnis, Mohr Siebeck, 2015, S. 72f.

续的举措，同样可以解释出当事人维持合同同一性的意思。[1] 虽然从逻辑上来讲，此种解释方法或许有些本末倒置，但从纷杂的法律事实中，解释出当事人真实的意思绝非一件容易的事。在此时，从当事人对不同效果的接受程度着手，反过来界定合同是否具有同一性的做法，更有可操作性。这也和合同解释方法中的目的解释存在同样的思考路径。

综上所述，对于合同是否具有同一性的解释，可以从文义、合同变更的范围和变更的效果三个考量因素着手。然而，需要注意的是，这三个方面绝不是各自独立的，而是需综合考量的。上述所有考量因素与解释方法的目的仅是探求当事人的真意，因而上述因素对于合同解释仅是起到提示作用，具体的解释仍需要法官通过自由心证来作出。这里也就不得不考虑到法官不是万能的，在繁杂的实务中，在对当事人意思进行解释时，不可避免地会出现存疑的情况。因此，在处理存有疑问的情形时，做一方向性的回答，是有必要的。

3. 有疑问时的判断

当当事人对于变更合同并没有明确表示其意愿，同时通过合同解释也很难确定当事人的本意时，则仍需要进一步讨论，究竟应将其解释为保持合同同一性的合同调整或者是不保持合同同一性的合同更改。

实际上，合同更改制度的产生在历史上仅是为了起到债权转让的效果。罗马法中并未规定债权让与，故以更改作为补救之方法，结果与债权让与相同。[2] 但是，在现代诸国普遍承认债权让与的情况

---

〔1〕 Vgl. Wolfgang Jakob Hau, Vertragsanpassung und Anpassungsvertrag, Mohr Siebeck, 2003, S. 29f.

〔2〕 参见黄右昌：《罗马法与现代》，丁玫勘校，北京大学出版社2008年版，第283页。

下,更改的适用范围显著地缩小,甚至可以说的上是“历史的残渣”[1]。即便在明文规定更改制度的立法例中,对于更改的认定也秉持着严格限缩的态度。[2]

我国《民法典》并未规定合同更改制度,不过当事人依合同自由原则可以自行签订合同实现合同更改的效果。从这个角度来说,对合同更改的实现而言,当事人明确地表示更改意思的合同是不可少的。同时,合同更改给当事人之间权利义务关系带来的影响,远远比维持合同同一性的合同调整要大得多,认定合同更改会使当事人重新产生一个全新的法律关系,该法律关系与原权利义务关系可能相去甚远。这也是域外法学理论中在认定合同更改时,往往要求具有或能解释出合同当事人明确意思之存在的原因。[3] 对于合同调整,则无此要求。也就是说,相较于合同调整,合同更改需要明确的意思表示方可认定。

因此,在有疑问时,笔者认为,应当采限缩合同更改制度适用的态度,将当事人对合同的变更解释为合同调整。采此种立场与我国《民法典》仅于第 543 条规定合同变更而不规定合同更改的法律导向,具有一致性。[4]

4. 小结

合同同一性的识别问题,本质上是合同解释问题。我国现有理论通说认为应首先区分要素变更与非要素变更,实为对日本法理论

---

〔1〕『注釈民法(12)』(石田喜久夫)(有斐閣,1970 年)479 頁参照。

〔2〕潮見佳男『新債権総論 II』(信山社,2017 年)339 頁参照。

〔3〕Vgl. Karl Larenz, Lehrbuch des Schuldrechts, Allgemeiner Teil, Bd. 1, 13. Aufl. 1982, S. 87f.; Staudinger – Feldmann/Löwisch, § 311 BGB, Rn. 78;『注釈民法(12)』(石田喜久夫)(有斐閣,1970 年)479 頁参照。

〔4〕在本书的论述中,合同调整属于合同变更的下位概念,因此关于一般性合同变更的法条(如《民法典》第 543 条)也可以适用于合同调整之中。

旧识的借鉴，并不适合未明文规定更改制度的我国法律体系。对于合同调整同一性的考察，可以从当事人明确的意思表示、同一性解释考量因素和有疑问时的处理方法三个层次加以判断。三个层次中最为核心的是当事人明确的意思表示；在当事人没有明确意思表示之时，应综合考量文义、合同变更的范围和变更的效果三个因素，以探求当事人真意。而在上述手段均无法实现的存有疑问的场合，作为最后的手段，本书更倾向于向合同调整作解释。因为将合同更改限制于当事人具有明确更改意思的场合之中，亦是本书的根本立场之一。

（二）适应新情事的变化——合同调整的事后性

适应合同情事的发展，也是合同调整的一个重要构成因素。

首先需注意的是，合同调整恰是为了适应新情事的发生，而对原合同作出的变更。如果原合同本身具有效力瑕疵，为使合同保持有效性而作出的变更，如合同部分无效以及《合同法》中规定之因欺诈胁迫产生的合同变更，并非为合同调整。这主要是因为，合同调整体现在事后性（nachvertraglich）上。[1] 影响合同内容的情事之变化，有可能发生在合同缔结阶段，亦有可能发生在合同履行阶段。在法律意义上应当对两者进行区分。在合同缔结阶段涉及一个情事的可知性，而在合同履行阶段则涉及一个情事变化的可预见性。[2] 在前者的部分，可通过当事人意思表示瑕疵制度加以规制，并不涉及本书所欲讨论的合同调整。在后者的部分，方有本书讨论的合同调整规则

〔1〕 Vgl. Angie Schneider, Vertragsanpassung im bipolaren Dauerschuldverhältnis, Mohr Siebeck, 2015, S. 50.

〔2〕 Vgl. Matthias Eckelt, Vertragsanpassungsrecht, Duncker & Humblot, 2008, S. 37.

之适用。

需要进一步明确的是,何种合同情事的变化可以被当作合同调整。在实践中,能够推动当事人进行合同调整的情事变化,数量甚多。单从我国实证法中规定的调整规范来看,就已经存在各式各样的情事变化。例如,《民法典》第533条规定要求客观情事发生当事人在订立合同时无法预见的、不属于商业风险的重大变化,在继续履行合同对一方明显不公平时,当事人才可请求法院变更合同;《民法典》第829条规定并不要求客观情事变化,仅规定在承运人将货物交付收货人之前,托运人即可以要求承运人变更到达地或将货物交给其他收货人。实证法规定中尚如此,当事人合同中约定之调整规范的复杂性就更不必多言。从情事变化的微观具体内容着手,不仅容易陷入无法穷尽的列举之中,不能窥探整个合同调整中情事变动的全貌,而且会反过来加大合同调整概念的复杂性和模糊性。因而只能从更为宏观的角度加以概括及总结。

综合考虑诸多引起合同调整的合同情事,可以发现,其不外乎与下述两个方面有关:一方面,外部客观环境的变化,对债务关系以及合同当事人产生影响,从而引起合同调整;另一方面,当事人自身想法的变化也会在特定情形引起合同调整,该种合同调整来源于单方或者双方当事人的自主决策。[1] 笔者将前者称为客观情事,将后者称为主观情事。客观情事是指能够影响合同当事人之间债务关系的全部外部因素,如情事变更原则中要求的情事之变动。虽然该种情事变化往往对合同当事人双方都会有影响,但在规则上,更多地承认仅有一方当事人可以基于情事的变化主张变更合同,如《旅游法》第

---

〔1〕 Vgl. Angie Schneider, Vertragsanpassung im bipolaren Dauerschuldverhältnis, Mohr Siebeck, 2015, S. 51.

67 条规定之旅行社单方变更权。与此相反，主观情事，是指不受外界因素影响，完全依当事人自己之意思形成的，试图追求合同调整效果的主观内部因素。当然，主观情事有时候也受到时间的限制，如《民法典》第 829 条的托运人变更权须在承运人将货物交付收货人之前实施。在实践中，占主要部分的还是两者的交叉运用，即在满足外部因素变化的前提下，仍需要单方或双方当事人的主观意思，才能导致合同的调整，如《民法典》第 582 条规定的"减少价款或报酬"，需要在履行不符合约定这一情事变化下，加上当事人自主选择使用减价的意思，才能导致合同的调整。[1] 正如施奈德教授所言，一个不考虑当事人主观情事，由完全来自外部的情事之变动直接导致合同调整的，仅是极为特殊的情况；同样，一个完全与外部情事变化无关的，仅从主观出发的合同调整也不多见。[2]

综上所述，作为合同调整的内涵，适应合同情事的变化同样也是认定合同调整的重要标志之一。需要注意的是，本书所使用的"情事"概念，并非限于客观上情事，而是采纳施奈德教授的用法，认为情事同样也包含主观情事。无论是当事人间约定的意定调整规范还是法律规定的法定调整规范，其所约定或规定的情事可能是客观情事，也可能是主观情事，在实务中更多的是客观情事与主观情事相结合。

---

〔1〕 当然，关于减价权究竟是请求权，还是形成权，同时若作为形成权，其性质为合同变更（调整），还是部分解除，于我国理论界中存有很大争议。本书依据多数说之观点，认为减价权属于形成权，同时属于本书所讨论的合同调整的理论范畴。参见韩世远：《减价责任的逻辑构成》，载《清华法学》2008 年第 1 期；苏号朋：《合同法教程》（第 3 版），中国人民大学出版社 2015 年版，第 288 页。杜景林教授虽未明确表态，但依据其"买卖合同本身亦随减价而得以重新形成"的表述上，似采"合同变更"说。参见杜景林：《我国合同法上减价制度的不足与完善》，载《法学》2008 年第 4 期。

〔2〕 Vgl. Angie Schneider, Vertragsanpassung im bipolaren Dauerschuldverhältnis, Mohr Siebeck, 2015, S. 51.

经由对情事变化的认定，可以明确合同调整的事后性。由此也能进一步明确合同调整的范围，将合同调整与《合同法》第 54 条规定之因欺诈、胁迫等而产生的合同变更等区分开来，同时诸如合同部分无效等类似于合同调整的内容也将被排除合同调整之外。

（三）合同内容发生变更

合同内容发生变更也是合同调整的重要构成因素之一。仅通过合同同一性维持以及适应合同情事的变化这两点仍旧无法明确地展现出合同调整的范围。在罗马法仅存有合同更改制度，不存在合同变更的概念，同时对于合同更改设立了些许类型。[1] 然而，对于其设立的更改类型，在现代合同法中，学说理论已经肯定当事人亦可以在维持合同同一性的前提下完成。例如，债权人变更的场合可以视为债权让与；债务人变更的场合可以视为免责的债务承担；给付客体变化的场合可以视为代物清偿合同等。[2] 也就是说，随着社会的发展，维持合同同一性的情形已显著增多，单靠对合同是否维持同一性的判断，已经无法将合同调整与债权让与、债务承担、代物清偿等作区分。此时，将合同内容的变更作为构成因素之一就显得极为重要。同时，从本书的角度出发，合同调整作为合同变更的下位概念，合同内容发生变更，正是合同调整的重要标志。

需要强调的是，合同内容发生变更，应当与三种情形作严格

---

〔1〕 在罗马法中，规定的合同更改主要包括以下几种：(1)关于债权人之更改，即由第三人取代原债权人；(2)关于债务人之更改，即由第三人取代原债务人；(3)关于内容之变更，即变更债之给付；(4)关于性质之更改，即变更债之性质，如变租赁为买卖；(5)关于期限和条件之更改。参见王家福主编：《民法债权》，中国社会科学出版社 2015 年版，第 74 页。

〔2〕 潮見佳男『新債権総論Ⅱ』(信山社,2017 年)333 頁参照。

区分。

第一,合同内容发生变更,并非主体变更。我国《民法典》合同编第六章将合同变更与转让区分开来,合同变更仅指合同内容的变动。作为合同变更下位概念的合同调整,也应当具有此种要求。在德国法上,虽然对于合同变更这一概念的理解不同,如有学者认为合同变更亦包括主体的变更[1],但是对于合同调整的概念,学者们却达成了一致,认为其仅存在当事人两者之间。[2] 由此,可以将合同调整与《民法典》第545条及以下所规定的债权转让和债务承担规则区分开来,进一步明确合同调整的范围。

第二,合同内容发生变更,并非仅指原合同内容发生变化,还要求有新合同内容之存在。虽然合同解除、合同终止、合同无效或被撤销等,均是对原有合同约定的一种改变,然而并不是本书所讨论之合同调整的范畴,因为原合同约定改变之后当事人之间并无新合同内容的产生。值得注意的是,因债务人违约而导致的原合同债务的变化(如转化为损害赔偿之债),是否属于合同调整。我国多数学说认为其属于合同变更中的法定变更,在此情形出现时,合同内容当然地发生变更。[3] 亦有学者反对该种观点,认为因违约转换而来的损害赔偿之债,是合同效力的体现,并不是合同变更。[4] 因本书讨论的

[1] Vgl. Wolfgang Jakob Hau, Vertragsanpassung und Anpassungsvertrag, Mohr Siebeck, 2003, S. 18f.

[2] Vgl. Wolfgang Jakob Hau, Vertragsanpassung und Anpassungsvertrag, Mohr Siebeck, 2003, S. 9; Sudabeh Kamanabrou, Vertragliche Anpassungsklauseln, C. H. Beck, 2004, S. 12.

[3] 参见崔建远:《合同法总论》(中卷),中国人民大学出版社2012年版,第513页;杨立新:《合同法》,北京大学出版社2013年版,第207~208页;韩世远:《合同法总论》(第4版),法律出版社2018年版,第588页。

[4] 参见隋彭生:《合同法要义》(第4版),中国人民大学出版社2015年版,第194页。

核心为合同调整，所以本书不对一般意义上的合同变更作讨论，仅针对本书欲构建之合同调整与违约责任之间的关系展开论述。本书的结论是，诸如损害赔偿等违约责任并非合同调整的范围。原因有以下两点：

一是关于违约责任所带来的损害赔偿之债究竟能否成为新合同的内容，笔者抱有疑问。合同内容归根结底，是由合同中所包含的一对债权债务所组成的统一法律关系。〔1〕正因如此，违约责任与合同内容的关系问题，实际上就是违约责任与合同债务的关系问题。该问题的核心是，责任的产生，是否会导致合同债务本身的变更。对债务和责任的区分，虽然并不是从罗马法时代就沿袭下来的〔2〕，但是在现代合同法理论上，多数学说均主张严格区分两者内涵。债务指的是债务人对履行的应为（Leistensollen），而责任指的是债务人对债权人之强制掴取的服从（Unterworfensein unter den zwangsweisen Zugriff）。〔3〕这在我国实证法中也得到了具体的体现，早在我国《民法通则》中，就已经展开了民事权利与民事责任的区分，具体到合同法领域，其分别在第 84 条及以下和第 111 条及以下的条文中，对债权与违约责任进行了区分规定。该种区分被《合同法》所延续，并单独于第七章规定了“违约责任”。在《民法典》中，亦没有改变此种区分

〔1〕 Vgl. Karl Larenz, Lehrbuch des Schuldrechts, Allgemeiner Teil, Bd. 1, 13. Aufl., 1982, S. 26.

〔2〕 罗马法上并未具体区分债务与责任，而是用债（obligatio）这一个词既指代债权、债务，亦指代债权债务关系，有时候也将其视为“法锁”（juris Vinculum）。若违反债务，债权人可请求强制履行或赔偿损失，甚至可以拘押债务人，因而债的关系在罗马古代被视为人身关系，债务与责任混杂于一起。参见周枏：《罗马法原论》（下册），商务印书馆 2014 年版，第 696 ~ 697 页。

〔3〕 Vgl. Hans Brox/Wolf - Dietrich Walker, Allgemeines Schuldrecht, 33. Aufl., C. H. Beck, 2008, S. 15.

模式，于总则编第八章规定了"民事责任"，于合同编第八章规定了"违约责任"。按照我国学说介绍，此种对债务和责任的明确区分，为我国所独创，表示着我国立法采"责任法"模式而不采"权利效力法"模式，值得肯定。[1] 这也就说明，责任和债务并非完全一致的。即便将责任作为第二次义务（Sekundärpflichten），其也仅是在原给付义务（Primärpflichten）受到障碍时的法律效果，[2]同时在一定程度上加重了原有义务（正因如此，在多数场合才需要归责要件），更是很难说得上"改变"了原给付义务的内容。也就是说，因违约产生的损害赔偿等违约责任，并非新成立合同之内容。

二是违约责任制度和合同调整所能实现的利益不尽相同。在债务关系中，债权人的给付利益是债权人经由债权关系本身而被法律许可的，能够受领给付的利益，其中并不包括其他额外的经济或私人上的利益。[3] 从买卖合同买受人角度而言，其给付利益即是其获得所购之物的占有和所有的利益，而并不是其他更为广阔的利益，如通过该物实现转卖或者赠与等特定目的的利益。对此，违约责任的存在是为了从第二次义务的角度，实现债权人受领给付的利益。与此相反，合同调整的目的并不限于帮助债权人实现其给付利益，其中还夹杂着违约责任中所不包含的额外个人以及经济利益。[4]

因此，对于损害赔偿等违约责任所带来的对原合同内容的改变，

---

〔1〕"责任法"模式突出的是救济路径，而"权利效力法"模式突出的是权利路径，故而我国立法虽亦强调权利，但更强调救济。关于两者的具体介绍，参见韩世远：《合同法总论》（第4版），法律出版社2018年版，第740～741页。

〔2〕Vgl. Hans Brox/Wolf - Dietrich Walker, Allgemeines Schuldrecht, 33. Aufl., C. H. Beck, 2008, S. 12f.

〔3〕Vgl. Karl Larenz, Lehrbuch des Schuldrechts, Allgemeiner Teil, Bd. 1, 13. Aufl., 1982, S. 28.

〔4〕Vgl. Matthias Eckelt, Vertragsanpassungsrecht, Duncker & Humblot, 2008, S. 39f.

在本书的语境下，并不作为合同调整的范围。

第三，合同内容发生变更，并非通过变更清偿标的而使合同消灭。也就是说，代物清偿的形式并非本书所论述的合同调整的范围。代物清偿制度虽然在我国并无实证法依据，但已经被我国最高人民法院近年的公报案例承认。[1] 所谓代物清偿，是指债权人受领他种给付以代原定给付而使债的关系消灭的制度。[2] 关于其性质，观点多种多样、杂乱不一，有的观点认为是属于清偿方式之一种[3]；有的观点认为属于合同更改，原合同关系实际上经由代物清偿而结束，因此只能根据新合同关系承担责任[4]；也有观点采清偿契约说，认为代物清偿本身为履行原有债务的一种手段，但其是否有偿及是否存在瑕疵担保责任，应依原债务性质而定[5]；亦有观点认为代物清偿为要物且有偿之契约：以他种给付的现实给付，代替原定给付，是为要物契约，清偿人用他种给付代替原定给付，债权人抛弃原定给付而受领他种给付，是为有偿。[6] 不过，值得注意的是，近年来，作为对传统观点的检讨，有学者试图将代物清偿作为保持同一性的"特殊债务变更契约"来处理。[7] 在其论述中，代物清偿之后，原有债之关系

---

〔1〕 关于对我国法院近年来代物清偿案例的梳理分析，参见周江洪：《债权人代位权与未现实受领之"代物清偿"——"武侯国土局与招商局公司、成都港招公司、海南民丰公司债权人代位权纠纷案"评释》，载《交大法学》2013 年第 1 期。

〔2〕 参见王家福主编：《民法债权》，中国社会科学出版社 2015 年版，第 183 页。

〔3〕 参见史尚宽：《债法总论》，中国政法大学出版社 2000 年版，第 769 页。

〔4〕 参见谢怀栻等：《合同法原理》，法律出版社 2000 年版，第 203 页。

〔5〕 参见王家福主编：《民法债权》，中国社会科学出版社 2015 年版，第 183 页。

〔6〕 参见郑玉波：《民法债编总论》（修订 2 版），陈荣隆修订，中国政法大学出版社 2003 年版，第 484 ~ 485 页；黄立：《民法债编总论》，中国政法大学出版社 2002 年版，第 669 ~ 670 页；林诚二：《民法债编总论——体系化解释》，中国人民大学出版社 2003 年版，第 537 ~ 538 页。

〔7〕 参见陈自强：《无因债权契约论》，中国政法大学出版社 2002 年版，第 298 页及以下。

同一性并不改变，在新给付有瑕疵时，仍适用原定给付有瑕疵之法律规定。而其特殊的地方在于，代物清偿在变更标的的同时即为清偿，债务变更契约后的债务关系，因清偿而消灭。[1] 依据该说，或亦可以认为代物清偿为“特殊的”合同调整，然本书不作如此认定，原因如下：

其一，目的不同。合同调整的内涵仅是合同内容发生变更，并非使合同本身走向消灭，合同的消灭仍旧需要有其他消灭原因；而代物清偿的制度目的在于消灭原来的债务，而并不是改变债的客体[2]，因而不宜放入合同调整中讨论。

其二，“特殊债务变更契约说”无法完全展现代物清偿的性质。首先，在其他国家和地区的立法例中，多将代物清偿规定放入作为债务关系消灭原因的清偿一章之中，如《德国民法典》第 364 条、《日本民法典》第 482 条、我国台湾地区“民法”第 319 条，明示债权人所受领的为原定给付之外的其他给付，并不认为原定债务因代物清偿有所变更。其次，代物清偿所能体现之法律现象的范围并不限于变更债务，还包含第三人代物清偿。对于第三人代物清偿，即便是“特殊债务变更契约说”的论者也无法否定其与第三人清偿的相似性，因而在此处该论者亦改采清偿契约说。[3] 再次，在特殊债务变更契约说下，代物清偿结合了债务变更契约与履行行为两个构成要件，二者相对于代物清偿是法律行为部分与全部的关系。[4] 即便其为了反对

---

〔1〕 参见陈自强：《无因债权契约论》，中国政法大学出版社 2002 年版，第 301 ~ 302 页。

〔2〕 参见肖俊：《代物清偿中的合意基础与清偿效果研究》，载《中外法学》2015 年第 1 期。

〔3〕 参见陈自强：《无因债权契约论》，中国政法大学出版社 2002 年版，第 307 页。

〔4〕 Vgl. Joachim Gernhuber, Die Erfüllung und ihre Surrogate, Handbuch des Schuldrechts Bd. 3, 1994, S. 190f.

旧有通说的要物性，承认没有履行行为之“单纯代物清偿合意”的效力，然而，对该合意是否就是所谓的“债务变更契约”，该说也未明确，仅是认为应“进一步解释当事人约定之内容，不可一概而论”[1]。最后，该说的提出是为了否定代物清偿的历来通说中主张之要物性，但为了否定要物性，并不见得就必然采特殊债务变更契约说。事实上依据陈自强教授自己的考察，原本采债务变更契约说的德国民法巨擘拉伦茨(Karl Larenz)，也在其后期的《德国债法总则教科书》中改采下文所述的清偿契约说[2]，由此也可佐证债务变更契约说说服力的不足。

其三，代物清偿的性质为清偿契约。清偿契约说认为，代物清偿仅是指合同当事人对以他种给付替代原定给付达成了一致，而并不代表对变更原来的给付标的达成了一致。[3] 债权人受领他种给付，并非意在舍弃其债权，而仅在代替原定给付，故而代物清偿仅是一种清偿行为。通过双方当事人的合意，赋予债务人一种以任意之债为内容的替代给付权，该种替代权可以即时行使，也可以在将来行使，其可以对抗债权人的原给付请求权，只有通过他种给付满足债权人后，原债关系才能消灭。[4] 该种理解既能够改善要物契约说之不足，足以尊重意思自治，又不超出法律文义解释之范围，无疑是最优的选择。

因此，本书不将代物清偿纳入“合同调整”的讨论范畴内。

---

[1] 陈自强:《无因债权契约论》，中国政法大学出版社2002年版，第385页。

[2] 参见陈自强:《无因债权契约论》，中国政法大学出版社2002年版，第289页。

[3] [德]迪尔克·罗歇尔德斯:《德国债法总论》(第7版)，沈小军、张金海译，中国人民大学出版2014年版，第142～143页。

[4] 参见肖俊:《代物清偿中的合意基础与清偿效果研究》，载《中外法学》2015年第1期。

（四）小结

王伯琦先生曾作出如下感慨："我可不韪的说，我们现阶段的执法者，无论其为司法官或行政官，不患其不能自由，惟恐其不知科学，不患其拘泥逻辑，惟恐其没有概念。"[1]由此亦可窥知，掌握概念对于法律适用的重要性。对于本书欲构建的新制度——合同调整规则来说，确定合同调整的概念能为进一步深入的讨论奠定基础，重要性不言而喻。本书通过合同调整具有同一性、合同情事发生变动和合同内容发生变更这三个构成因素对概念的内涵进行确定。然而，为了进一步明确合同调整的概念范围，仍有必要将其与其他相近制度作比较，来确定其外延界限之所在，同时有助于法律体系之构成。

四、合同调整与其他概念的区分

在上述各个构成要素的讨论中，已经通过对构成要素的界定，将合同调整的概念与一些制度作出区分，如合同调整与合同变更、合同调整与违约责任、合同调整与代物清偿等。在此处，为了进一步加深对于合同调整概念的理解，拟将合同调整与合同终止、合同内容之确定以及和解合同进行区分。作上述安排还有一个很重要的原因是，学说中存有的将违约责任或代物清偿等视为合同调整的观点，与其说是合同调整概念的范围界定问题，不如说是对违约责任或代物清偿等概念的理解问题，而合同终止等概念在学说上已经形成了一定程度上的统一，将合同调整与该些概念作区分，可以更清晰地看出合

[1] 王伯琦：《论概念法学》，载《社会科学论丛》（台湾大学印行），1960年7月，第1页。转引自王泽鉴：《民法思维：请求权基础理论体系》，北京大学出版社2009年版，第8页。

同调整的界限。故而本书将其放在此处加以讨论。

(一)合同调整与合同终止

合同调整和合同终止虽然从总体上来说均是对原有合同内容所作出的改变,但效果相差甚远。总的来说,合同调整使原有合同得以维持,而合同终止则是使合同走向完结。然而,在我国《民法典》第557条规定的合同终止体系下,在特殊情形中,原合同也并非完全完结。例如,通过抵销使原有合同价款或债务量上发生变化,从结果上来看,原有合同并未完结,而只是内容上有所改变。同样在其他终止方法上亦会存在类似现象。对于该种改变与合同调整,仍有必要作进一步细致的分析比较。

我国《民法典》合同编在结构上将合同履行与合同权利义务终止分别规定在第四章和第七章,同时,在规定合同权利义务终止原因的第557条中也提及了债务履行。因此,应认为从结构上,《民法典》和学说一致,将合同履行作为合同终止的事由之一,但同时为了突出合同履行的重要性,将其作为独立章节予以呈现。[1]

依《民法典》第557条第1款的规定,债权债务终止的原因主要包括:(1)债务已经履行;(2)债务相互抵销;(3)债务人依法将标的物提存;(4)债权人免除债务;(5)债权债务同归于一人;(6)法律规定或当事人约定终止的其他情形。第2款将合同解除特别规定为合同权利义务关系终止的情形。依我国学者论述,该条第1款及第2款分别规定了本属于债法总则的"债务消灭"和专属于合同的"合同

[1] 在《合同法》出台之前的著述中,已有学者强调合同履行在合同法律制度体系中的重要性,认为合同履行是其他一切合同法律制度的归宿或者延伸。参见苏慧祥主编:《中国当代合同法论》,吉林大学出版社1992年版,第146页。

解除”两部分内容，故而该章节既杂含单个的债权债务的消灭，又包括合同权利义务的消灭。[1] 基于此，我国有学者将该条合同权利义务终止的规定区分为两种意义上的含义：其一，基于合同产生的权利归于消灭，或义务归于消灭，但合同关系——广义债的关系——并不完全终止，尚有狭义债的关系存在；其二，基于合同产生的权利义务——广义债的关系——全部归于消灭。[2] 需要说明的是，本书语境下的合同的权利义务终止为广义，包括以上两种意义。也就是说，合同权利义务并没有完全归于消灭，也可以是本书所谓之合同终止。实际上将合同权利义务终止概念完全限缩于合同权利义务全部消灭之中，是没有意义的。因为若严格区分，即便是在单个债权债务消灭的层面上，也存在债务不完全消灭的情形，如通过对部分债务的抵销或者部分债务的免除，原有债务并没有完全消灭，但是这并不妨碍我们把该两种方法作为债之消灭的一般方法。

在采合同权利义务终止之广义含义的基础上，可以进一步将合同终止分为计划内的合同终止和计划外的合同终止两方面内容。[3]

计划内的合同终止，指的是合同依当事人原有合同计划终止。按照当事人的合同计划，双方当事人的所得利益得到满足之后，合同目的实现，合同自然走向既定的终结。[4] 该种类型和合同调整有着显著差异，在合同调整的情形，并无使合同目的实现的效果。因而，依据《民法典》第 530 条和第 531 条的规定，在债权人同意债务人提前履行或者部分履行的情况下，即便原有合同约定的履行方式似乎

---

〔1〕 参见韩世远：《合同法总论》（第 4 版），法律出版社 2018 年版，第 641 页。

〔2〕 参见崔建远：《合同法学》，法律出版社 2015 年版，第 222 页。

〔3〕 Vgl. Matthias Eckelt, Vertragsanpassungsrecht, Duncker & Humblot, 2008, S. 40 – 43.

〔4〕 Münch Komm/Heinrichs, § 362, Rn. 1.

被改变,该种改变也并不属于合同调整的概念范围,而是属于合同终止的范畴。[1]

计划外的合同终止,指的是合同终止并非因当事人原有合同计划,而是因当事人事后合意或其他原因而终止。值得注意的是,当双方当事人将终止合同的合意和订立新合同的合意混杂在一起的时候,则从外观上和合同调整具有一定的相似性。然而,不同的是,此时出现的附带新合同合意的合同终止,和合同更改一样,在新合同与旧合同之间并无连贯的同一性。在对同一性的认定上,上文中的认定方法同样适用于此处。除合意终止合同之外,基于法律规定,在当事人一方违约之时,另一方仍可单方终止合同。例如,《民法典》第563条赋予当事人在不可抗力、相对方拒绝履行、相对方迟延履行并经催告、相对方违约致使合同目的不达等场合以法定解除权。在当事人约定解除(《民法典》第562条第2款)的场合,虽然当事人的解除仍旧是属于合同所约定的范围内,然而其并非合同计划中的事项,其和法定解除一样,亦是通过当事人对单方解除权的行使而使合同终止[2],只不过其单方解除权限并非由法律赋予的,而是合同赋予的而已。因而,在本书中该种情形亦属于计划外的合同终止类型。在当事人免除债务的场合,究竟属于合意终止或者是单方终止,应依据对债务免除之性质的界定来判断,本书此处不赘述。实际上无论合同终止还是合同调整,均会给相对人的经济利益带来巨大的影响。但是两者也存在明显的差异,合同调整使合同缔结时既已存在的通过合同获得利益的意志得到相对化,而合同终止则是忠于原有合同

---

〔1〕 Vgl. Matthias Eckelt, Vertragsanpassungsrecht, Duncker & Humblot, 2008, S. 41.

〔2〕 关于约定解除、合意解除与法定解除的异同,参见韩世远:《合同法总论》(第4版),法律出版社2018年版,第645页。

内容之意志的体现,在原合同内容无法实现的情况下,只能通过合同终止而使该合意提前终了。[1]

综上所述,在合同调整与合同终止的情况下,仍旧会有某些场景存在相似之处。然而,两者有着基本逻辑上的差别。从与当事人最初缔结合同的合意之间的关系来看,合同调整是对该合意的改变,而合同终止无论是计划内的终止,还是当事人事后合意终止合同,或者是依法定原因等其他因素终止合同,恰恰是尊重该合意的体现。计划内的终止为依合同约定的终止,自不必说;计划外的终止是在既有合意无法实现的情况下,通过对该合意予以放弃,而使当事人合同义务得到解放。[2]

(二)合同调整与合同内容之确定

确定合同内容即合同中各个债权、债务的内容,实际上就是考察当事人通过该合同试图实现什么样的利益,以及为了实现该利益愿承受什么样的规范上的约束。对于此种考察,合同解释具有非常重

---

〔1〕 Vgl. Matthias Eckelt, Vertragsanpassungsrecht, Duncker&Humblot, 2008, S. 43.

〔2〕 关于是解除抑或调整对当事人原有之合意影响更大的问题,在日本法上对情事变更原则下合同调整与合同解除的先后适用关系的讨论或许具有借鉴意义。依内田贵教授总结,解除作为履行不能情况下的合同终止,其和因不可抗力等事由而产生的债务消灭可以作连续之判断,即便在合同严守原则之下,也可以在传统契约法下通过合同的客观解释予以正当化,而合同调整则是对合同内容的加以改变,其并非传统契约法中含有的效果。内田貴『契約の時代』(岩波書店,2000 年)112 頁参照。似乎合同调整相较于合同解除在情事变更原则的适用下更难以被人们接受。这一点在日本债法修改之时更为明显。情事变更原则虽然没有经过此次债法修改而明文化,但其效果到修法后期一度仅剩下合同解除,而无合同调整之适用。从这一点亦能看出,相对于合同解除,合同调整对当事人合意以及对传统理论的挑战更大。「民法(債権関係)の改正に関する要綱案のたたき台(11)」(部会資料 77A)を参照。

要的意义。[1]

根据平井宜雄教授的理论,合同内容的确定主要有以下几个步骤:首先,确定当事人通过明示或者默示的合意约定了什么样的义务;其次,在当事人的意思不明确的场合,对规范上的判断,应将最有利于实现该合同之目的的义务作为合同内容,同时该种判断在法律上只能以诚实信用原则的适用为依据。[2] 该理论确定了一种模式,即在依当事人合意而成的自律性规范之上,补充由任意性法规以及诚实信用原则而形成的他律性规范,并由这两种规范共同组成完整的契约规范。[3] 本书无意深入探讨合同内容确定之理论的发展[4],仅是在本书必要的范围内,即合同调整与合同内容的确定之异同上展开讨论。

考察合同调整和合同内容之确定的概念及范围,可以明显地发现合同内容之确定是合同调整之前的一个阶段。换言之,两者最基本的逻辑上区别是,合同内容之确定是初次确定合同内容,而合同调整是事后对已确定之合同内容的调整。

然而,在合同内容是于合同缔结后始得确定的场合,该种区别则显得并非那么清晰明显。一个很好的例子是对选择之债的判断。我国有学者认为,当事人通过选择权的行使,使选择之债转化为单纯之债的方式,属于合同变更。[5] 然而,虽然选择权的行使,的确能够使选择之债"变更"为单纯之债,但很难谓此处有合同内容上的变更。

---

〔1〕 潮見佳男『新債権総論 I』(信山社,2017年)72頁参照。

〔2〕 平井宜雄『債権総論〔第二版〕』(弘文堂,1994年)49~50頁参照。

〔3〕 潮見佳男『新債権総論 I』(信山社,2017年)72頁参照。

〔4〕 关于对平井宜雄教授理论的发展与批判而展现的学说动态,参见潮見佳男『新債権総論 I』(信山社,2017年)72~76頁。

〔5〕 参见韩世远:《合同法总论》(第4版),法律出版社2018年版,第588页。

因为在当事人行使选择权之前,该合同内容并没有确定,这一点在选择之债标的部分不能履行时的法律效果中得到了充分的体现。我国《民法典》第516条第2款明确规定:"可选择的标的发生不能履行情形的,享有选择权的当事人不得选择不能履行的标的,但是该不能履行的情形是由对方造成的除外。"该款参考境外立法例,区分了履行不能产生的原因,分别赋予不同的效果。[1] 在一般的履行不能场合,债权仅存在于残存的给付之上,即便该给付不能是由有选择权的一方导致的亦如此[2]。例如,当事人签订以10万元买卖一幅名画或者一座雕塑的场合,选择权若由卖方行使而基于卖方原因导致雕塑毁坏的场合,给付的对象自然集中于名画之上,对此卖方并不对买方承担违约责任;若选择权由买方行使,同时基于买方原因雕塑毁坏,则给付的对象集中于残存的名画之上,买方仍有请求卖方交付名画的权利,只不过是对于雕塑,卖方有权基于侵权行为向买方主张损害赔偿责任。[3] 在基于无选择权之人的过失而产生给付不能之时,则并不受此限制,选择权人依然可以进行选择。例如,在上述案例中,若选择权由卖方行使,但基于买方原因雕塑毁坏的场合,卖方仍旧可以选择以雕塑为交付,仅不过此时适用债权人过错的规则而已;若选择权由买方行使,但基于卖方原因雕塑毁坏的场合,买方可以要求卖方给付名画,也可以选择卖方给付雕塑,只不过在后者的时候因卖方给付不能而使买方享有解除权而已。[4] 由此可以看出,实际上在选择之债未选择之前,合同内容是不确定的,对于违约责任的考

---

〔1〕 具体境外立法例的规定,参见黄薇主编:《中华人民共和国民法典释义》(中),法律出版社2020年版,第984页。

〔2〕 部会資料68A·41頁参照。

〔3〕 潮見佳男『新債権総論Ⅰ』(信山社,2017年)269頁参照。

〔4〕 潮見佳男『新債権総論Ⅰ』(信山社,2017年)270頁参照。

察,也需要具体结合选择之后的债务来判断。即便选择之债的数个给付全部陷入不能,但计算违约可得利益即转卖等利益之时,还是应依据具体确定之债务来计算。因而,笔者认为,将选择之债中选择权的行使作为债务之确定在逻辑上更具有说服力。[1] 也就是说,行使选择之债的选择权并非属于合同之调整的范围。

此外,更为复杂的是,在实践中,还有诸多空白条款的应用。[2] 依据合同自由原则,当事人可以约定先让合同生效的同时,在某些条款处留有空白,等待合同当事人单方或双方事后的确定。[3] 该种应用也为我国实证法所接受。虽然我国《民法典》第 472 条承继《合同法》第 14 条的规定,要求要约"内容具体确定",但实务中往往适用《合同法司法解释二》第 1 条的规定,进一步将合同成立的必备条款限制在当事人名称或姓名、标的和数量之上,除此之外不作另外的要求。也就是说,即便当事人事先留有空白条款,但只要不涉及当事人名称或姓名、标的和数量这三个基本条款,合同均有效成立。

对于此种空白条款,于内容上在事后予以填补,是属于合同调整,还是合同内容的确定呢?对此,在境外法上也是存在诸多不同的理解。在认为合同调整(Vertragsanpassung)比合同变更(Vertragsänderung)范

---

〔1〕 同样观点,参见内田貴『契約の時代』(岩波書店,2000 年)119 頁。

〔2〕 例如,中国建设银行股份有限公司侯马支行与山西侯马市亨丰贸易有限公司、侯马市天瑞鸿焦有限公司、侯马市经济技术开发区昌鑫炉料有限公司票据纠纷案,最高人民法院(2011)民提字第 84 号;青海民族用品厂等与中国银行股份有限公司青海省分行借款担保纠纷上诉案,最高人民法院(2006)民二终字第 7 号。

〔3〕 Vgl. Sudabeh Kamanabrou, Vertragliche Anpassungsklauseln, C. H. Beck, 2004, S. 11.

围更广阔[1]或者不严格区分两者概念[2]的学说中,认为此种情况亦属于广义的合同调整范围领域。而认定合同调整为合同变更的下位概念的学说中,则将其作为合同内容的确定来处理。[3] 由此可见,上述学说之间的差异从根本上来说是对合同调整范畴的理解差异。从上述学说均将空白条款的填补作为“第一次对合同标的的确定”(Erstmalig Festsetzung von Vertragsbestandteilen)这一点上来看,在空白条款本身的认定上,各个学说并无不同。[4] 在本书的讨论中,合同调整为合同变更的下位概念,并不包括空白条款的填补。该种观点是立足于我国对空白条款的司法实践之上的。如果将空白条款的填补作为合同调整,则对于当事人事后单方面的填补,应认定为当事人依意定规范单方面调整合同内容,此种单方面对合同的调整,如同基于情事变更单方调整合同一样,在实务适用中须受到严格的限制,存有特殊对待的必要。然而,在我国司法实践中,对于空白条款往往并没有予以特殊对待,而仍旧是将这种填补当作双方当事人的共同合意。例如,最高人民法院的观点认为,即便一方当事人能够证明合同缔结时存有空白合同,但其也应当意识到“留存空白合同可能产生的商业风险,如其没有充分证据证明合同内容不是其真实意思,则应承担相应风险”,从而进一步认定合同真实有效成立。[5]

---

〔1〕 Vgl. Sudabeh Kamanabrou, Vertragliche Anpassungsklauseln, C. H. Beck, 2004, S. 11.

〔2〕 Vgl. Angie Schneider, Vertragsanpassung im bipolaren Dauerschuldverhältnis, Mohr Siebeck, 2015, S. 53.

〔3〕 Vgl. Matthias Eckelt, Vertragsanpassungsrecht, Duncker & Humblot, 2008, S. 30ff.

〔4〕 Vgl. Sudabeh Kamanabrou, Vertragliche Anpassungsklauseln, C. H. Beck, 2004, S. 12.

〔5〕 参见湖北东圣化工集团东达矿业有限公司等诉宜昌市九鼎投资担保有限公司等追偿权纠纷案,最高人民法院(2017)最高法民申2371号。

也就是说，在实务中，相对于认定该种现象为当事人一方对原定合意内容的修改，更倾向于认定该内容经合同当事人之间合意成立，且真实有效。[1] 此种看法实际上是已经将空白条款的填补作为一般合同内容的确定，而并非作为特殊的合同调整来处理。

（三）合同调整与和解合同

上述合同调整与合同终止、合同内容的确定之间的区别虽然在个别场合不易判断，但基本逻辑上的差异是较为明显的：合同调整的目的为改变合同内容以延续当事人债权债务关系；合同终止则为使当事人债权债务关系归于消灭；合同内容之确定并没有对原有合同内容加以改变。和解合同作为同样改变合同内容，同样延续当事人债权债务的制度，其和合同调整，尤其是和当事人事后协商调整合同的区分，仍有必要作进一步细致的区分。

在我国《民法典》中并未规定和解合同。《合同法》第128条规定："当事人可以通过和解或者调解解决合同争议。当事人不愿和解、调解或者和解、调解不成的，可以根据仲裁协议向仲裁机构申请仲裁"，根据该条的规定，民法典之前有学者认为和解合同为特殊的有名合同。[2] 然该条文并未被民法典所承继。《民法典》中带有"和解"字样的条文仅限于第233条，该条规定"物权受到侵害的，权利人

---

〔1〕 例如，在青海民族用品厂等与中国银行股份有限公司青海省分行借款担保纠纷上诉案中，最高人民法院认为"即使两抵押人上述出具空白合同的说法成立，两抵押人对于其出具的空白合同、抵押物清单的目的是用于签订抵押合同是清楚的，其交付抵押物权利凭证的目的也是明确的。抵押人并没有声明出具空白合同后至签订抵押合同尚需再行商讨。相反，如果需要，提前盖章的行为就没有了意义"，从而认定合同为真实意思表示，有效成立。参见最高人民法院（2006）民二终字第7号。

〔2〕 参见王利明：《论和解协议》，载《政治与法律》2014年第1期。

可以通过和解、调解、仲裁、诉讼等途径解决”，从条文本身来看，将和解合同解释为特殊有名合同的难度进一步增加。

从法理上来看，和解合同是指当事人通过约定互相让步，以终止争执或排除法律关系不明确之状态的合同。[1] 合同调整与和解合同从概念上看具有一定的相似之处。首先，两者实际上均是合同法总则层面上的规定。合同调整是合同法总则层面的概念，自不必多说；和解合同虽然在域外立法例中是作为合同分则中的典型合同，然而，在主流学者们的教科书中往往安排在债法总则。[2] 其次，两者均是将原有合同作为一个整体来对待。无论是合同调整抑或和解合同，均不会单单考察合同的部分内容，而是将合同整体纳入考虑范围，所生之效果也影响合同的全部内容。再次，两者从一定程度上来说均是对原来合同的内容进行了改变。合同调整的内涵即要求，合同内容应顺应相关情事的变化而作出调整；和解合同从一个侧面来看，也是对原有合同内容进行的改变，只不过该改变是一种“潜在的”改变，因为原有合同关系所约定的内容并不清晰，因此通过和解所达成的协议是否与原有合同内容一致也并不清晰。[3] 最后，两者的目的均是避免合同履行陷入僵局，而使当事人之间合同关系继续下去。

---

〔1〕 参见黄立主编：《民法债编各论》（下），中国政法大学出版社 2003 年版，第 830 ~ 831 页。

〔2〕 参见［德］迪特尔·梅迪库斯：《德国债法总论》，杜景林、卢谌译，法律出版社 2004 年版，第 281 页及以下；Karl Larenz, Lehrbuch des Schuldrechts, Allgemeiner Teil, Bd. 1, 13. Aufl., 1982, S. 88ff.; Wolfgang Fikentscher/Andreas Heinemann, Schuldrecht, 10. Aufl., De Gruyter Recht, 2006, Rn. 348ff. 对和解合同之体系定位的其他主张的评论与分析，参见陈自强：《和解与计算错误——契约法之现代化Ⅲ》，台北，元照出版有限公司 2014 年版，第 8 ~ 13 页。

〔3〕 Staudinger - Marburger, § 779, Rz. 42, 44.

然而,和解合同和合同调整同样存在不可逾越的鸿沟。两者在适用要件和具体效果上有着无法泯灭的差异。具体来说,一共有以下四点不同:第一,和解的适用对象是法律关系,故而债权关系、物权关系、准物权关系、智慧财产权关系、亲属关系、继承关系乃至于公法法律关系,均得为和解之客体〔1〕,可见和解适用范围之广;合同调整,顾名思义,仅调整合同内容,其适用范围远远没有和解广阔。第二,和解合同的适用要件要求当事人须就法律关系有争执(Streit)或有争执之隐患,或者当事人对于法律关系不明确(Ungewissenheit),若当事人对于全无疑问之权利加以和解,则不能为有效之和解,但依情形可以认为是当事人对权利之抛弃〔2〕;而合同调整是对既有合同内容的变更,要求原有合同内容应当确定和明确〔3〕。第三,和解合同的合同性质决定其只能通过当事人的意思来进行,应当适用于一般合同成立生效规定,当当事人意思表示一致时起,和解合同方才成立;而合同调整可以由当事人通过自有意思来实现,也可以依据原有合同约定之规范或者法定规范来实现,其适用情况显然比和解合同要多。第四,和解合同和合同调整在和原有合同内容的关系上有着教义学上基本的区别〔4〕:和解合同在这一层面上,仅是排除了原有合同内容的争议和不确定;而合同调整则有着自身独立的规则,对原有合同内容有着更为重大的改变。

基于上述区别,可以看出,和解合同和合同调整是完全不同的合

〔1〕 参见黄立主编:《民法债编各论》(下),中国政法大学出版社 2003 年版,第 831 页。

〔2〕 参见史尚宽:《债法各论》,中国政法大学出版社 2000 年版,第 859 页。

〔3〕 Vgl. Wolfgang Jakob Hau, Vertragsanpassung und Anpassungsvertrag, Mohr Siebeck, 2003, S. 10ff.

〔4〕 Staudinger – Marburger, §779, Rz. 37.

同制度。然而,这并不意味着两者在应用上完全无法统一。当事人完全可以通过一个统一的法律行为,对存有争议的合同内容加以和解,同时将剩余的合同内容调整为新的内容。[1] 只不过对于该种现象的处理,理应分情况适用和解合同和合同调整两套不同的制度规定。

五、小结

通过上述考察,本书将合同调整定义为,“在保持合同同一性的前提下,为适应情事之变化,对合同内容所作出的变更”。该概念主要有三个构成要素:合同调整具有同一性;合同情事发生变动;内容发生变更。通过对构成要素的认定,可以将合同调整概念与合同终止、合同内容之确定以及和解合同等其他概念区分开来。最为重要的是,在本书语境下,合同调整是合同变更概念的下位概念,其包含合同变更的主要情形。本书之所以采取“合同调整”这一术语来表达合同变更的部分问题,一方面是因为在我国学说中合同变更本身的概念过于广泛、过于模糊,另一方面是因为在我国实证法中,也存有少数作为特例的合同变更不属于本书所欲讨论的范畴。

需要强调的是,概念用语本身并不重要,重要的是该种用语能够表达何种范围的法律关系。如果有观点将合同变更的概念界定为本书所欲讨论的范围,即在保持合同同一性的前提下,为适应情事之变化对合同内容所作出的变更,那么“合同调整”这一术语自然没有特别存在的必要。只是目前在我国一般的理解中,合同变更的范围更为广泛,所以本书提出“合同调整”这一域外法上的概念,以与一般意

---

〔1〕 Vgl. Wolfgang Jakob Hau, Vertragsanpassung und Anpassungsvertrag, Mohr Siebeck, 2003, S. 21.

义上合同变更的场合相区分。

第二节　合同调整的法理基础

一、合同变更自由

在法治国家中，合同自由受到保护是采私法自治原则的应有之义。我国《民法典》中虽然没有直接规定“合同自由”一词，但第5条规定了自愿原则，其实际上也是承认合同自由的表现。[1] 我国早期理论强调，合同自由包括五个方面的含义，即决定是否订立合同的自由，选择合同相对人自由，确定合同内容的自由，变更、解除或终止合同的自由和合同订立方式的自由。[2] 缔约自由、相对人选择自由、方式自由、内容自由这四个方面通常针对合同成立阶段而论，是合同法的核心内容，备受现今学者著述重视，而合同的变更和终止自由则备受冷落。[3] 合同变更自由，作为合同自由项下的一个重要子项，其意为，当事人享有任意变更既有之合同内容的自由。[4] 在本书将合同调整作为合同变更下位概念的前提下，合同变更自由在本书中则可以同样被称为合同调整自由。在该自由的贯彻下，当事人享有合意调整合同，以及事先在原合同中约定意定合同调整规范的权利。

---

〔1〕 参见黄薇主编：《中华人民共和国民法典释义》（上），法律出版社2020年版，第20页。

〔2〕 参见江平、程合红、申卫星：《论新合同法中的合同自由原则与诚实信用原则》，载《政法论坛》1999年第1期。

〔3〕 例如，在韩世远教授的教科书中，变更和终止自由甚至没有被归入合同自由的范围内来讨论。参见韩世远：《合同法总论》（第4版），法律出版社2018年版，第45页。在我国台湾地区，有些学者也意识到了此类问题，参见陈自强：《无因债权契约论》，中国政法大学出版社2002年版，第267页。

〔4〕 参见陈自强：《无因债权契约论》，中国政法大学出版社2002年版，第387页。

浩尔教授将合同变更自由进一步细分为积极变更自由（Positive Änderungsfreiheit）和消极变更自由（Negative Änderungsfreiheit），此举可以更为清晰地分析合同调整规范的整体构造，应予赞同。[1] 在其研究下，积极变更自由是指当事人主动变更合同的自由，和当事人第一次接触（Erstkontakt）时的合同自由相同，其同样包括缔结自由、内容自由和方式自由。当然，也有细微不同之处，如变更自由虽然也包含当事人要约与承诺的自由，但是并不包含选择当事人的自由，同时在内容自由上也并不局限于调整部分，而是对既存债务关系内容整体上加以创新性地介入（Zugriff）。消极变更自由则是指一方当事人得拒绝变更的自由。[2] 该种自由主要体现于在一般情况下，合同非经当事人合意不得擅自变更的基本思想上。积极变更自由与消极变更自由的法理依据虽略有差异，但都归结于合同自由之中。

积极变更自由，其本身即是合同自由的体现，当然可以从私法自治原则中延展而出。此外，承认积极变更自由从法律经济学的角度考虑也存在较大的意义。其不仅在短期合同中对合同提供刺激和激励，减少当事人另行谋求交易所增加的交易费用，同时可以在长期合同中针对合同情事变化确保合同继续有效地履行。在理想状态下，双方当事人均能够通过合同调整获利，不过该种利益并非原合同中约定的本欲实现的利益，而是一种补充性的利益，是在合同重要基础或者当事人于原合同中所作出之重要考量产生变化之后，才首次出现并能够实现的利益。同时，即便仅有一方当事人获利，但当再行交涉所获取利润超过交涉本身所隐含的交易费用之时，交易的效用

---

〔1〕 Vgl. Wolfgang Jakob Hau, Vertragsanpassung und Anpassungsvertrag, Mohr Siebeck, 2003, S. 49.

〔2〕 Vgl. Wolfgang Jakob Hau, Vertragsanpassung und Anpassungsvertrag, Mohr Siebeck, 2003, S. 59ff.

(Nettonutzen)也会提高。[1]

消极变更自由,是合同自由在另一层面的体现。合同变更自由作为私法自治的具体化,其并不能经由一方当事人的单方自主决定权而实现,而是需要通过双方当事人的共同合意来实现。这也就要求原则上在没有当事人合意的前提下,当事人一方或者作为第三方的法院不能够对合同的内容进行调整。[2] 当然,对该自由的贯彻与保障更多是针对第三方(特别是国家)而言的,而并非针对合同相对人而言的。[3] 在该思想下,消极变更自由也自然顺理而成,因为维持合同原本约定并不需要特殊的法理依据,反而是在当事人没有合意的情况下,对合同进行的调整则需要特别的理论基础。消极变更自由从根本上可以归结于当事人变更合同所必需的相互协作之上。这其中隐藏的对当事人自主决定权的尊重和契约严守原则具有异曲同工之处。

具体到我国实证法上来看,可以认为《民法典》第 543 条为积极变更自由提供依据,而《民法典》第 136 条第 2 款为消极变更自由提供依据。第 543 条规定明确了当事人协商变更合同的合法性与可行性,为积极变更自由提供了依据,虽然该种依据已内化于合同自由之中,是不言自明的真理,但是该条在我国特定的历史时期,仍能起到重要的宣示作用。不过该条并不能作为消极变更自由的依据,因若严格依据逻辑,当事人未协商一致的情况下,是否可以变更合同,该

〔1〕 Vgl. Wolfgang Jakob Hau, Vertragsanpassung und Anpassungsvertrag, Mohr Siebeck, 2003, S. 52.

〔2〕 因私法自治意味着,任何人法律地位的改变,都必须由本人意志的加入,否则,地位被改变之人即被"他治"。朱庆育:《民法总论》(第 2 版),北京大学出版社 2016 年版,第 67 页。

〔3〕 Vgl. Wolfgang Jakob Hau, Vertragsanpassung und Anpassungsvertrag, Mohr Siebeck, 2003, S. 60.

条未作明确回答。在此处,第 136 条第 2 款关于民事法律行为拘束力的规定可以为消极的合同变更自由提供依据。

在实务中,更容易出现纠纷的情形是当事人无法对合同调整达成合意之时。此时,会存在当事人基本法律立场上的冲突。也就是说,如果一方当事人请求依变更之情事进一步调整合同,而另一方当事人却试图维持原有合同之约定,则在此时,双方当事人均得引证合同自由原则。前者援引积极变更自由来请求合同内容的调整,后者则可鉴于其消极变更自由以及契约严守原则对合同内容的保护,来实现对调整请求的拒绝。[1] 应当意识到的是,对一方当事人合同变更自由的保证也就同样意味着对另一方当事人的合同变更自由的限制。对于此种双方当事人利益的冲突,从《民法典》第 543 条及第 136 条第 2 款中已经能窥探出立法者的最基本评价,即原则上合同变更需要经过当事人协商一致。当然,当一方当事人在原合同缔结时即已受到相应强制的情况下,如各种强制缔约的规定,在合同调整时仍旧应当受到该相应的强制[2];当法律对合同变更存在其他特殊的规定之时,如对批准等手续的规定,也应当从其规定(《民法典》第 502 条第 3 款)。

基于上述合同变更自由,当事人对合同的合意调整自然应该被肯定,无须多言。对于当事人通过合同预先确定事后合同调整的内容以及方式,基于合同自由原则,只要不属于合同无效事由,自然也应当被法律规范肯定。然而法律所预设的法定合同调整规范,无法从合同自由中自然推导而出,因为其中并不属于当事人的自治(Selb-

---

〔1〕 Vgl. Angie Schneider, Vertragsanpassung im bipolaren Dauerschuldverhältnis, Mohr Siebeck, 2015, S. 41.

〔2〕 Vgl. Angie Schneider, Vertragsanpassung im bipolaren Dauerschuldverhältnis, Mohr Siebeck, 2015, S. 41.

stbestimmung),而是属于他治(Fremdbestimmung)的范畴。

二、合同变更自由的限制

正如莱斯纳(Walter Leisner)教授所言,“合同自由的历史即是其限制”。[1] 在合同自由原则自近代法兴起以来,随着经济社会的重大变化,合同自由被单方当事人滥用而偏离合同正义的风险愈加明显,因此在各国立法例之上,合同自由均逐渐受到不同程度上的限制。在我国法上,《消费者权益保护法》和《劳动法》的相关保护消费者和劳动者的规定就已经可以反映出对合同自由的限制,同时《民法典》合同编中的相关规定,如第496条对格式条款的规制,第810条对公共承运人运输合同强制缔约的支持,均是对合同自由原则的限制。在现代社会,合同自由从本质上已经不再是当事人所当然享有的一种自愿、独立地创设权利的权利,而只是表现为一种由法律赋予并加以限制的权利。[2]

具体到合同调整问题上,合同调整的一般规则,就是合同调整需要当事人双方合意,也就是对合同积极变更自由加以限制,对合同消极变更自由予以尊重。正如前述,这是与契约严守原则相一致的。法定合同调整规范的运用,是在特殊法定场合中,对合同消极变更自由的限制,对合同积极变更自由的保证。[3] 然而,重要的是,该种法定调整规范,是一种特殊的例外,同时作为一种国家干预,是必要的,但也必须是有限度的、适当的,不能借以干预的必要性而否定合同自由,要同时处理好合同自由的基础性与国家干预的辅助性之间的关

[1] Vgl. Walter Leisner, Grundrechte und Privatrecht, C. H. Beck, 1960, S. 323f.

[2] 参见尹田:《法国现代合同法》,法律出版社1995年版,第32页。

[3] Vgl. Angie Schneider, Vertragsanpassung im bipolaren Dauerschuldverhältnis, Mohr Siebeck, 2015, S. 42.

系。[1] 此外，法律规定对合同自由的限制，在国外同时还会涉及合宪性审查和合宪性解释的问题。[2] 例如，德国法上，在德国联邦宪法法院所作出的判决中，从保护合同自由的角度进行判决的案例数量远比违背合同自由的数量要多得多。[3] 在我国《民法典》中，法定调整规范主要集中于各个典型合同之中，其相应的规范数量，远远不及德国法中的规范数量。这一方面是因为两国所处的历史时期不同，德国经历了自由资本主义、垄断资本主义、国家垄断资本主义时代，立法者更多地着眼于对合同公平正义的掌控之上；而我国现阶段更强调保护尊重当事人合意的合同自由。另一方面是因为我国合同法研究近些年才刚转向合同法分则具体规定的研究，对于各个典型合同中细枝末节的具体规定还未给予足够的重视和考量。

作为一般原则的例外，立法者拟定了限制消极变更自由的特殊规则，以实现在当事人达不成合意之时的合同调整。需要进一步考虑的是，作为例外，为何法律会承认在特殊情况下对当事人合同内容加以干涉，是基于诚实信用，抑或基于其他法理？对此问题的回答，可以直接决定在何种情况下，以何种方式，立法者才享有对合同自由的介入权。该问题与法定合同调整规范的定位息息相关。

三、法定合同调整规范的定位

法定合同调整规范是立法者所拟定的限制合同消极变更自由的

---

〔1〕 参见李玉雪：《论合同自由的限制》，载《法制与社会发展》2001年第4期。

〔2〕 在我国，一般认为法院还没有获得审理宪法诉讼的权限，不仅不能审查违宪立法，就连行政机关制定法规和规章的抽象行为是否合宪、是否合法的问题也没有资格作出判断。参见季卫东：《合宪性审查与司法权的强化》，载《中国社会科学》2002年第2期。

〔3〕 Vgl. Angie Schneider, Vertragsanpassung im bipolaren Dauerschuldverhältnis, Mohr Siebeck, 2015, S. 39.

规范。然而,其究竟是基于何种法理,足以强大到能够介入合同制度的核心——合同自由?

在传统民法中,其多是通过诚实信用原则而展开说理过程的。以法定合同调整规范的典型——情事变更中的合同调整为例,拉伦茨认为交易基础理论是诚实信用原则的体现,合同的调整是基于均衡的公平(ausgleichend Gerechtigkeit)理念。[1] 按照该理念,在双务合同中,一方向另一方提供了给付之后,就应当获得"适当的"、与给付的价值相适应的对待给付(客观等价原则)。[2] 也就是说,当事人虽可依自由之意思缔结合同,但是该合同若想要获得法律上认可,其本身应当符合客观等价原则。在发生交易基础丧失的场合,若履行原合同会与该理念相抵触,则应顺从该理念对合同加以调整。此种思路从一般原则的角度,从当事人合意范畴的外部对法定合同调整规范进行说理,具有一定合理性。但是,过分强调法定调整规范的外部性,可能会导致法院在利用法定合同调整规范之时,忽视当事人的自主性,从而代替当事人决定调整内容。这种由当事人之外的第三方决定合同内容的做法,不仅限制了调整相对人的消极变更自由,同样也限制了调整人的积极变更自由。[3]

与传统民法相反,本书拟从支持而非限制合同自由的角度对法定合同调整规范予以定位。首先不得不涉及的前提是,合同调整的滥用问题。"走进可以自由,走出就必须守规矩"(Das erste steht uns

---

〔1〕 Vgl. Karl Larenz, Lehrbuch des Schuldrechts, Allgemeiner Teil, Bd. 1, 13. Aufl., 1982, S. 304f.

〔2〕 参见[德]卡尔·拉伦茨:《德国民法通论》(上册),王晓晔等译,法律出版社2003年版,第60页。

〔3〕 例如,在上诉人潢川县饮食服务公司与上诉人贾桂林房屋租赁合同纠纷案(河南省信阳市中级人民法院(2013)信中法民终字第1102号)中,一审法院作出了双方当事人均不认同的变更,后二审法院予以改正,并改依原合同履行。

frei, beim zweiten sind wir Knechte)。[1] 合同调整相较于合同缔结而言，是合同当事人对于自身权利义务关系作出的第二次的交涉，当事人之间的交易地位会比合同初次缔结时更容易产生微弱的偏差。也就是说，相对于合同的初次缔结，合同调整更容易被当事人滥用。在合同调整之际，当事人之间的关系相较于未接触之时更为紧密，如果一方当事人对该交易进行了特殊的投资，其在交涉中就会处于显著不利的地位。相对方如果利用这种有利条件，则会有可能采取事后性机会主义（Ex－post－Opportunismus）的行动。[2] 从经济学的观点出发，此种机会主义的行动会极大地妨碍当事人之间实现最佳的调整状态，会妨害最善的投资。诚然，此种交易地位不平等的现象，同样会出现在合同的初次缔结之中，正因如此，在合同缔结层面，法律已经作出了对合同自由的相应限制。从我国《消费者权益保护法》和《劳动法》保护消费者和劳动者的规定中就已经可以反映出这一点。而在合同调整领域，当事人交易地位的偏差，相较于合同初次缔结，有过之而无不及。因此，浩尔教授才敏锐地发现，再交涉义务论者在再交涉义务中所意识到的事后机会主义的问题，同样地出现在合同调整过程之中。[3]

---

〔1〕 Johann Wolfgang von Goethe, Faust I, Vers 1412. 译文参见梁宗岱：《梁宗岱文集Ⅲ译诗卷》，中央编译出版社 2003 年版，第 309 页。段落全文为，“这是魔界的一条法律：从那里走进，必须从那里走出。走进可以自由，走出就必须守规矩。（’s ist ein Gesetz der Teufel und Gespenster: Wo sie hereingeschlüpft, da müssen sie hinaus. Das erste steht uns frei, beim zweiten sind wir Knechte.）”。

〔2〕 “事后性机会主义”，是指在合同调整中处于有利一方的当事人，可能基于磋商之时的有利地位，为自己谋取最大化的利润，迫使相对方当事人承担不公平的磋商方案。Vgl. Wolfgang Jakob Hau, Vertragsanpassung und Anpassungsvertrag, Mohr Siebeck, 2003, S. 71ff.

〔3〕 Vgl. Wolfgang Jakob Hau, Vertragsanpassung und Anpassungsvertrag, Mohr Siebeck, 2003, S. 71.

正是基于存在上述合同调整滥用的可能性,因而并不能够将合同调整完全寄希望于合同当事人的自主调整。而法定合同调整规范,其存在目的正是支援处于劣势地位的当事人,使双方当事人能够获得调整的平等地位。基于此种法定合同调整规范,如承租人等在合同构造上已处于交涉劣势地位的当事人,或者是对交易进行了特殊投资而在事后交涉上不得已处于不利地位的当事人,或者是主张合同终止但无法获得法律认可的当事人,均获得了与相对人在对等的地位上探讨合同调整的可能性。[1]

从尊重私法自治出发,一方面,合同当事人自我决定的自由不应当受到立法者或者法官过多的介入;另一方面,只有在当事人各自的协商能力处于一个微妙的平衡之时,真正自我负责的私法自治才会实现。如果一方当事人的交涉地位以及协商能力,明显高于另一方当事人,则虽两者之间存在"协商",对于协商能力弱的一方而言也很难谈得上是自由地自我决定。因此,在这种特定的场合,为了既能够尊重基于当事人自由而产生的合同约定,又能够规避因协商能力、地位不对等而产生的畸形现象,有必要在有限范围内赋予立法者以及司法机关一定的判断和决定空间,对该合同进行介入,因而更好地实现其使命。[2]

综上所述,相较于传统学说将法定合同调整规范视为从外部对合同自由的限制,本书更倾向于将其定位于对合同自由的辅助之上。该种规范仅是在特定场合,立法者为维持合同调整当事人协商地位平等而预设的特殊规范,经由该规范可以更加充足地保障当事人自

---

〔1〕 Vgl. Wolfgang Jakob Hau, Vertragsanpassung und Anpassungsvertrag, Mohr Siebeck, 2003, S. 262ff.

〔2〕 Vgl. Angie Schneider, Vertragsanpassung im bipolaren Dauerschuldverhältnis, Mohr Siebeck, 2015, S. 46.

我决定的意志。

四、小结

合同的变更自由是合同调整的法理基础。在合同的变更自由之下，可以进一步细分为积极变更自由与消极变更自由。积极变更自由体现在当事人主动变更合同的自由，而消极变更自由表现于另一方当事人得拒绝变更合同的自由。在两者紧张的关系中，从罗马法以来所设立的一般原则是限制积极变更自由，而尊重消极变更自由，这也体现为契约严守原则。然而，在当今的法体系下，立法者在某种场合中仍旧预设了一些调整规范，拟定了限制消极变更自由的特殊规则，以实现在无当事人合意情况下的合同调整。对于该规范的论理依据，传统学说通过对诚信原则的具体运用而实现，其主要体现于从外部原则上对合同自由进行限制。本书试图从支持合同自由的角度理解法定的合同调整规范。合同调整相较于合同的首次缔结，更存在交涉地位滥用的危险性，若完全诉诸当事人自主调整，则可能会出现对弱势一方显著不公平的情形。基于此，法定调整规范的出现正是为了确保在合同调整中处于弱势的一方当事人，能够获得平等探讨合同调整的机会。由于法定调整规范限制了消极变更自由，也就是说，只有当此种利益能够被评价为凌驾于消极变更自由之上时，相关法定调整规范才具有法理上的正当性。[1]

---

〔1〕 Vgl. Wolfgang Jakob Hau, Vertragsanpassung und Anpassungsvertrag, Mohr Siebeck, 2003, S. 270ff.

第三节　合同调整的适用要件

在我国实务中,能够实现合同调整的合同调整规范数量繁杂,不仅有法律直接规定的法定调整规范,还有当事人合意调整和事先在合同中约定的意定调整规范。各个具体的规范均有其独特的适用要件,从微观层面很难达成统一。但是从宏观角度着手,从统一合同调整一般适用要件的角度出发,仍旧可以得出以下三个共同的适用要件:第一,需要有原合同的存在;第二,需要有情事之变动;第三,需要有法定以及意定调整规范等合法性规则的存在。

一、原合同的存在

合同调整,顾名思义,是对原合同关系的调整与改变,因而原合同的真实有效存在必不可少。如果根本没有合同关系的存在,则仅为合同关系的发生问题,并未发生合同调整,这一点从将合同调整视为合同变更下位概念的本书立场来看,应和合同变更作同样理解。从此角度出发,对该要件的理解主要存在以下两个方面:一是当事人原有关系为合同关系;二是该合同关系并非无效。

第一,当事人之间应事先存在合同关系。在德国法下,有部分合同调整论者认为调整的前提要件不仅为合同关系的存续,还应扩展为法定债务关系之上。[1] 该论述的依据为《德国民法典》第 311 条第 1 款,该条规定了若以法律行为变更债务关系的内容,则必须要通过合同的形式,但是并没有对原债务关系是否为合同作出界定。因

---

〔1〕 Vgl. Wolfgang Jakob Hau, Vertragsanpassung und Anpassungsvertrag, Mohr Siebeck, 2003, S. 11.

而,德国学者认为,对于法定债务关系所达成的调整合同,同样也属于该条的范围内,也属于合意调整的范围。[1] 然而,笔者认为,在我国法语境下,对于合同调整的认定,仍应当仅限于存在既有的合同之上。因为我国并没有单独设立债法总则,对合意调整合同予以规定的法律依据为《民法典》第543条,该条文明确规定变更的对象为"合同"。因而,在我国法体系范围内讨论合同调整,没有必要也没有依据将其扩展到所有债务关系之中。

第二,该合同关系并非无效。如果合同确定无效,则自始不发生法律效力,因而并不会发生合同调整的问题。即便在域外法上,存在"无效法律行为的转换"(如《德国民法典》第141条第2款),也并非合同调整,而是对原有合同的重新成立。如果当事人在不确定合同是否无效的情况下将该合同予以改变,则涉及的是和解合同的范畴。[2] 对于可撤销的合同,在撤销权行使之后,由于合同溯及既往地归于无效,自然和无效合同一样,无调整的余地;然而,在撤销权行使之前,此时合同依然为有效,并不妨碍双方当事人对合同的调整。经过当事人的调整,若不存在可撤销的事由,则合同撤销人的撤销权因此归于消灭。对于效力待定的合同,虽然在追认之前合同效力属于待定状态,但当事人协商一致予以调整,消除效力待定的原因,系积极而正面的措施,没有否定的必要;即便没有消除效力待定的原因,也无非变更后的合同视情况而继续使用关于效力待定合同的规定而已,并不会产生进一步的负面效果。[3]

---

〔1〕 Vgl. Wolfgang Jakob Hau, Vertragsanpassung und Anpassungsvertrag, Mohr Siebeck, 2003, S. 11.

〔2〕 Vgl. Bork Reinhard, Der Vergleich, Duncker&Humblot, 1988, S. 387.

〔3〕 参见崔建远:《合同法学》,法律出版社2015年版,第174页。

二、情事之变动

本书在合同调整的构成因素部分，已经对合同情事的变动展开了分析。该情事之变动是区分合同调整与因意思表示瑕疵、合同部分无效而产生之合同部分变化的重要因素。

在合同情事的类型上，正如上文所述，本书将其区分为主观情事与客观情事。主观情事主要活跃于当事人合意调整合同之中，而客观情事则应用于法定以及意定调整规范之中。虽然主观情事和客观情事的变动均能分别导向合同的调整，但实务中最常见的情形是两者交叉的场合。在客观情事发生变化之时，当事人也能够主观上基于这些变化去寻求新的合同调整。依据施奈德教授的观点，即便调整原因可以有多重区分，但调整依然可以作为统一的法效果，对所有的主观以及客观情事变动所带来的后果加以诠释。[1] 与此相反，浩尔教授却在主观情事内部作更为细致的分类，并将一部分主观情事的情形，排除合同调整之外。依据其理论，当事人合意变更合同内容，在主观上需要区分外部动机和内部动机。如果是出于使既有合同关系继续延续下去的动机，也就是因内部动机而变更合同，则属于合同调整；如果是基于某些外部动机，如在合同调整过程中，一方降低自己条件其实是另外具有赠与目的等，则不属于合同调整，而属于更为上位的合同变更。[2] 作如此区分的本意，或许是为了进一步限定合同调整的类型，从而更加凸显合同调整存在的滥用可能性。因为正是在延续原有合同关系的目的下，合同调整当事人为了试图使

---

〔1〕 Vgl. Angie Schneider, Vertragsanpassung im bipolaren Dauerschuldverhältnis, Mohr Siebeck, 2015, S. 52.

〔2〕 Vgl. Wolfgang Jakob Hau, Vertragsanpassung und Anpassungsvertrag, Mohr Siebeck, 2003, S. 18ff.

合同存续,才可能会处于更为不利的地位。[1]

对比施奈德教授与浩尔教授的观点,笔者更倾向于支持施奈德教授的观点,即不细分当事人主观情事,将所有当事人主观上情事的变动,均作为合同调整的适用要件。理由主要有以下几点:第一,以动机为主的评判标准适用性差,在某些场合较难判断。发生争议之时一般是无法确定当事人真实意思之时,尤其在半有偿半无偿的情况下,如何判断当事人之间存在维系原有合同以外的目的与动机,有较大难度。若如此适用,则会导致合同调整概念的边界也变得模糊,难以确定。第二,作为合同调整的重要特征,合同同一性与否的判断同样需要依据当事人合意,不能仅以外部动机存在与否判断。如同本章第一节在合同调整概念部分所阐述的那样,当事人维系合同继续存续的合意为同一性判断中的重中之重。即便当事人具有外部动机,但只要拥有明确的维持合同同一性的合意,也应当作为合同调整来考虑。

在主观情事变动之下,亦即当事人的主观意思发生变化之时,当事人自然可以通过合意对合同加以调整,这也是意思自治的体现,不言自明。而在客观情事发生变动之时,则并不必然地引起合同调整,在该种情况下,虽然合同调整不再要求必须由双方当事人合意作出,但是相应地也应当满足法律规定或者当事人在合同约定的更为苛刻的要件,才能够获得法律的认可。也就是说,在客观情事发生变动之时,必须还需要存在当事人或者立法者所预设的合法性规则,才能够产生合同调整。

[1] Vgl. Wolfgang Jakob Hau, Vertragsanpassung und Anpassungsvertrag, Mohr Siebeck, 2003, S. 70ff.

三、合法性规则的存在

合同情事的变动是合同调整必备的要件之一。然而,存在问题的是,面对合同履行过程中出现的各种各样繁杂的情事上的变动,在何种情形才应赋予当事人调整合同的权利。如果仅是当事人主观情事变动,双方当事人对于合同调整的必要性达成一致之时,自然并无"是否"调整合同的考虑,而剩下的仅是"怎样"调整合同的考虑。然而,在实务中,占据绝大部分情况的是,当事人之间并没有达成合同调整的合意。在此时,即便合同客观情事发生了变动,也并不一定能够导致合同调整这一结果的产生,而需要另外满足法律明文规定或当事人事先约定的要件。此种法律规定或当事人事先约定的调整规范正是当事人事后单方面谋求合同调整的合法性规则。在合同调整的进程中,当事人为了自己的合同相关利益,往往会作出相应的权衡与妥协。通过对这些相关利益进一步区分,可以更加清晰地厘清合同调整背后的法理脉络,亦可以探知合法性规则存在的内在原因。

在实务中,虽然支持单方合同调整的调整规范——本节所讨论的合法性规则——数量繁多,种类多样,但按照施奈德教授的总结,从总体上来看,其始终脱离不了以下三种利益的冲突和矛盾:存在利益(Bestandsinteresse)、内容利益(Inhaltsinteresse)以及终止利益(Beendigungsinteresse)。[1] 存在利益,是指使原有债务关系继续存续而产生的利益。内容利益,是指使原有债务关系内容继续维持而产生的利益。终止利益,顾名思义,是指合同终止能够带来的利益。其中,存在利益和内容利益是统一的契约严守原则(pacta sunt ser-

---

〔1〕 Vgl. Angie Schneider, Vertragsanpassung im bipolaren Dauerschuldverhältnis, Mohr Siebeck, 2015, S. 77.

vanda)的组成部分和形式。[1]

当合同情事发生变更,而导致原有合同不能按约定正常履行之时,除了在符合违约责任的场合,当事人可主张损害赔偿之外,当事人仍然会有两个不同方向的选择:一是追求债务解除或者终止,以使原有债务消灭;二是出于双方当事人的利益,并不追求对合同约定内容之全面的否定,而仅是对合同一部分内容进行否定与变更。在后者的场合,则并不存在"存在利益"的问题,因为当事人仍然还在追求债务关系的存续,只不过是该存续是在改变合同约定内容的前提之下。因此,在上述两个方向上,前者涉及的是放弃存在利益与否的问题,而后者则涉及的是放弃内容利益与否的问题。法律有意识地区分了存在利益和内容利益的保护,同时在一定情况下通过对内容利益的放弃,而实现对存在利益的保障。例如,在《民法典》第533条的适用中,法律甚至以肯定法官(第三人)对于合同的变更权能的方式,来实现对当事人既有合同的维持。由此可见,在该种特定情形中,相较于合同内容的改变,立法者显然更加试图避免合同关系整体上的消亡。

在一般场合,基于契约严守原则,存在利益和内容利益在绝大多数场合中能够同时得到保障。从这个意义上看,两者在多数场合均具有一致性。然而,终止利益却始终是站在该两者的对立面的。合同终止是对合同存在利益和内容利益共同的侵害。如同上文所述,合同当事人合意终止合同,同样也是合同自由的体现之一。[2] 立法者为满足当事人合同终止的需求,也设立了一系列合同终止的规范。

---

〔1〕 Vgl. Angie Schneider, Vertragsanpassung im bipolaren Dauerschuldverhältnis, Mohr Siebeck, 2015, S. 81.

〔2〕 参见陈自强:《无因债权契约论》,中国政法大学出版社2002年版,第269页。

例如，合同解除、因意思表示瑕疵而撤销合同、合意解消合同（Aufhebungsvertrag）以及情事变更原则效果中存在的合同解除均是典型的合同终止规范。[1] 这些合同终止规范各自适用的债务关系有些许不同，适用之前提要件和法律效果存在不同。同时该规范的适用，是经由单方当事人主张即可，还是必须经过双方当事人合意，亦存在不同。但一致的是，如果法律上没有设有特殊规范，合同并不能够由单方当事人随意终止。从此点上来看，实证法将终止利益的保护作为特别规定这一举动，同样也体现着存在利益保护的原则上地位。也就是说，在三种利益之间，存在利益和内容利益的保护在原则上优先于对终止利益的保护。合同调整相对于合同的解除以及合同终止，对当事人之间合意的介入更为温和，这也是为什么同样为情事变更原则的法律效果，合同调整优先于合同解除的原因。

合同当事人所享有的三种利益之间的博弈和平衡，也恰好体现出合同当事人在债务关系稳定性（Stabilität）、灵活性（Flexibilität）和终止（Beendigung）之间的紧张关系。[2] 合同调整一直处于紧张关系之中，一方面是债务关系稳定性和灵活性的紧张关系，另一方面是灵活性和债务关系的终止之间的紧张关系。每一种合同调整规范的运用均体现着上述三种利益的衡量与判断。在内容利益和合同调整的关系上，对合同内容利益的保护，体现在对原合同内容的维持之上，原则上要求对原合同的调整需要通过当事人的合意决定，排斥对合同内容的单方调整。在存在利益和合同调整的关系上，合同调整的目的是使合同继续存续，其和存在利益并无任何矛盾之处。对于

---

〔1〕 Vgl. Angie Schneider, Vertragsanpassung im bipolaren Dauerschuldverhältnis, Mohr Siebeck, 2015, S. 84f.

〔2〕 Vgl. Angie Schneider, Vertragsanpassung im bipolaren Dauerschuldverhältnis, Mohr Siebeck, 2015, S. 455.

终止利益,则恰恰正好处于合同调整的对立面。合同调整规范的根本目的是对抗合同的终止,从而使合同继续存在下去,为此不得不限制对合同内容利益的保护。但需要注意的是,此处对于合同内容利益的限制,并非完全放弃合同的内容利益。具体来说,一方面,合同调整通过对内容利益保护的限制,进一步保护存在利益,以对抗合同的终止;另一方面,合同调整通过对存在利益的保护,而对合同终止自由的限制,也在一定程度上保护了合同的内容利益。[1]

现代民法体系对合同内容利益的一般性保护,也就意味着,单方合同调整和当事人合意调整合同不同,需要满足更为苛刻的要件。其除了需要发生重要的情事变动,还需要特殊规则的存在作为其合法性的保障。这些规则体现在两个方面:法律规定的合同调整规范和当事人预先在原合同中设定的合同调整规范。在本书中,将两者称为“法定合同调整规范”和“意定合同调整规范”。法定合同调整规范不仅有《民法典》第533条那样的统一的合同法上规范,也有《旅游法》第67条那样的具体到某个典型合同微小细节上的规范。意定合同调整规范则是作为法定合同调整规范的补充,在具体合同内容中由当事人自主约定。

综上所述,除了双方当事人合意调整合同之外,只有在法律中、在原合同约定中存在相应的调整规范,合同调整才能被允许,才能限制合同当事人的内容利益。此种规范归根结底是立法者以及当事人在衡量评价存在利益、内容利益和终止利益之间关系之后,在法律中、在原合同中所作的预设。

---

〔1〕 Vgl. Angie Schneider, Vertragsanpassung im bipolaren Dauerschuldverhältnis, Mohr Siebeck, 2015, S. 107.

第四节　合同调整的体系定位与分析框架

依本书观点,合同调整,是指在保持合同同一性的前提下,为适应情事之变化,对合同内容所作出的变更。在本书的讨论中,合同调整这一术语的选择,仅是为了在我国范围较广的合同变更概念中作进一步更为细致的划分与限定。正如本书一直所强调的那样,如果理论通说中对于合同变更概念本身的理解,和本书所确定的合同调整范畴相同,则本书所采用的"合同调整"术语并无存在的必要。应说明的是,采用何种术语并不重要,通过术语能够明晰背后所涵盖的法律关系才是论述的关键。本书所要讨论的合同调整概念,其内涵主要有维持合同同一性、适应合同情事之变化和合同内容发生变更三个方面。通过对这三个构成因素的界定,可以将合同调整与其他相似的制度区分开来。在判断合同同一性上,重要的并非从客观的角度判断是否产生重大的要素变更,而是从当事人的意思表示及其解释的角度出发,来认定当事人对合同的变更是否属于合同调整或者是合同更新。通过对合同情事发生变动的认定,可以将合同调整与《合同法》中规定的因意思表示瑕疵而引起的可变更合同相区分,也可以排除因合同部分无效而带来的原合同"变化"的现象。通过对合同内容发生变更的认定,可以将其与代物清偿等不涉及合同内容变化的制度相区分。在外延上,本书将合同调整作为合同变更的下位概念,将其与合同终止、合同内容的确定以及和解合同相区分。

由于合同调整问题更多的是在客观情事发生变动的基础上出现的,单纯基于当事人之间的主观情事变动,正如本章第一节所述,在理性经济人的交易中很难出现,因此合同调整问题也与合同履行发生障碍时的处理问题息息相关。在森田修教授的研究中,更加注重强调合同调整问题领域的这一侧面。其认为合同调整制度中展现的新法理规则，实际上是在履行障碍法中为当事人提供新的解决路径。[1] 在合同履行过程中，如果发生了合同履行障碍，传统民法理论的思想是立足于当事人在该合同中所享有的债权内容，基于原合同意思而产生的合同规范，对该障碍加以处理。当然此种合同规范并不一定全部由当事人的原有合同意思推导而出，在当事人个别具体意思之外的法律上规定或者社会规范也可以进入该合同规范之中。[2] 这些是合同解释以及合同内容之确定的工作。例如，在没有明确合意的部分通过任意法规、交易习惯以及诚实信用原则对合同进行补充解释。当然，做此工作仍旧需要围绕当事人最初的意思表示合致来展开，只有在合意欠缺之时才会通过合同解释的方法拟补合意之空缺。一言以蔽之，在传统民法领域，在合同履行障碍时的处理办法是围绕原有合同缔结时当事人最初达成的意思表示来处理。然而，森田修教授认为，近代实证法中所萌现出的种种合同调整规范，并不限于此种处理方法，其在围绕当事人当初意思表示的处理方法之上，展现了一种新的倾向，即承认在合同缔结后的履行过程中，当事人之间的合同规范仍旧在继续形成，而通过在此时形成的新的契约规范，来应对合同障碍的相关问题。[3]

在合同解除制度中，存在合意解除、法定解除以及约定解除三种类型。与此相同，本书认为，在合同调整制度中，也存在合意调整、法定调整以及意定调整三种类型。在本书的构想中，合意调整依据当事人主观情事的变动而产生，是合同变更自由的体现，受到私法自治

〔1〕 森田修『契約責任の法学的構造』（有斐閣，2006年）214頁参照。
〔2〕 潮見佳男『新債権総論Ⅰ』（信山社，2017年）65～71頁参照。
〔3〕 森田修『契約責任の法学的構造』（有斐閣，2006年）214頁参照。

原则保护，自不必多言。与此相比，合同的客观情事变动，若欲同样引起合同调整的效果，仍旧需要特殊规范的存在，需要满足更为苛刻的条件。换言之，和合意调整不同，基于法定规范的调整（法定调整）以及基于意定规范的调整（意定调整），具有一定的特殊性，而这种规范散布在法律的各个角落以及当事人之间约定的各个具体合同之中。从这些特殊性出发，在法定调整规范以及意定调整规范层面，现有学说并没有形成规则上的统一。本书致力于构建统一的合同调整制度的体系，拟以法定调整规范与意定调整规范为轴，统一合同调整制度的规则。

因此，为了统一合同调整制度，本书拟从法定调整规范与意定调整规范两方面着手，先分别讨论两种规范的各自适用规则，从中总结出规律，然后再在此之上进行全面的整合。

第三章　法定合同调整规范

——从三个典型规范出发

在我国法律规范体系下，满足一定要件即允许当事人单方或双方调整合同的规范，也就是法定合同调整规范，虽然是整个法律体系的例外，但实际上并不稀有。通过法定调整规范的适用，立法者为当事人预设了规定，使一方或者双方当事人可以对合同加以调整。其重要性，正如上文所述，尤其体现在当事人没有在合同中对调整规范加以具体考虑的情况。[1] 在定位上，法定调整规范并非对合同调整自由的阻碍，而是立法者为使一方或双方当事人更为公平、自由地调整合同而预设的规范。合同消极调整自由要求在一方当事人主张调整之时，必须要获得相对方的协作。然而，在主张调整一方当事人的

[1] Vgl. Lorenz Fastrich, Bestandschutz und Vertragsinhaltsschutz im Arbeitsrecht, in: Festschrift für Herbert Wiedemann, Hrsg.: Rolf Wank / Heribert Hirte / Kaspar Frey / Holger Fleischer / Gregor Thüsing, 2002, S. 251.

利益被认定为值得保护的前提下，立法者为了该当事人的利益，可以通过预设法定调整规范的形式，推动主张调整之当事人获得相对方的协作，或者使这种协作变得可有可无，从而实现对既有债务关系的维持。[1]

法定调整规范多规定在具体典型合同中，种类繁杂，适用要件以及特殊性各不相同。在合同法总则领域，比较典型的法定调整规范有《民法典》第533条中所阐述的作为情事变更原则效果之一的合同调整，以及《民法典》第582条规定的“减少价款或者报酬”。在本书的论述方式上，欲将论述重点置于情事变更下的合同调整、减价和旅游合同中旅行社的单方调整这三个典型法定调整规范上，从该三个典型规范引导并总结出法定调整规范一般意义上的适用方法。

之所以选择情事变更下的合同调整、减价和旅游合同中旅行社的单方调整作重点论述，是因为该三者分别代表了不同领域下的合同调整权，具有一定的特殊性，也极具负有争议性。与此相比，其他众多法定调整规范的特殊性及普遍性并不突出。情事变更原则，作为一项为大陆法系国家立法例所普遍承认的原则，历来受到我国学说的青睐与重视。其效果中的合同调整，也是合同调整规则的经典适用。[2] 该原则的适用前提是当事人不可预见之情事的发生，也就是说，情事之变更不可归责于双方当事人。[3] 通过对情事变更原则下合同调整规则的考察，可以窥探在经典场合下合同调整的运用方式，可以起到定基的作用。减价制度在运用上并不要求对双方当事人的不可归责性，亦即在履行质量不符合约定之时，无论当事人是否

---

〔1〕 Vgl. Wolfgang Jakob Hau, Vertragsanpassung und Anpassungsvertrag, 2003, S. 413.

〔2〕 在《德国民法典》中，正如上文所述，合同调整（Vertragsanpassung）这一法律术语也主要来源于第313条对交易基础丧失理论的适用上。

〔3〕 参见韩世远：《合同法总论》（第4版），法律出版社2018年版，第488页。

可以归责，均可以主张减价制度的适用。从此角度出发，关于减价这种救济方式的性质，在我国理论界中也存在较大的争议。依本书观点，减价制度也属于合同调整的范畴，也属于在一定情事变动（合同履行质量不符合约定）之下，对当事人原有合同所作出的调整。在此意义下重点论述减价制度具有必要性，因为通过对其论述，一方面可以深化对合同调整范畴的理解，另一方面也可以为相应类似规范（如《民法典》第585条规定的违约金调整）提供借鉴。最后，旅游合同中的单方变更权，作为特别法以及典型合同中特殊规定的典型代表，虽然适用要件上与情事变更相符，但是在效果及应用上却是不尽相同。对其的细致考察，有助于对比与分析合同调整规范中存在的两种模式。

第一节　情事变更原则下的合同调整

依据我国《民法典》第533条的规定，在合同生效后，当合同基础条件发生了当事人在订立合同时无法预见的，不属于商业风险的重大变化，在继续履行合同对于一方当事人明显不公平时，受不利影响的当事人可以与对方重新协商，在合理期限内协商不成的，当事人可以请求人民法院或仲裁机构变更或者解除合同。在辗转踌躇之后，情事变更原则终于以成文法的形式为我国实证法体系所确认。[1]

---

〔1〕在《民法典》出台之前，1999年公布施行的《合同法》并未规定情事变更原则，最高人民法院在《合同法司法解释二》第26条中，首次以司法解释的形式确立了情事变更原则。实际上，早在我国《合同法》立法之时，情事变更原则就已经受到高度关注。在全国人大法律委员会向全国人大常委会所作的报告中，就已经多次提及关于情事变更原则适用的问题。但由于各方面对情事变更原则存在较大争议，我国专家学者在对情事变更原则进行了反复论证之后，最终决定不予规定。具体论证参见全国人大法制工作委员会民法室编著：《〈中华人民共和国合同法〉立法资料选》，法律出版社1999年版，第10、14、18、25、162～164页。

在域外法上,一般大陆法系国家及地区成文法或理论均承认在合同缔结后,发生特定情事变动之时,当事人可以主张变更或解除合同。[1] 情事变更原则,虽然在比较法上被普遍承认,但其在实践中被广泛应用的场合,多是发生大型战乱、灾害和经济危机之时。例如,第一次和第二次世界大战后的经济危机、1974 年第一次石油危机、1990 年德国统一、1995 年日本阪神・淡路大震灾、2011 年的东日本大震灾等。[2] 而在我国,情事变更原则的适用则并未有如此的谨慎。[3] 在法律效果上,合同调整作为其法律效果之一,同样存在较多的不确定性。通过和分析研究情事变更原则中合同调整规则的运作规则,可以一定程度上把握合同调整整体制度上的风貌。因情事变更中的合同调整为我国法定调整规则中极为典型的代表性规范,对其适用方法的把握能够为进一步的讨论起到定楔的作用。

考察我国在适用情事变更中的司法实践可以得知,法官对于合同调整普遍享有非常大的裁量权。例如,在海南省榆亚盐场等与三亚泰坤房地产开发有限公司土地使用权转让合同纠纷上诉案[4]中,当事人签订土地使用权转让合同,约定价格为每亩 16.5 万元,后土地价格急剧上涨,在一审时其基准地价达到每亩 52 万元,一审法院依据“诚实信用原则及情事变更之法理”,将涉案合同的土地转让价

---

[1] 《德国民法典》第 313 条;日本虽无成文法支持,但学说判例均支持情事变更原则,具体介绍请参见『新版注釈民法(13)』(五十嵐清)(有斐閣,1996 年)66 ~ 90 頁;法国亦无成文法支持,但法国现代学者认为,虽未规定此一般原则,但这不排除法庭在具体、个别的情形为维护公正而变更合同,参见尹田:《法国现代合同法》(第 2 版),法律出版社 2009 年版,第 315 页;我国台湾地区“民法”第 227 条之 2;《俄罗斯联邦民法典》第 451 条。

[2] 潮見佳男『新債権総論 I 』(信山社,2017 年)87 頁参照。

[3] 在北大法宝上检索可得知,与《合同法司法解释二》第 26 条相关的案例与裁判文书高达 14000 余篇(截至 2020 年 12 月),这在域外法中是极难想象的。

[4] 参见海南省高级人民法院(2006)琼民一终字第 43 号。

调至每亩26万元。而二审法院海南省高级人民法院认为原判以每亩26万元予以调整难以公平保护双方利益,应“参照讼争土地使用权的基准地价”调整到每亩70万元。在本案中,一审法院没有依据合同价,亦没有依据市场价,而是折中采取了一个数额进行调整,此种调整数额的正当性不禁引人质疑,而二审法院参照基准地价却得到了完全不同的答案,其依据何在也很难自证。又如,在成都鹏伟实业有限公司与江西省永修县人民政府等采矿权纠纷上诉案[1]中,当事人之间签订采砂权出让合同,在鹏伟公司实际开采100天之时,遭遇湖泊最低水位无法继续开采,损失惨重。最高人民法院认定,若没有遭遇此困难,鹏伟公司可以开采160日左右,并且计算出鹏伟公司至少应采砂149天才能收回其成本。在此基础上最高人民法院根据“损失共担的公平原则”,酌定采砂办应补偿鹏伟公司30日的采砂期,并用退还部分采砂权出让价款的形式替代。据此,暂且不论最高人民法院本着公平的原则平担损害的做法是否合适,通过对上述案件的分析,至少可以看出,法院在如何调整合同上并无统一的依据和标准,多半是凭借法官自身的公平正义感来裁判。这种依各个法官的自由裁量权而作出的判决,一方面具有很大不确定性,会影响法律适用的可预见性;另一方面会将法官所认为的“公平”的意志强加于合同双方当事人的合意之上,形成对当事人意思表示的介入。虽然在适用情事变更原则时法官的自由裁量权必不可少,但如何对该自由裁量权作出进一步的限制,已经成为司法实践中刻不容缓的课题。

反观我国理论界,对于情事变更原则,更多的讨论焦点是在其适用要件上。为了在适用上限制法官自由裁量权的滥用,有学者认为

---

〔1〕 参见最高人民法院(2008)民二终字第91号。

应将情事变更的适用作类型化处理[1],亦有诸多学者提出应从程序上进行控制[2]。然而在合同调整的变更标准及方法上,我国学界鲜有研究。

为进一步深化讨论情事变更原则下合同调整的运用,本节首先从该原则下合同调整的性质出发,探求其内部的法理依据,从而进一步得出合同调整适用的具体标准以及规范准则。

一、情事变更原则下合同调整的背后法理争论

在探究情事变更原则下合同调整的背后法理之前,有必要先行确认情事变更原则下合同具体内容上的调整归根结底由谁作出。

依据《民法典》第533条的规定,在当事人请求人民法院或仲裁机构变更或者解除合同之时,人民法院或仲裁机构"应当结合案件的实际情况,根据公平原则变更或者解除合同"。从条文上看,似乎当事人仅拥有请求法院调整的权利,但是否调整,仍旧应当由法院来判断。对此,在我国理论界中有着不同的理解,这和合同调整性质的讨论息息相关。有的学者认为合同调整是以诉的方式行使的形成权[3];有的学者认为在情事变更情形下,任何一方当事人都没有权利依其单方意思而调整合同内容,因为司法变更权的运用与合同解除制度中当事人的解除权是不同的,后者显然具有形成权的本质,而

---

〔1〕 参见韩强:《情势变更原则的类型化研究》,载《法学研究》2010年第4期;黄喆:《德国交易基础理论的变迁与启示》,载《法学论坛》2010年第6期。

〔2〕 具体程序控制的学说及观点介绍,参见谢鸿飞:《合同法学的新发展》,中国社会科学出版社2014年版,第349~350页。

〔3〕 参见黄茂荣:《债法总论》(第2册),中国政法大学出版社2003年版,第236页。此种和德国理论一般学说相同,参见张传奇:《论重大误解的可变更效力》,载《中外法学》2014年第6期。

前者是请求法院调整合同的权利，性质类似于债权保全中的撤销权[1]；有的学者搁置争议，认为请求法院调整合同的权利的确是一种特殊的权利，但是否应定性为形成权，仍需进一步探讨，因为最终是否调整合同以及如何调整合同，还需要经过法院审理后才能加以决定[2]；有的学者认为这是一种"性质上全新的权利"，是一方当事人可以单方调整合同的法定变更权，是对传统合同法理论提出的挑战[3]。从各个学者的观点可以看出，至少可以得到共识的是在中国现行法的语境下，调整合同的"请求权"是一种特殊权利，其是由当事人向法院提出调整的请求，而由法院调整合同内容的特殊权利。[4]若作如此认定，则不得不进一步探讨的是，法院缘何会有权介入当事人基于私法自治而订立的合同。

在法官介入当事人合同的法理基础上，作为情事变更原则的两种效果，调整和解除的法理基础完全不同。在解除的场合，其作为在情事发生重大变更时候的合同解放手段，和不可抗力制度下的解除可以作连续的判断。不可抗力制度下的解除本质上是在发生不可抗

---

〔1〕 参见杨明：《论民法原则的规则化——以诚信原则与情势变更原则为例外》，载《法商研究》2008年第5期。

〔2〕 参见韩世远：《合同法总论》（第4版），法律出版社2018年版，第515页。类似的观点，参见王利明、房绍坤、王轶：《合同法》（第3版），中国人民大学出版社2009年版，第193页。

〔3〕 参见张淳：《对情势变更原则的进一步研究》，载《南京大学学报（哲学·人文·社会科学版）》1999年第1期。后张淳教授认为情事变更原则中的合同变更权在性质上属于形成权，但仍"属于一项全新的权利"，无法用传统合同法理论解释，参见张淳：《立法与理论：关于情势变更原则中的合同变更权》，载《南京林业大学学报（人文社会科学版）》2001年第4期。

〔4〕 依据原《合同法司法解释二》第26条，法院仅享有确定"是否"变更或者解除的权限，关于确定"如何"变更合同的权限，则并没有论及；而《民法典》第533条第2款对该条进行了修改，赋予了人民法院或仲裁机构"根据公平原则变更或者解除合同"的权力，由此种表述的对比可看出，人民法院享有了决定如何变更合同的权限。

力之时,使当事人从合同义务中解放出来的手段。情事变更原则下的解除与此相比,只是将适用要件扩宽而已,在适用上不限于不可抗力的情形,而是只要情事发生重大变更即可适用。从这个角度来看,情事变更原则下的解除可以说是站在不可抗力解除的延长线之上,[1]肯定此种效果,从传统的合同法来看并没有任何异常。即便在契约严守原则的前提下,解除之效果也可以通过合同的客观解释这种法技术而加以正当化。然而,合同调整涉及对一方当事人或双方当事人意思自治的干涉,其法理依据并没有依托传统合同法,在说理上难度更大。在各国的学说中,解释情事变更原则的理论数量颇多,以下仅以几种重点理论为主,加以介绍。[2]

(一)均衡之公平理念

交易基础丧失理论是德国民法中处理情事变更相关问题的重要理论。早在德国债法改革之前,德国旧债法中虽没有明文规定该规则,但法官通常在判例中采纳该理论,并根据原《德国民法典》第242条规定的一般诚信原则予以确认。[3] 然而,在交易基础丧失理论的创立者 Oertmann 的理论中,原则上交易基础障碍并不会产生合同调

---

〔1〕 内田贵『契約の時代』(岩波書店,2000年)112頁参照。

〔2〕 根据 Aristide Chiotellis 教授的统计,早在1979年的德国,就已经出现了56多种理论来解释交易基础理论。Vgl. Aristide Chiotellis, Rechtsfolgenbestimmung bei Geschäftsgrundlagenstörungen in Schuldverträgen, 1981, Vorwort.

〔3〕 参见[德]莱因哈德·齐默曼:《德国新债法——历史与比较的视角》,韩光明译,法律出版社2012年版,第72页。文中指出,这也是"法官造法最为著名的例子之一"。

整的法律效果。[1] 最先为合同调整提供法理依据的是拉伦茨的交易基础丧失理论。

拉伦茨在其论述中,对于 Oertmann 理论中包含的对当事人主观样态的关注,提出了严厉的批评。[2] 在其构想下,行为基础被分为主观行为基础和客观行为基础两个部分,主观行为基础丧失主要为“共同错误”的场合,而客观行为基础丧失理论则是我国法体系中情事变更原则项下规制的场合。由于拉伦茨并不通过当事人的真意来解释行为基础丧失理论,因而该理论的正当化依据只能另行寻找。对此,其提出了“均衡之正义”(ausgleichende gerechtigkeit)这一理念。[3] 其主要论述逻辑如下:

首先,拉伦茨承认私法自治的重要性。其认为在承认私法自治原则的法秩序中,对于独立成年人和相对人签订的合意内容,只要该内容不违反道德秩序等关于法秩序存立的规定,无须向其他任何人包括国家作解释说明(Rechenschaft)。在不违反法秩序的范围内,以具有拘束力的方式表示出来,并且内容一致的合同当事人之意思,对他们自身来说是具有拘束力的规范。[4] 其进一步认为,此种拘束自己的能力,是当事人作为“人”的伦理上资格,并不是法秩序所赋予

---

〔1〕 Oertmann 认为,交易基础是指该法律行为当事人所共同信赖的表象,在其表象为误时,若继续将当事人限制于原约定,会与签订合同时当事人的真意相反,也与诚实信用相反,因而应当解除合同,使当事人从中解放出来。Vgl. Paul Oertmann, Die Geshäftsgrundlage: Ein neuer Rechtsbegriff, 1921, S. 37.

〔2〕 其认为在契约缔结后,情事变更的诸多案例中,存有众多双方当事人对于情事之变动完全没有预想的情况。同时,如果认为双方当事人共同的预想一定能成为行为基础的话,会极大地危及交易安全。例如,父亲为了女儿的出嫁而购置了道具,而后婚约解除的场合,如果认为合同解除,则会有害于交易安全。Vgl. Karl Larenz, Geschäftsgrundlage und Vertragserfüllung, 3. Aufl. ,1963, S. 8, 11.

〔3〕 Vgl. Karl Larenz, Geschäftsgrundlage und Vertragserfüllung, 3. Aufl. ,1963, S. 160.

〔4〕 Vgl. Karl Larenz, Geschäftsgrundlage und Vertragserfüllung, 3. Aufl. ,1963, S. 160f.

的,而是先于法秩序而存在的。也就是说,契约严守原则(pacta sunt servanda)所揭露的契约拘束力,在拉伦茨的理解下,本质上是当事人双方通过互相表明"负有义务"而在内部、伦理上形成的自我拘束,与此相对,契约的强制履行则是作为法律惩罚(rechtliche sanktion)而发生的。[1]

其次,拉伦茨进一步认为,当事人在基于私法自治设立具有拘束力的规范之时,自然而然地将该规范置于"内在的契约正义"(immanente Vertragsgerechtigkeit)这一更高层次的道德要求之中。[2] 也就是说,虽然当事人如何约定合意内容是当事人的自由,但是若想获得"法律上"的拘束力,若想为贯彻其合意内容而寻求法秩序的帮助,则必须将该合意置于法的根本思想,也就是社会性理念(die Idee des sozialen)之下。[3] 这也能解释违法无效,交易习惯的运用等诸多法律现象。而"均衡之正义"正是此种社会性理念之一种,当事人所约定的具有拘束力的合同,自然也在该理念影响之下。

再次,关于"均衡之正义"理念,拉伦茨将其作为一种客观并且断然(kategorischen)的需求,[4] 依照该理念,在双务合同中,一方向另一方提供了给付之后,就应当获得适当的、与给付的价值相适应的对待给付(客观等价原则)。[5] 在情事发生显著变动的场合,原有合同的内容即违反了此种理念。在此种情况下,法官可以通过"修正的合同解释"(korrigierenden vertragsauslegung)的形式,将持有"诚实之思

〔1〕 Vgl. Karl Larenz, Geschäftsgrundlage und Vertragserfüllung, 3. Aufl., 1963, S. 161.

〔2〕 Vgl. Karl Larenz, Geschäftsgrundlage und Vertragserfüllung, 3. Aufl., 1963, S. 161.

〔3〕 Vgl. Karl Larenz, Geschäftsgrundlage und Vertragserfüllung, 3. Aufl., 1963, S. 162.

〔4〕 Vgl. Karl Larenz, Geschäftsgrundlage und Vertragserfüllung, 3. Aufl., 1963, S. 160.

〔5〕 参见[德]卡尔·拉伦茨:《德国民法通论》(上册),王晓晔等译,法律出版社2003年版,第60页。

维方式"（redliche denkweise）的当事人在得知情事变动情况下可能缔结的内容，解释进合同内容中，从而实现合同调整。〔1〕

最后，拉伦茨强调，法官在合同调整之时，可以享有的裁判空间是"判断空间"（Urteilsspielraum），而并非"裁量空间"（Ermessensspielraum）。〔2〕"判断空间"意味着法官仅能依据普遍的法理念——"均衡之正义"，对每一个具体案件中每一个具体的合同内容，作符合此法理念的最终认定。该种认定是通过法官的"识别机能"（Erkenntnisfunktion）来完成的，也就是说，法官应将该法理念具体化，识别出具体应调整的合同内容。"裁量空间"则是意味着法官在一定界限内可以形成某种内容，存有一定程度上的意思决定，当然此种决定并不是法官肆意的决定，而是考量合目的性及期待可能性之后的决定。在情事变动发生之时，如果赋予法官裁量空间的话，会给法官提出过高的要求，久而久之，由于各个法官裁量结果的不确定性，最终反而会损害法官的权威，相较于实现正义，更容易引起法律上的不安定性。〔3〕

综上所述，拉伦茨在遵守契约严守原则的基础上，通过独立于当事人意思之外的"均衡之正义"法理念来诠释合同调整的正当性，确立了合同调整优先于合同解除的基本模式。值得注意的是，其强调法官的作用是判断与识别，而并非裁量，以此来减少法官对当事人合同内容的干预，值得肯定。然而，判断与裁量无非理论上的解释，在具体案件中法官仍旧需要用自己的想法去判断，因此仍旧面临着能力、精力上的考验。

---

〔1〕 Vgl. Karl Larenz, Lehrbuch des Schuldrechts (Bd. 1. AT), 13. Aufl., 1982, S. 304f.

〔2〕 Vgl. Karl Larenz, Geschäftsgrundlage und Vertragserfüllung, 3. Aufl., 1963, S. 168.

〔3〕 Vgl. Karl Larenz, Geschäftsgrundlage und Vertragserfüllung, 3. Aufl., 1963, S. 168f.

(二)风险分配原理

在德国,否定交易基础丧失理论的学者亦有不少,其中比较典型的即为弗卢梅(Werner Flume)。弗卢梅认为,应当放弃有关交易基础的一般性理论,因为交易基础丧失理论致使人们不再严肃认真地对待合同,也不再设法从合同本身寻找法律解决方案。[1] 作为取代办法,弗卢梅主张将原来用交易基础丧失理论处理的案件,放在合同内容解释中来处理。例如,在货币价值变动的案件中,1912 年合同约定一方当事人支付一定数额的马克,至 1923 年,货币价值发生巨大变化,按原约定数额支付的话会产生极大不公平。这本是交易基础丧失的经典情形,但弗卢梅认为,此处不必通过交易基础丧失理论来处理,因为在合同解释上,于 1923 年违反合同约定的,并不是拒绝按照原数额履行合同的当事人,而是请求按照原数额履行合同的当事人。[2] 从合同文义上看,约定的价格表面上是该固定数额,但是因社会变迁使得 1923 年的马克并非 1912 年的马克,在解释上应认为合同的真正内容是以 1912 年的马克价值进行支付,所以请求用 1923 年的马克进行支付的行为是违反合同规定的。

根据弗卢梅的观点,当现实状况相较于合同缔结时的状况发生变动之时,应当首先探究具体合同中约定的风险分配;若合同中未约定,则应适用该合同类型所暗藏的风险分配,即那些在长期法律传统

---

〔1〕 参见[德]维尔纳·弗卢梅:《法律行为论》,迟颖译,法律出版社 2013 年版,第 626 页。

〔2〕 参见[德]维尔纳·弗卢梅:《法律行为论》,迟颖译,法律出版社 2013 年版,第 617 页。

中保留下来的适用于某一类型大多数情形的风险分配。[1] 这些经由常年司法实践而形成的类型化风险分配被弗卢梅称为"常素"(naturalia negotii)。[2] 当在具体案件适用中,若适用迄今得到认可的某一合同类型的风险分配规则会产生不合理的情形,法官也不能依据具体案件事实作出"合理"判决,而是只能去思考是否应将该种具体案件事实进一步细化为特殊的类型,从而赋予该类型一项不同的风险分配规则。[3] 总而言之,弗卢梅一反前人的见解,将交易基础丧失后的合同调整和合同解除通过合同风险来解释,提出了一条探究交易基础丧失理论的新路径。

然而,弗卢梅仅是提示"常素"由常年司法实践形成,并没有指出具体"常素"类型,也并未提供具体的风险分配标准。其后,科勒(Ingo Koller)和亨斯勒(Martin Henssler)延续了其想法,分别对具体的风险分配标准作了总体性的概括。

科勒通过分析《德国民法典》的任意性规定,提出判断风险分配的三个基本原理:第一,抽象支配可能性原理(Das Prinzip Abstracter Beherrschbarkeit),即认为应当由最能使当初计划与现实一致,最能回避履行障碍的人承担风险。第二,吸收原理(Das Absorptionsprinzip),即认为应当由能够更好地分配风险之人,也就是能够用最便宜的费用实现保险之人承担风险。第三,分工引诱原理(Das Prinzip der Arbeitsteiligen Veranlassung),即认为在完全无法预见相关情事或

〔1〕 参见[德]维尔纳·弗卢梅:《法律行为论》,迟颖译,法律出版社2013年版,第627页。

〔2〕 Vgl. Werner Flume, Allgemeiner Teil des Bürgerlichen Rechts, Bd. Ⅱ, 4. Aufl., 1992, S. 80.

〔3〕 参见[德]维尔纳·弗卢梅:《法律行为论》,迟颖译,法律出版社2013年版,第628页。

者当事人对风险的支配、吸收可能性相同的情况下，适用该原理，由将合同相对方拉入合同之人承担责任。[1] 科勒认为，在多数情况下，债权人为了满足自己的欲望，利用债务人代替自己的行动。在自己行动的场合，当然应自行承担由此引致的风险，在利用债务人的场合同样应当承担由此产生的风险。以目的障碍为例，其认为原则上应由债务人承担，因为给付变为不能的场合，债务人一方更容易支配和吸收风险。在双方当事人均可以吸收或支配风险，或债务人完全无法预见之时，依分工引诱原理应由债权人承担，因为此时债权人正是利用债务人代替自己行动。但如果对于所有潜在的债权人来说合同约定之给付均会变为不能的场合，仍由债务人承担风险。例如，狩猎权租赁出去之后，出现了禁止令，这对于所有潜在的债权人而言均构成履行不能，因此并不存在债权人对于债务人进行引诱的情况，不符合分工引诱原理。[2]

亨斯勒基于弗卢梅的思想作了进一步的分析，其同样认为，应当事先确定一定程度的风险分配规则。在合同没有明确约定风险分配之时，法官不能依据公平原则来进行判断，而只能依据该事先确定好的基准进行规范性的解释。[3] 在具体风险分配类型上，其将合同中风险分配分为了可预见之情事变动和不可预见之情事变动两种。在可预见之情事变动中，因为当事人是在知道风险的基础上订立的合同，事先可以通过保险等途径来规避风险，故不需要对该合同进行干

〔1〕 Vgl. Ingo Koller, Risikozurechnung bei Vertragsstörungen in Austauschverträgen, 1979, S. 79ff.

〔2〕 Vgl. Ingo Koller, Risikozurechnung bei Vertragsstörungen in Austauschverträgen, 1979, S. 282ff.

〔3〕 Vgl. Martin Henssler, Risiko als Vertragsgegenstand, 1994, S. 24.

涉。[1] 在不可预见的情事变动中,其主张应先辨别障碍是从谁的领域产生,从一方当事人可能会影响的领域产生的履行障碍,该当事人就应当承担责任。[2]

从风险分配的观点出发,在情事变更后,法官作为合同当事人之外的第三人,对合同的调整也只不过是法官经由解释,将当事人所约定合同中暗含的风险分配规则提取出来而已。这种观点打破了传统对交易基础丧失理论的讨论,从合同解释的角度进行了更为深层次的探索。

(三)关系合同理论

在美国法中,与情事变更原则相似的制度是合同挫折(frustration of contract)制度。[3]

合同挫折的后果一般是合同双方当事人免除履行义务。[4] 关于该项制度的法理,美国有学者首先从风险分配的角度来进行阐述。该学说认为,在发生履行困难或合同挫折时,应首先判断当事人双方谁应负有风险。[5] 在该学说中,风险分配理论是支持合同挫折或履行困难时一方当事人免责的有力依据,但并未像弗卢梅一样,为合同

---

〔1〕 Vgl. Martin Henssler, Risiko als Vertragsgegenstand, 1994, S. 50ff.

〔2〕 Vgl. Martin Henssler, Risiko als Vertragsgegenstand, 1994, S. 60ff.

〔3〕 参见孙美兰:《情事变动与契约理论》,法律出版社2004年版,第13页。

〔4〕 参见马特、李昊:《英美合同法导论》,对外经济贸易大学出版社2009年版,第172页。

〔5〕 依该种观点,若认为债权人相对于债务人来说更应当承担风险之时,则应支持债务人之免责。具体在判断当事人双方谁更应负有风险的问题上,除了看谁处于更好的位置(better position)将风险降至最低之外,在无人能避免风险之时(作者以房屋建设合同,在建房屋遭受小行星撞击为例),看谁更能便利地通过保险来减免风险,其同时指出,若无法确定风险归属,则双方当事人应平分该风险。See Eric A. Posner, *Contract Law and Theory*, Wolters Kluwer, 2011, p. 160 - 163.

调整提供法理依据。

与理论通说相反，美国法实务判例中同样存在在合同挫折时法官调整合同的案例[1]，学术界中也有学者基于该判例支持法官积极介入合同。例如，美国法学家斯派德（Richard E. Speidel）对关系合同理论[2]的进一步发展。斯派德教授认为，在长期性合同关系之中，很难再追溯到合同缔结时探究当事人在合同缔结初的风险分配，同时在此种复杂长期的合同中当事人之间已经形成了某种特殊关系的相互信赖，所以与其免除双方当事人义务，不如通过当事人之间的再交涉，从而柔软地实现对合同的调整。在此基础上，其提出三点理由支持合同调整：第一，合同情事变动所带来的损失或收益，并未被当事人事先规划，这也意味着合同存在欠缺。若让这些因欠缺产生的损失或收益，仅让一方当事人承担的话，显然会不公平。第二，在关系合同理论下，当事人所应适用之合同规范，不仅仅是当事人合意达成的合同内容，还有基于当事人关系而产生的"关系规范"（relational norm）。在该规范下，长期合同的当事人负有维持合同关系，经由合意协商解决纠纷的义务。[3] 为了实现事后的协商，获利一方当事人至少有一个依诚信再度进行协商的义务，最多有一个接受不利一方

---

[1] See Aluminum Co. of America v. Essex Group, Inc., 499 F. Supp. 53, United States District Court, W. D. Pennsylvania (1980). 在本案中，因石油危机而导致了供电紧张，电价上涨幅度很大，铝厂锤炼铝制品成本变高，故铝厂以此为借口，要求修改合同内容，提高铝制品的供给价格，法院最终依据合同挫折和履行不能理论，作出了合同变更的判决。

[2] 关系合同理论（The relational theary of contract）由 Ian Macneil 教授所创，其将社会哲学领域的内容融入合同理论之中，认为合同当事人之间不仅受合意之内容约束，同样也受到基于社会关系产生的其他规范的约束，如习惯、内在原则和规则、社会性交换、其他社会原则等。池下幹彦 = 東繁彦訳『関係的契約理論』（日本評論社，2015 年）125 頁参照。

[3] See Richard E. Speidel, *Court - Imposed Price Adjustments Under Long - Term Supply Contracts*, 76Nw. U. L. Rev. 369 (1981), p. 405 - 407.

当事人依据诚信原则制订的合理调整方案的义务。第三,在得利一方当事人拒绝接受不利一方当事人依诚信制定的合理调整合同的场合,法官可以立足于促进继续履行和实现未来合意的思想,作出本可能作出的调整。[1] 面对为数不多的关于合同调整的实务案例,美国法学者们通过关系合同理论,为之说理。此种对关系合同理论的运用,旨在赋予当事人一个再协商的义务,通过当事人再行磋商实现合同调整,维持合同存续,充分体现对当事人意思自治的尊重。

该种关系合同理论,在大陆法系中也得以体现。在一般传统民法理论中,合同是经由要约和承诺而成立的法律行为,在这种情况下合同一经成立生效内容就已经确立,剩下的只有合同履行的问题。对此,内田贵教授针对现实生活中出现的无法确定合同成立时点和事实合同关系中权利错综复杂的现象,提出了从动态视角考察合同的"合同过程"(契約プロセス)理论。[2] 依据该种理论,一系列的合同过程实际上是在更广意义上的"社会关系"中成立的,其并不仅仅是当事人一次的合意就能够完全决定的。在此过程中当事人的相互关系越紧密、依存关系越强,对作为背景的社会关系之内在规范的依存度就越高。[3]

在合同过程理论中,为情事变更原则中合同调整提供法理支撑的是合同的"持续性"和"灵活性"原理。持续性原理认为,合同过程在当事人之间甚至已经发展成为人格性关系,因此维持、继续该关系本身就已经深具价值;灵活性原理要求当事人之间的合同应当充满

---

〔1〕 See Richard E. Speidel, *Court - Imposed Price Adjustments Under Long - Term Supply Contracts*, 76Nw. U. L. Rev. 369(1981), p. 421 - 422.

〔2〕 内田贵『契約の時代』(岩波書店,2000 年)89 ~ 91 頁参照。

〔3〕 内田贵『契約の時代』(岩波書店,2000 年)92 頁参照。

灵活性，以使维持、继续这种关系成为可能。[1] 依据该观点，在情事变更原则的适用中，不应只着眼于当事人订立合同时的意思之外，而应更加动态更加柔软地把握契约关系。虽然也有学者抱有疑虑[2]，但此种学说所蕴含的思想成为日本的有力说，即对于情事变更后的合同内容状况，“相比于当事人现实的意思，更应从理应存在的合理的意思出发展开解释”。[3]

该种理论通过合同解释的形式，从当事人背后社会关系拟制出合理的意思，依该意思解决情事变更时的相关问题。该学说和风险分配原理的观点虽不相同，但却有着思想上的一致性。关系合同理论从当事人的社会关系中寻找解决办法，风险分配原理则是从司法实务中形成的类型化风险分配角度寻找处理依据。两者对合同的调整，均可以说是在拟制出的当事人意思中寻找正当性。

（四）本书的视角

从上述对情事变更原则的法理分析可以看出，法官对当事人合同的介入和调整，可以从以下两个角度进行正当化说理：一是从外部理念的角度对合同加以限制，认为情事变动后原合同的履行违反交易基础障碍理论或诚实信用原则，从而否定原合同的效力，并对原合同依照该种外部理念加以调整；二是将合同调整规范作为原合同规范的补充，在合同情事发生变动之时，首先考察当事人在具体合同内

---

〔1〕 内田贵『契約の時代』（岩波書店，2000 年）93 頁参照。

〔2〕 吉政博士对此提出了一些顾虑，其认为在合同缔结后发生情事变动之时，当事人之间已经存在了经自己意思而缔结的合同。若认为合同制度存在的意义是给予私人依自己意思设定合同规范的权限，那么强调合同过程化，使当事人缔结之合同意义相对化，存有从根本上颠覆合同制度存在意义的危险。吉政知広『事情変更法理と契約規範』（有斐閣，2014 年）74～75 頁参照。

〔3〕 『新版注釈民法（13）』（五十嵐清）（有斐閣，1996 年）90 頁参照。

容上作出的风险分配，在原合同内容没有涉及的风险发生之时，由法官基于合同类型化的风险分配规则，或是基于合同背后的社会关系，对合同的利益及损失加以分配。

从第一个角度出发，情事变更原则是指在契约缔结后情事发生变动的场合，若当事人继续受当初合同内容拘束则会变得极为不公平之时，承认合同解除或改订的法理。[1] 该种观点将情事变更原则与意思表示问题相分开。例如，在日本法上首倡情事变更原则的腾本正晃教授明确表示“情事变更原则并非意思表示的问题”。[2] 因为意思表示的成立要件，除了需要有作为意思表示的客观外形存在之外，还需要有表示意识。然而，在情事变更原则适用的场合，当事人关于该种场合并没有向外部表示某种意思的认识。因此，情事变更原则的根据不可能是当事人的意思表示，而只能从作为外部理念的诚实信用原则之中找寻。该种观点实际上是对温德沙伊德（Windscheid）所主张的“前提论”（Voraussetzungslehre）的否定，温德沙伊德认为当事人所作出的意思表示均是以一定的情事为前提，当该情事发生变动时，该意思表示也就失去正当化基础，进而失去效力。[3] 在前提论的适用下，当事人意思表示无效，实现了与合同解除相类似的效果，使当事人从合同义务中解放出来。前提论中并未设合同调整为法律后果，亦并未为《德国民法典》的立法所采纳。[4]

---

〔1〕『新版注釈民法(13)』(五十嵐清)(有斐閣,1996年)66頁参照。

〔2〕勝本正晃『民法における事情変更の原則』(有斐閣書房,1926年)25頁参照。

〔3〕Vgl. Windscheid/Theodor Kipp, Lehrbuch des Pandektenrechts, Bd. Ⅰ, 9. Aufl., 1906, S. 507.

〔4〕该理论很难将“前提”与不受法律保护的“动机”作明显的区分，存在危害交易安全的可能性，因此受到来自学界的猛烈批评，不为德国民法草案第二委员会所采纳。参见彭凤至：《情事变更原则之研究》，五南图书出版有限公司1986年版，第27页。

在第一个角度下，情事变更原则是诚实信用原则具体适用的一个重要场合，其目的为纠正继续维持原合同内容而产生的不公平现象。在此基础上，合同调整规范的性质定位于限制以及变更原合同规范之上，而并不是作为原合同规范的补充。进言之，该观点将情事变更原则作为限制当事人意思的工具，作为其后果，当当事人的意思无法确定之时，只能通过外部的裁量来认定"当事人本来的意思"或者判断"诚实的当事人"所能够表达的意思，而该种完全由外部理念决定的处理方式，不得不说缺少相关制度性保障，以尊重当事人依私法自治设定的具体合同规范。[1] 基于此，才有了第二个角度的学说发展。

从第二个角度出发，通过对合同规范的解释，可以认为，当事人不仅约定了在某种情事下应为某种给付行为，还约定了债务人为实现该种给付，应克服何种困难到哪一地步。[2] 也就是说，当事人的合同中暗含着在情事发生变动之时，应由谁承担由此产生之不利益的约定。在情事变动的场合，从该角度出发，不应直接依照外部理念对合同内容予以限制或变更，而应当首先探求当事人在合同中作出了怎么样的风险划分，在此基础上应当尊重和支持当事人自行解决相关问题。而法院所作出的合同调整，仅是对当事人之间合同规范的探明与解释。

笔者认为，合同制度的意义正是在于赋予当事人依自己之意思设立规范的权限，在合同缔结之后情事发生变动之时，相较于直接从外部介入当事人的意思自治，应当首先尽可能地为当事人自律地形

〔1〕 吉政知広『事情変更法理と契約規範』(有斐閣,2014 年)54 頁参照。

〔2〕 吉政博士对于该种新视角进行了全面的总结，参见吉政知広『事情変更法理と契約規範』(有斐閣,2014 年)54 ~ 57 頁。

成新内容的规范提供尊重和支援。从这个角度上考虑,第二种角度的观点更能让人信服。正如弗卢梅所说,以前的交易基础丧失理论是迫使物的给付义务人进行辩护,即该义务人为了摆脱合同义务,必须充分论证缘何相对方不能苛求自己进行给付,而若从合同本身出发的话,原合同内容中可能就已经包含了相关处理的方法。[1]

综上所述,本书试图从尊重当事人自治的角度来理解情事变更原则,而并不是利用外在理念对合同进行限制。在此基础上,法官对合同的介入与调整并非对当事人之间既有合同的否定,而是在当事人之间无法确定风险、无法达成合意时对合同的解释与补充。接下来进行的对相关适用规范的讨论,将以此法理为中心。

二、合同调整的适用规范

作为情事变更原则效果之一的合同调整,其在实践中发生的主要问题主要体现在以下两点。第一,在何种情形下才能适用合同调整。此处涉及合同调整和合同解除的选择问题,在实务中往往由法官自行确定。在具体案件中多出现当事人请求调整却被判令解除,[2]或当事人请求解除却被判令调整的情况。[3] 第二,在适用合同调整的前提下,应如何对合同进行调整。关于此种合同调整的标准,法官选择"和稀泥"的倾向非常明显:在有的案件中,法官是以市场价格作为调整标准;[4]有的案件中以当事人请求调整的数额作为

---

〔1〕 参见[德]维尔纳·弗卢梅:《法律行为论》,迟颖译,法律出版社2013年版,第617、627页。

〔2〕 例如,河南省高级人民法院(2016)豫民终308号。

〔3〕 例如,最高人民法院(2008)民二终字第91号;江苏省高级人民法院(2016)苏民再356号,此案中一审、二审法院适用情事变更原则,对于原告的解除合同诉求不予支持,改为变更合同。

〔4〕 参见最高人民法院(2017)最高法民再26号。

调整标准;[1]有的案件中法官对原合同价格与市场价格作了毫无依据的折中处理,[2]甚至会出现双方当事人均不认同调整标准的情况。[3] 虽然在标准的解释上,各个法官均强调此调整标准为基于"公平原则"的考量,但过于宽泛的标准反而加剧法律适用的不确定性,在实务中审级不同的法院分别作出不同变更判决的现象比比皆是。[4]

基于此,本书将围绕该两点问题具体阐述合同调整在情事变更原则下的适用规范。

(一)合同调整与合同解除

在适用情事变更原则的背景下,关于何时可以调整合同,何时只能解除合同,我国学术界观点不一。有的学者主张,应将情事变更中的合同调整和合同解除区分来看,在"继续履行对一方明显不公平"的时候,存在调整和解除的问题,此时优先考虑调整;在"合同目的不能实现"的时候,无调整合同的必要,此时只有解除合同。[5] 然而,多数学者没有在适用要件上区分调整和解除,而是在先后顺序上对合同调整和合同解除加以区别。该种观点认为,在符合情事变更的

〔1〕 参见山东省德州市中级人民法院(2015)德中民终字第263号。

〔2〕 参见海南省高级人民法院(2006)琼民一终字43号;江苏省高级人民法院(2016)苏民再356号,此案中虽再审法院认为不构成情事变更,然一审、二审法院在认定情事变更基础上所确定的变更标准,仍值得考量;海南省海口市中级人民法院(2015)海中法民一终字第689号;北京市第一中级人民法院(2010)一中民终字第19989号。

〔3〕 例如,河南省信阳市中级人民法院(2013)信中法民终字第1102号,此案中一审法院通过情事变更原则作出了双方当事人均不认同的变更,后二审法院改判依原合同履行。

〔4〕 例如,吉林省高级人民法院(2016)吉民申749号;海南省高级人民法院(2006)琼民一终字第43号。

〔5〕 参见韩世远:《情事变更若干问题研究》,载《中外法学》2014年第3期。

构成要件之时，应先进行合同调整，在合同不能够调整或调整合同对一方来说不可期待之时，才能够解除合同。[1] 对此，有学者持反对意见，认为在情事变更制度中，当事人享有合同调整和合同解除的权利，但这两种权利是选择行使的关系，不能先请求调整合同，再请求解除合同。[2]

在比较法上，《德国民法典》第 313 条没有在构成要件上区分调整及解除，而是规定了调整和解除的先后顺序。依据该条，只有在合同的调整为不可能或对当事人一方不可期待之时，才有合同解除的适用。德国立法者将合同解除仅理解为辅助性的手段，当然其行使也需要一个形成权性质的意思表示，即解除的意思表示。[3] 在日本法的理论与判例中，也没有在适用要件上将调整和解除区分对待。在两者关系上，有见解认为应将合同调整作为情事变更的第一次效果，将合同解除作为情事变更的第二次效果，在合同不能被调整或当事人拒绝调整的场合，才有合同解除权的应用。[4] 此种见解极大地影响了日本的裁判，甚至在地方上出现了比较极端的案例。例如，在东京地方裁判所昭和 34 年 8 月 19 日的一则案例中，当事人并未请求调整合同内容，而是直接请求解除合同，法官认为当事人应当遵循先调整后解除的适用顺序，因此判决驳回其请求。[5] 更有学者从情事变更原则本身出发，认为情事变更原则应当将“契约关系继续的必要

---

〔1〕 参见王利明：《合同法研究》（第 3 版）（第 2 卷），中国人民大学出版社 2015 年版，第 391 页；胡启忠：《情势变更案件处理的路径与策略》，载《现代法学》2003 年第 5 期。

〔2〕 参见张淳：《对情势变更原则的进一步研究》，载《南京大学学报（哲学·人文·社会科学版）》1999 年第 1 期。

〔3〕 Hans Brox/Wolf - Dietrich Walker, Allgemeines Schuldrecht, 37. Aufl., S. 308.

〔4〕 『新版注釈民法（13）』（五十嵐清）（有斐閣，1996 年）88 頁以下参照。

〔5〕 東京地判昭和 34・8・19 判時 200・22。

性”作为要件，从而仅作为合同调整的制度存续，而并不是作为合同债务解放的制度。[1]

笔者认为，在合同存在利益、内容利益以及终止利益之间，存在利益和内容利益的保护在原则上优先于对终止利益的保护。合同调整相对于合同的解除以及合同终止，对当事人之间合意的介入更为温和，在发生情事变动之际，应首先考虑对合同内容利益的保护，在迫不得已的场合可以牺牲内容利益以保护存在利益，在更为特殊的场合才能够终止合同。从此种考量出发，似乎没有必要将合同调整和解除作构成要件上的区分，这种做法从结果上来看也只是限制了合同调整的适用范围而已。因此，在调整与解除的关系上，笔者认为，应从适用顺序的角度将调整作为情事变更的第一层效力，将解除作为情事变更的第二层效力。但应当注意的是，解除虽是第二层效力，但结合下文对传统调整方法的改变，合同解除反而转变成情事变更原则的一般性救济方式。[2]

（二）调整方法

依照《民法典》第533条第2款的规定，法院或仲裁机构具有“结合案件的实际情况，根据公平原则变更或者解除合同”的权限。在法官作出了抉择，选择合同调整之时，又一实践中巨大的难题将摆在眼前，即该如何对合同进行调整。当然，若每个法官都能完美地行使其自由裁量权，在每个关于情事变更的案件中都实现实质正义，自不会有此处统一调整标准的必要。但是在中国目前的法实践环境下，法

〔1〕 北山修吾「事情変更の原則」内田貴・大村敦志『民法の争点』(有斐閣,2007年)227頁参照。

〔2〕 关于情事变更原则法律效果适用构造的展开，参见吕双全：《情事变更原则法律效果的教义学构造》，载《法学》2019年第11期。

官更多时所采取的"和稀泥"态度不禁令人担忧。

从实务角度来看,自《合同法司法解释二》第 26 条明文规定情事变更原则之后,在司法实践中,由于在适用层面上对情事变更严加限制,[1]适用情事变更的相关案例数量得到了限制在作出合同调整判决的案件中,所涉及的调整内容十分繁杂,很难通过以类型化的角度事先确定各个合同类型的风险分配。[2] 在这种司法实践的背景下,为了能够进一步尊重当事人自治,只能是通过程序上的掌控,对法官的自由裁量权进行限制。而首先能为法官提供调整标准的,应当是对再交涉义务的运用。

1. 再交涉义务的定位与运用

如上文所述,在拉伦茨的合同调整论中,虽然其强调法官对于合同之调整,是对合同中内在"均衡之正义"理念的识别和确认,并非裁量,但从实际上来说,两者区分并不那么明显。尤其是在情况复杂的合同类型中,均衡之正义的平衡点较难发现,各个法官对于调整基准的判断可能会存在差异,在这种情况下论述其是"识别"或是"裁量"只是言辞上的差异,从结果上来看,都是作出了一个不安定的调整内容。

---

〔1〕 最高人民法院《关于正确适用〈中华人民共和国合同法〉若干问题的解释(二)服务党和国家的工作大局的通知》(法〔2009〕165 号)中强调,适用《合同法司法解释二》第 26 条时,各级人民法院应当正确理解、慎重适用,"如果根据案件的特殊情况,确需在个案中适用的,应当由高级人民法院审核,必要时应提请最高人民法院审核"。

〔2〕 在实务中,变更的内容复杂多样,标准不一,很难穷尽列举,有的是变更价款[如海口市中级人民法院(2015)海中法民一终字第 689 号;德州市中级人民法院(2015)德中民终字第 263 号],有的是变更时间及期限[如齐齐哈尔市中级人民法院(2015)齐民一终字第 493 号],有的是变更土地面积[如肇庆市中级人民法院(2015)肇中法民四终字第 157 号],有的是变更违约金[如北京市第一中级人民法院(2010)一中民终字第 19989 号]。

为了应对这些复杂的合同调整问题，霍恩(Norbert Horn)首次提出再交涉义务的概念。换言之，法官并非依照法律规定调整合同，而是使当事人通过相互交涉自主地达成合同调整。[1] 其认为除了应对合同调整问题的复杂性之外，再交涉义务还有以下两点正当性依据。其一，通过促进当事人实现合意，可以在一定程度上减轻法院处理如此复杂课题的负担。其二，由当事人自己调整合同，比法官调整合同更尊重当事人意思自治。[2] 在再交涉义务的定位上，其强调再交涉义务不过是为达成合同调整目的的方法而已。[3]

将再交涉义务加以完善并为德国主流学说所接受的是奈勒(Andreas Nelle)的再交涉义务论。奈勒同样指出，面对多种利益复杂交错的合同调整问题，能够明确各个当事人复杂多样的利益的人并不是法官，而是当事人自身。因此，通过当事人再交涉将更有效率、更能妥善解决合同变更问题。同时，再交涉赋予当事人事后优化合同的机会，使其事后创造和发现合同新价值成为可能。[4] 除此之外，奈勒还从过程性的角度印证再交涉义务的正当性。具体而言，赋予当事人自行掌控合同调整过程及结果的权利，可以实现当事人对公平性结论的满足；双方当事人通过再交涉解决问题可以维持良好的关系，这一关系的维持在长期合同中显得更为重要；双方当事人通过再交涉可以避免在诉讼中公开机密情报；双方通过再交涉还可以更为迅速及低成本地实现合同变更，节约时间成本和手

---

〔1〕 Vgl. Norbert Horn, Neuverhandlungspflicht, AcP 181 (1981), S. 255.

〔2〕 Vgl. Norbert Horn, Neuverhandlungspflicht, AcP 181 (1981), S. 267.

〔3〕 Norbert Horn(和田安夫訳)「契約拘束の特殊事案——契約調整法および再交渉の法的義務」姫路法学 23 = 24 号 532 頁(1998 年)。

〔4〕 Vgl. Andreas Nelle, Neuverhandlungspflichten: Neuverhandlungen zur Vertragsanpassung und Vertragsergänzung als Gegenstand von Pflichten und Obliegenheiten, 1993, S. 157.

续成本。[1]

我国《民法典》第533条将再交涉义务新增为情事变更原则的效果，规定"受不利影响的当事人可以与对方重新协商"，该条规定延续了我国学说上通论[2]和实务中的经验[3]，弥补了《合同法司法解释二》第26条的空缺。

学说中反对观点或认为设置再交涉义务的意义并不明显，因若当事人已起诉至法院，往往表明他们的交涉已经失败，法律强行其交涉反而可能会使当事人的交易长期悬而不决。[4] 笔者认为，如果当事人在提起诉讼前的交涉已告失败，那么在履行再交涉义务时的交涉时间会大幅缩短，甚至在有证据证明其已作交涉的情况下，可以认定该义务已履行完毕。无论如何，再交涉义务并不会使当事人的交易长期悬而不决，这不应成为否定再交涉义务的理由。同时，我国《民法典》第533条也将再交涉义务的履行限定于"合理期限"，并不会产生无限期的交涉。固然，在合同调整内容容易确定的某些个案中，再交涉义务的引入等同于为当事人新增了一道程序，从经济角度出发或许会有悖于效率原则。然而，在具体的司法实践中，合同内容五花八门，再交涉义务的适用或许更是有效率的体现。在合同内容复杂的案件中，单纯由法官来判断合同内容亦是一种浪费司法资源

---

〔1〕 Vgl. Andreas Nelle, Neuverhandlungspflichten: Neuverhandlungen zur Vertragsanpassung und Vertragsergänzung als Gegenstand von Pflichten und Obliegenheiten, 1993, S. 133ff.

〔2〕 参见王利明：《合同法研究》（第3版）（第2卷），中国人民大学出版社2015年版，第391页。

〔3〕 最高人民法院《关于当前形势下审理民商事合同纠纷案件若干问题的指导意见》第4条中，要求法院适用情事变更原则之时，积极引导当事人重新协商，改订合同。该规定承认了再交涉义务在实务中的运用。

〔4〕 参见谢鸿飞：《合同法学的新发展》，中国社会科学出版社2014年版，第357页。

且效率低下的做法。此时，若经由“合理期限”内的低成本的磋商即能实现复杂的合同变更，反而是一种极具效率的体现。需要强调的是，再交涉义务仅是在适用情事变更原则的诸多烦琐个案中，赋予当事人重新协商调整合同的一种可能性而已。其以交涉过程为取向，至于当事人是否实现交涉结果并不重要，法律及法官在其中仅是作为支持当事人再交涉的辅助角色。〔1〕与其事先推定当事人交涉失败并由法官直接判令调整合同，不如重新赋予当事人一个自行处理自己事务的机会，这也更符合意思自治原则。

再交涉义务的正当性基础可以通过以下两个视角考察，第一种视角是赋予当事人再交涉义务的必要性，第二种视角是赋予当事人再交涉义务的合理性。再交涉义务的必要性正是体现在合同变更问题的复杂性之上。霍恩曾正确地指出，在适用合同调整之时，不仅须综合考虑合同中复杂的约定、当事人之间复杂的利益关系，而且须考虑个别情事出现的多样性，完全由法官判断合同的调整内容实在过于困难和复杂，因此有必要适用再交涉义务。〔2〕再交涉义务的合理性则体现在其本身的合目的性之上。正如日本的石川博康教授所阐释的那样，再交涉义务正是为了实现情事变更原则下合同调整这一目的而产生的必要不可缺少的义务。〔3〕情事变更原则和不可抗力等制度不同，并不仅限于将当事人从当初的契约内容之中解放出来，还体现在维持契约关系的存续性之上。〔4〕再交涉义务可以解释为实现该种存续性所产生的合目的的附随义务，其与传统理论中附随

〔1〕 潮見佳男『新債権総論Ⅰ』(信山社,2017年)114~115頁参照。

〔2〕 Vgl. Norbert Horn, Neuverhandlungspflicht, AcP 181 (1981), S. 277f. 转引自石川博康『再交渉義務の理論』(有斐閣,2011年)138頁。

〔3〕 石川博康『再交渉義務の理論』(有斐閣,2011年)231頁参照。

〔4〕 石川博康『再交渉義務の理論』(有斐閣,2011年)344頁参照。

义务的合目的性具有同种思考进路。[1]

在我国民法学界,多数观点认为违反再交涉义务仅应承担损害赔偿责任,[2]亦有学者主张不应承担损害赔偿责任,仅是将其作为法官裁量的一个因素而已。[3] 损害赔偿的模式在比较法上有其先例。例如,《欧洲合同法原则》(PECL)第6:111条第3款后段规定:"在上述任何一种情形下,法院得判决违反诚实信用与公平交易原则而拒绝参加或中止谈判的一方当事人,赔偿因此而给对方当事人造成的损失。"在损害赔偿的范围上,依据奈勒的研究,应限定于为促进交涉而付出的费用和因合同调整延迟而产生的损害之上,合同调整实现后可能取得的预期利益并不属于损害赔偿的范围。[4]

笔者认为,违反再交涉义务的损害赔偿范围较为狭窄,赋予一方当事人损害赔偿请求权也未必能够实现督促当事人进行再交涉的目的。此外,在具体案件中对损害赔偿额的确定也很难把握,这同为反对再交涉义务观点的主要论据。[5] 因此,对违反再交涉义务的法律后果有必要从更为实际、力度更大的角度考察。

如前所述,再交涉义务是当事人为达成合同调整目的的一种方法。其作为合同调整的前置性程序,与合同调整这一效果紧密相连。

[1] 北川善太郎『契約責任の研究』(有斐閣,1963年)355頁参照。

[2] 参见韩世远:《情事变更原则研究——以大陆法为主的比较考察及对我国理论构成的尝试》,载《中外法学》2000年第4期;吴一平:《情势变更原则法律适用比较分析》,载《江苏社会科学》2013年第3期;戚枝淬:《论情事变更原则适用的法律效果》,载《河南省政法管理干部学院学报》2003年第3期。

[3] 参见王利明:《情事变更制度若干问题探讨——兼评〈民法典合同编(草案)〉(二审稿)第323条》,载《法商研究》2019年第3期。

[4] Vgl. Andreas Nelle, Neuverhandlungspflichten: Neuverhandlungen zur Vertragsanpassung und Vertragsergänzung als Gegenstand von Pflichten und Obliegenheiten, 1993, S. 322ff.

[5] 参见韩世远:《合同法总论》(第4版),法律出版社2018年版,第515页。

将该义务的违反与否与合同调整和解除权限的有无相结合，亦不失为考虑违反再交涉义务之后果的一种良好尝试。关于此点，日本债法修改时的讨论具有借鉴意义。日本民法（债权法）改正研讨委员会在其所提交草案的第3.1.1.92条中，采取了以下做法：当事人一方违反再交涉义务的，该方当事人不得主张合同调整或合同解除。[1]该说也为日本主流学说所赞同。[2]具体而言，如果享有合同调整和解除权限的一方当事人违反再交涉义务，则其会丧失主张合同调整和解除的权利；如果不享有合同调整和解除权限的另一方当事人违反再交涉义务，则会丧失提出合同调整草案以及针对对方的调整请求要求解除合同的权利。[3]该种尝试，将违反再交涉义务的后果扩大于情事变更原则适用的整个领域，从而使操作更具有可行性。

有反对观点认为再交涉并非一种义务，而是一种权利，当事人拒绝再交涉并不能减损其请求法院调整或解除合同的权利，因为在此时承认减损将会导致违反义务一方的诉求在裁判中不被考虑或法官直接依据另一方当事人的诉求进行裁判，有违契约正义原理。[4]然而，首先，需强调的是，即便当事人违反再交涉义务，也并不意味着法院就必须要肯定另一方当事人的方案，违反该义务之当事人仅是丧失提出方案的机会而已，合同调整仍旧应当遵循契约正义而实现。其次，将再交涉作为一种权利有违再交涉制度本身的目的。将再交

---

〔1〕民法（債権法）改正検討委員会編『詳解　債権法改正の基本方針Ⅱ』（商事法務，2009年）391頁参照。

〔2〕潮見佳男『新債権総論Ⅰ』（信山社，2017年）117頁参照。

〔3〕在国内亦有学者对借鉴比较法上的规定，提出类似主张。参见刘善华：《日本和德国法上的再交涉义务及对我国合同法的启示》，载《山东大学学报（哲学社会科学版）》2013年第6期。

〔4〕参见张素华、宁园：《论情势变更原则中的再交涉权利》，载《清华法学》2019年第3期。

涉义务强加于当事人身上本就是为了应对合同调整的复杂性，如果再交涉程序可有可无，则无法实现对合同调整复杂性的良好应对。再次，将再交涉作为一种权利，则再交涉制度甚至会丧失法律明文化的根基。因为即便没有明文规定该种权利，当事人也可以提出磋商，可以通过合意变更合同。此时如认为再交涉权利的行使会为对方带来再交涉义务，则同样是在义务视域下讨论再交涉，只不过是从双方的法定义务变成单方的法定义务而已。最后，当事人拒绝再交涉影响其合同调整和解除权限，这本身即是相对于范围难以确定的损害赔偿而言所采取的力度更大的救济手段，无疑更具有可操作性。

综上所述，再交涉义务作为达成合同调整目的的一种方法，同时作为限制法官调整合同权限的一种手段，本身有着深刻的正当化基础，也存在足以实施的救济措施。在情事发生重大变更之后法院支持调整合同之时，依据尊重当事人自治的理念，理应先通过当事人自己的再交涉来确定调整内容。对此，现今的《民法典》明确规定再交涉义务作为情事变更原则的第一性效果，值得肯定。然而，若过分依赖再交涉义务，可能会步入另一方面的误区。若合同继续履行本身对一方当事人就具有价值之时，则其在和另一方再交涉的过程中可能就会处于不利的地位，从而无法实现真正平等意义上的再交涉。在这种场合或当事人再交涉并无结果的场合，法院才有主动介入调整的必要。

2. 法院调整权限的限制

法院对当事人合同的介入，正如上文所强调的那样，是不到万不得已不能为之的补充性选择。在这时，在实务中出现的最大的难题即是应以何种方式来确定合同的调整标准。从尊重当事人意思自治的理念出发，与其再交涉义务相衔接，最理想的调整方法是预估当事人公平地进行再交涉后所能实现的调整内容。[1] 然而,这一设想过于抽象,不具有可操作性,实际上仅是赋予法官们更大的自由裁量权。为了限制法官对当事人意思自治的过分介入,有必要经由其他方法来进一步限制法官的合同变更权限。

从比较法的角度考察,在德国日本法的判例中,大部分法官将现实的变动情况作为调整的依据。在德国法上有一则判例,岳父母赠送给未来女婿一笔钱,目的是使其能够在其自有地上建设房屋,以供其与女儿结婚后共同居住,但两人刚结婚后不久离婚,岳父母即请求女婿偿还该笔钱。法院虽然通过《德国民法典》第 812 条第 1 款第 2 句后半句进行了裁判,但也提出了其他的解决办法,其中一个就是第 313 条规定的合同调整。作为调整,法院认为返还的价款应当减去婚内几年女儿对房屋的使用可能性,并进一步阐释该标准是其作出的事实审上的衡量(tatrichterlichen ermessens)[2]。在日本判例中,最高裁判所还没有出现判决合同调整的案例,在地方裁判为数不多的调整案例中,也是以现实物价为基准来调整合同。例如,在札幌地方裁判所昭和 51 年的判决中,卖主并没有移转土地给买主,土地价格 30 年间增长了近千倍,法院依照现在的物价依据一定的算法增额了 400 万日元。[3] 在神户地方裁判所伊丹支部昭和 63 年的判决中,原告从被告处租下一块地,租期 20 年,并在该地上建造房屋,同时在合同中约定,在租赁期间内原告可以 175 万日元的价格买下本案土地。20 年租期将近,该土地已经升值到 4000 万日元,原告请求按合同约定价格购买土地。法院最终认为,本案应适用情事变更原则来调整

---

〔1〕 吉政知広『事情変更法理と契約規範』(有斐閣,2014 年)162 頁参照。

〔2〕 BGH NJW 2010, 2202, 2207; Vgl. Hans Brox/Wolf – Dietrich Walker, Allgemeines Schuldrecht, 37. Aufl., S. 308.

〔3〕 札幌地判昭和 51・7・30 下民集 27・5~8・457。

合同,并以现有的物价为标准进行调整。[1]

然而,如果单纯以市价作为合同调整的衡量基准,那么就等同于固定地将合同所未预设的风险分配给因情事变动而得利的一方。此种标准显然过于死板,也明显与公平原则相违背。同时,以市价作为衡量基准,在调整内容为价格等比较容易用市价衡量的时候有一定的参照价值,但是在没有市价的复杂场合,依然需要法官们的自由裁量权。此外,情事变更所涉及的案件类型错综复杂,法官的能力和精力有限,很难在没有市场对比价的情况下界定出每个具体案件中客观上的价值。因此,在从实体运用的角度很难提前确定统一变更标准的前提下,放弃该角度,转而从程序上对法官自由裁量权进行限制,会更具有可行性。法院对合同的介入,其不仅和实体上的利益分配紧紧相关,同时和诉讼程序的相关制度也紧密相连。在此基础上,不妨借鉴邻国日本在近几年债法修改中针对情事变更中合同调整所提出的方案。

在日本法中,虽无明文法条上的一般规定,但在解释上理论和判例均承认情事变更原则。[2] 在日本债法修改之际,情事变更的明文化被提到议程之中。关于情事变更中合同调整的方式,学者们一开始提出的方案是,裁判所不能主动决定调整内容,而是应当在进行释明的基础上,对双方当事人提交的合同调整方案进行审查,选择一个较为合理的方案,并仅依据该方案实现合同调整。[3] 该方案的理由是,在错综复杂的情事变更案件中,若与当事人提交的调整方案相分离,仅由裁判所自由裁量确定调整内容,一方面会对裁判所增加更精

---

〔1〕 神戸地伊丹支判昭和63・12・26判時1319・139。

〔2〕 潮見佳男『債権総論Ⅰ(第二版)』(信山社,2003年)214～215頁参照。

〔3〕『詳解・債権法改正の基本方針Ⅱ——契約及び債権一般(1)』(商事法務,2009年)391～392頁参照。

确的调查义务等不必要的负担,另一方面从确定当事人之间权利义务关系的角度,也会超越私法以及民事裁判的界限。〔1〕 在随后的债法修改会议中,合同调整是否应作为情事变更原则下一项独立的法律效果,产生了很大的争议,在修法过程中期出现的《关于民法(债权关系)修改的中期方案》(「民法(債権関係)の改正に関する中間試案」),对于情事变更的效果是否应删除合同调整,给出了"继续探讨"的答案。〔2〕 但在该中期方案的补足说明(「民法(債権関係)の改正に関する中間試案の補足説明」)中,作为在认可合同调整这一法律效果基础上的具体适用方式,上述解决方案的思想被延续了下来。该说明中阐述道:"在合同调整的场合,为了消除对合同调整明文化的顾虑,应规定在当事人提出具体的调整方案请求合同调整之时,只有在法院认可该调整方案为合理的前提下,才可以基于该调整方案进行合同调整。"〔3〕在随后的审议过程中,由于司法实务界对效果之一的合同调整有着很大的抵触,为了消灭法官肆意变更合同的可能性,在具有决定性意义的日本民法(债权关系)部会第75回会议上,经过长时间的争论,多数委员赞同仅将再交涉义务和合同解除作为情事变更原则的效果,而将合同调整排除议案之外。〔4〕 然而,由于该方案将效果限定在再交涉义务和合同解除上,会自然而然地让人解释成不发生合同调整的效果,不仅和现有适用合同调整效果的实务判例相抵触,而且在明文规定法律效果的基础上,立法委员们将

〔1〕『詳解・債権法改正の基本方針Ⅱ——契約及び債権一般(1)』(商事法務,2009年)400~401 頁参照。

〔2〕「民法(債権関係)の改正に関する中間試案」53 頁参照。本书所列日本债法修改部会资料,均来源自 http://www.moj.go.jp/shingi1/shingikai_saiken.html (日本法务省官方网站)。

〔3〕「民法(債権関係)の改正に関する中間試案の補足説明」386 頁参照。

〔4〕「法制審議会民法(債権関係)部会第75 回会議議事録」6 頁以下参照。

合同调整交由解释论发展的想法也非常难以实现。[1] 因此在最终要纲草案形成的前夕，在日本民法（债权关系）部会第94回会议中，经过讨论放弃了该模式，同时放弃了情事变更原则的明文化，而将该原则继续交由判例发展。[2]

从日本的债法修改对情事变更原则态度的反复中可以发现，虽然最终由于种种原因，情事变更原则并没有明文化，是否应当认可合同调整这一效果也受到颇多争议，但是在认可合同调整的前提下，这种法官仅享有确认当事人变更方案合理与否之权限的思想一直在草案中延续，可谓在日本法中承认合同调整效果之下解决合同调整标准问题的最佳方案。

笔者认为，相对于从客观内容上实现合同风险分配的类型化以限缩法官的自由裁量权，从调整程序上对法官自由裁量权的限制更符合我国相关司法实践。原因主要包括以下三个方面。首先，在客观层面，对于变更标准的类型化认定很难实现。在我国适用情事变更原则调整合同的司法实践中，变更的内容复杂多样，标准不一，很难穷尽列举，有的是变更价款，[3]有的是变更合同履行时间及履行期限，[4]有的是变更土地面积，[5]有的则是变更违约金。[6] 就当前的案件情况而言，短时间内无法完成其内容上的类型化。其次，从调

---

〔1〕「民法（債権関係）の改正に関する要綱仮案の原案（その3）補充説明」7頁参照。

〔2〕「法制審議会民法（債権関係）部会第75回会議議事録」3頁（村松関係官の発言）参照。

〔3〕例如，海口市中级人民法院（2015）海中法民一终字第689号；德州市中级人民法院（2015）德中民终字第263号。

〔4〕例如，齐齐哈尔市中级人民法院（2015）齐民一终字第493号。

〔5〕例如，肇庆市中级人民法院（2015）肇中法民四终字第157号。

〔6〕例如，北京市第一中级人民法院（2010）一中民终字第19989号。

整程序上对法官自由裁量权进行限制，通过再交涉义务的普及与应用更易实现。在再交涉义务的适用下，双方提出磋商方案本就是再交涉的内容，该方案与之后向法官提供的合同调整方案系一脉相承，也使法官要求当事人出具合同调整方案更具有合理性和效率性。最后，从调整程序着手，虽然法官不可避免地会保存些许自由裁量的空间，但是这相对于由法官来决定合同调整内容而言，已经是一个非常大的改进。对程序的限制可以在可行的范围内最大限度地限制法官对合同的介入，同时可迫使当事人提出对双方而言更为合理的调整方案（因为在方案不合理的场合，存在被法官拒绝的可能性）。就法官的能力和作用而言，由法官自行决定合同调整内容并不适当，但若仅仅判断当事人所主张调整的合同内容是否合理，则无疑具有充分的可行性。

此外，从调整程序着手的做法已逐渐为我国的审判实务所接受。例如，在山东省德州市中级人民法院（2015）德中民终字第 263 号判决中，法院对于双方当事人提供的合同调整方案予以考虑和审查，最终确认被告所提供的方案为合同调整方案。在为数不多的确认合同调整的情事变更终审案件中，该案采取了确认双方当事人调整合同请求的模式，一方面说明此种模式确为解决繁杂情事变更案件的有力手段，另一方面说明其在诉讼程序上亦可为我国司法实务所接受。

从这种角度出发，则不得不说《民法典》第 533 条的规定相较于《合同法司法解释二》第 26 条有所退步。《合同法司法解释二》第 26 条规定，人民法院应当结合案件的实际情况“确定是否变更或者解除”。也就是说，人民法院仅有“确定”是否调整或解除合同的权限，并未提及如何调整合同这一问题。而《民法典》第 533 条却删除“确定”两字，规定人民法院应当“根据公平原则变更或者解除合同”。从条文文义上看，该条赋予了法院主动介入当事人合同内容的权利，在适用上存在被滥用之虞。在解释上，仍应认为法官仅拥有确认当事人提出的调整方案是否合理的权限。也就是说，不是法院去调整合同，而是去确认当事人对合同的调整，从而实现合同调整这一法律后果。若双方当事人均有不同调整方案，法院比较两者后，择更能体现公平者进行确认调整。这样，虽然说是法院对合同的调整，但调整内容的确定仍旧是当事人的权利，法院只以调整内容的合理性为判断对象，借此，会避免法院对当事人之间合同过多地介入。

综上所述，在作为情事变更原则效果的合同调整中，法官的干预大概是无法避免的，但在司法实务中可以通过解释，将法官的干预限制在狭窄的范围内。由于法官的能力和精力有限，其很难在错综复杂的情事变更案件中确定各个具体法律事实的价值之所在，但是其至少应当具有判断双方当事人提出之方案是否合理的能力。此外，从尊重当事人意思自治的角度出发，在变更复杂的具体合同时，仅赋予法官确认当事人提出的变更方案是否合理的权限，更能够体现当事人意思自治，同时能够减少法官的诉累，节约司法资源。

三、小结

情事变更原则中对合同的调整一直都是该制度争议的中心，邻国日本甚至因为是否应认同合同调整作为法律效果这一争议而放弃了对该原则的法条明文化。然而，我国《民法典》第 533 条已经明确规定了情事变更的效果是再交涉义务、合同调整和合同解除，所以对调整具体适用方式的摸索就成了一个不得不为之的课题。

根据本书的定位，在情事变更原则下的合同调整与其他法定调整规范一致，并非对原有合同规范的限制，而是对其的补充。在调整方法上，应首先通过再交涉义务的运用，使当事人自主实现合同调整；在交涉不成或者再交涉的双方当事人地位不平等的情况下，法官才会补充性地介入。此种介入并不代表由法官主动决定合同调整内容,法官只能在程序上要求双方当事人提供调整方案,在认定一方当事人所提供调整方案合理的基础上,按照该方案内容调整合同。

第二节 减　　价

在本书的视域下,在我国合同法总则中,还有一项属于合同调整的重要规则是减价制度。然而,减价制度的定性与适用方式,一直在我国学术界中存有争论。我国《民法典》第 582 条将"减少价款或者报酬"作为标的物质量不符合约定时的违约救济方式之一。[1] 但关于此种减价的性质以及行使方式,《民法典》第 582 条和《合同法》第 111 条一样,并未多作说明。在实务中,《最高人民法院关于审理买卖合同纠纷案件适用法律问题的解释》(以下简称《买卖合同司法解释》)第 17 条也仅是支持"以符合约定的标的物和实际交付的标的物按交付时的市场价值计算差价",从中亦无法窥探减价的性质及差价的具体计算方法。在模糊的条文规定下,对于减价的适用,学界看法与最高人民法院的看法以及司法实践中的看法均不相同。

在我国学界的现有认知上,少数学者采请求权说,该学说认为当事人要求减价,并不必然发生减价的法律效果,而仍需要对方同意或

---

〔1〕《民法典》第 582 条和《合同法》第 111 条一样,将减价作为"违约责任"之一。然而,本书采违约救济的理解,认为减价并非违约责任,而仅是一种违约救济方式。此条文规定为立法疏忽,因为在《民法典》第 179 条规定中,承担民事责任的方式中并无减价这种方式,应视为立法者自身所作出的调整。同样观点,参见崔建远:《民法总则应如何设计民事责任制度》,载《法学杂志》2016 年第 11 期。

者法院裁判。[1] 多数学者采形成权说，该学说认为减价权属于一种形成权，当事人依单方意思表示行使即可。[2] 在对形成权说的进一步论证中，有观点认为减价权实质上不同于合同解除权、修理权、更换权、重作权等，与继续履行情形下的损失赔偿权比较类似。[3] 与此相对，多数学者认为减价系单方的“合同变更”。[4] 在减价制度的具体适用问题上，尤其是关于减价标准，民法学界中争议并不大。我国学者一般支持以“比例式”的方法确定减价标准，即认为应依瑕疵物于买卖时（或实际交付时）的实际价值，与无瑕疵时该物应有的价

---

〔1〕 参见渠涛主编：《中日民商法研究》（第4卷），法律出版社2006年版，第292页（梁慧星教授发言）；王利明：《合同法》，中国人民大学出版社2015年版，第246页；周友军：《论出卖人的物的瑕疵担保责任》，载《法学论坛》2014年第1期。也有观点基于我国减价实务中“重视当事人合意和法院的主导作用”的现状，认为减价的逻辑基础在于合同变更，减价主张实际上是变更合同的请求权。参见武腾：《减价实现方式的重思与重构》，载《北方法学》2014年第3期。

〔2〕 参见韩世远：《减价责任的逻辑构成》，载《清华法学》2008年第1期；朱广新：《合同法总则研究》（下册），中国人民大学出版社2018年版，第749页；李永军、易军：《合同法》，中国法制出版社2009年版，第449页；苏号朋：《合同法教程》（第3版），中国人民大学出版社2015年版，第288页；马俊驹、余延满：《民法原论》（第3版），法律出版社2007年版，第690页。值得注意的是，崔建远教授本采两可的态度，认为减价若作为损害赔偿的一种特殊形态，属于违约责任的方式，自然是请求权；若否，即是物的瑕疵担保方式，则是形成权。然而，随着《民法总则（草案）》第160条未将减价作为民事责任的一种，崔教授认同了该条的正确性，认为我国民法若借鉴德国形成权的模式，采此种立法是正确的，间接认同了减价权的形成权属性。参见崔建远：《退货、减少价款的定性与定位》，载《法律科学》2012年第4期；崔建远：《民法总则应如何设计民事责任制度》，载《法学杂志》2016年第1期。

〔3〕 参见朱广新：《合同法总则研究》（下册），中国人民大学出版社2018年版，第748页。

〔4〕 参见韩世远：《减价责任的逻辑构成》，载《清华法学》2008年第1期；苏号朋：《合同法教程》（第3版），中国人民大学出版社2015年版，第288页。杜景林教授虽未明确表态，但依据其“买卖合同本身亦随减价而得以重新形成”的表述中，似采“合同变更”说。参见杜景林：《我国合同法上减价制度的不足与完善》，载《法学》2008年第4期。

值之间的比例，计算应减少的价格。[1] 由形成权的性质出发，学界中也一般认为减价和损害赔偿不同，并不适用不可抗力等免责事由和过失相抵、减损规则等减责事由。[2]

与学界中展开兴致勃勃的讨论不同，《买卖合同司法解释》的制定者并未对减价的性质界定给予足够的重视，反而觉得其属于多此一举的概念之争。最高人民法院认为，在我国没有对减价设除斥期间的前提下，减价权的性质之争并不影响减价具体实施的程序和结果。[3] 同时，在减价标准的确定上，司法解释起草小组考虑到现阶段审判实践的客观状况和发展水平，相对于实践中"难以操作"的"比例式"做法，选择了更简便易行的"差额式"标准，即认为减少的数额应为有瑕疵物的实际价值与无瑕疵物的买卖价格之间的差额。[4]

有意思的现象是，虽然存在最高人民法院对《买卖合同司法解释》第17条理解与适用的进一步解释，但是在审判实践中，减价的判断仍旧显得异常混乱。[5] 主要体现在以下三个方面。第一，在减价标准上，各个法院的具体适用中仍有"差额式"标准[6]和"比例式"

[1] 参见韩世远：《减价责任的逻辑构成》，载《清华法学》2008年第1期；杜景林：《我国合同法上减价制度的不足与完善》，载《法学》2008年第4期。

[2] 参见崔建远：《退货、减少价款的定性与定位》，载《法律科学》2012年第4期。

[3] 参见最高人民法院民事审判第二庭编著：《最高人民法院关于买卖合同司法解释理解与适用》，人民法院出版社2016年版，第378页。

[4] 参见最高人民法院民事审判第二庭编著：《最高人民法院关于买卖合同司法解释理解与适用》，人民法院出版社2016年版，第383~384页。

[5] 由于我国审级制度的限制以及减价纠纷适用的普遍性和小额性，大部分二审实务案例均集中在中级人民法院和高级人民法院。

[6] 参见山东省日照市中级人民法院(2014)日商终字第180号。

标准[1]之分。在当事人提交不出证明瑕疵物现有价值的证据之时，实务中往往脱离减价标准的限制，仅仅靠法官的“酌定”来判断减价份额，[2]该种酌定甚至会引起双方当事人的反对。[3] 第二，以“减价”之名，行“损害赔偿”之实，如有众多法院通过对双方的“过错程度”[4]“责任程度”[5]予以斟酌，对减价数额进行限制，同时不乏通过减价的形式在当事人间分担损失的论述。[6] 第三，在当事人未主张减价而主张解除的场合，也有法院或仲裁庭依职权决定适用减价的典型案例。[7]

通过以上分析可以看出，关于减价，不仅理论界内部有很多争议，而且在理论界、最高人民法院之间也存在较大的分歧，同时该种分歧必然地招致司法实践中审判的混乱。面对这些矛盾与争议，作为学说理论，一味地批评司法实践的做法并不可取，而是应在不颠覆基本理论的前提下，为法官在具体适用法律处理案件之时，提供更为

---

[1] 参见上海市第二中级人民法院(2013)沪二中民四(商)终字第166号；广东省深圳市中级人民法院(2012)深中法房终字第3192号；广东省江门市中级人民法院(2016)粤07民终2939号；广西壮族自治区防城港市中级人民法院(2016)桂06民终314号。

[2] 参见浙江省高级人民法院(2014)浙海终字第81号；四川省成都市中级人民法院(2013)成民终字第5834号；江苏省无锡市中级人民法院(2014)锡商终字第0883号。

[3] 参见江苏省高级人民法院(2013)苏商终字第0146号。

[4] 参见湖南省岳阳市中级人民法院(2014)岳中民二终字第215号；浙江省金华市中级人民法院(2013)浙金商终字第848号。

[5] 参见广东省东莞市中级人民法院(2013)东中法民二终字第816号；辽宁省葫芦岛市中级人民法院(2016)辽14民终1890号。

[6] 参见江西省高级人民法院(2014)赣民一终字第117号；江苏省扬州市中级人民法院(2015)扬商终字第0392号。

[7] 例如，韩世远教授在其《租赁标的瑕疵与合同救济》一文中所举的核心案例，参见韩世远：《租赁标的瑕疵与合同救济》，载《中国法学》2011年第5期；浙江省宁波市中级人民法院(2016)浙02民终2616号。

完善的佐证。笔者认为,实务中所出现的减价标准不统一、减价与损害赔偿糅杂、减价的具体适用方式不明等问题,实际上均与对减价制度的认识不清、定位不明有关。因此,下文将重新审视减价权的性质,进一步探究减价权的本质,拟从本书所探讨之合同调整的视角,重新对减价的适用予以梳理,同时为减价权适用方式提供更符合司法实践的法理支持。

一、减价权性质的分析与深化

(一)性质之争真的仅是概念之争?

正如前述,最高人民法院的观点是在法律没有规定减价除斥期间的前提下,减价究为形成权还是请求权,属于"理论分歧",并无实意。其理论逻辑是,"当双方意见一致时,减价由双方自主决定,自意思表示一致时即可实施;当双方意见不一致时,无论减价为请求权还是形成权,事实上均不会当然发生减价的效果,而必须经过人民法院或仲裁机构的裁判确认后,才能在当事人之间具体实行"。[1]

该理论逻辑存在以下漏洞:第一,该逻辑认为区分形成权和请求权无意义,但是却也认为"自意思表示一致时"减价即可实施,这一做法实际上与上述请求权说相同,也和德国修法前"契约说"中"经相对人同意或法院判决"[2]的做法较为相似。第二,如采形成权说,依单方意思表示行使减价即发生权利的变动,其效果或可以解释为合同部分解除,或为合同调整。事后对减价数额的确定,并不能说明减

---

〔1〕 参见最高人民法院民事审判第二庭编著:《最高人民法院关于买卖合同司法解释理解与适用》,人民法院出版社 2016 年版,第 378 页。

〔2〕 Vgl. Karl Larenz, Lehrbuch des Schuldrechts, Band Ⅱ, Besonderer Teil, 1. Halbband, 13. Aufl., S. 53 – 54.

价效果未发生。第三，此种“事实上”的处理思路并无足够论据支持。因为若按该种逻辑思路，则不仅在减价领域区分请求权和形成权变得没有实意，而且甚至会颠覆形成权和请求权的整体区分体制。例如，在经典的形成权——解除权中，我们也可以适用同样的逻辑：一方当事人主张法定解除，如对方对解除表示认可，则解除自双方当事人意思表示一致时即可实施；另一方存有异议，则还是会有一方当事人诉至法院，请求法院定夺，“事实上”并不能由一方当事人决定解除。这种逻辑显然违反《民法典》第563条的立法趣旨。

正如王泽鉴教授对法学上之发现——形成权所作出的评价那样，“问题的关键在于此种将特定法律现象，以清晰可识方式描绘出来的新构想形态，是否适于增进我们对此等法律现象的认识”[1]。在通说已对形成权和请求权作截然区分的现有法律体系下，对减价作性质上的界定，不仅能够作出更为细致的法律分析，还会有以下实际适用上的差异。

第一，适用除斥期间和诉讼时效上存在差异。我国虽然没有具体规定减价除斥期间，但并不代表着减价就一定为请求权。相反，是在将其定性为形成权或请求权的基础上，再通过解释适用除斥期间或诉讼时效的相关规定。如果将减价作为形成权，如解除权，其自然应适用《民法典》第564条第2款关于解除权行使期限的规定。从此处看，更应当意识到性质区分的重要性。

第二，适用确认之诉和给付之诉上有差异。若认为减价是单纯的形成权，则法院仅是确认其已有的形成效力而已，作出的是确认判

〔1〕 王泽鉴：《法学上之发现》，载王泽鉴：《民法学说与判例研究》（第4册），北京大学出版社2009年版，第9页。

决,无须执行;若认为减价是请求权,法院作出的是给付判决,需要执行。[1] 此两种不同认定与当事人利益也息息相关。因为根据认定的不同,减价数额的确定时间也存在不同,因而对利息等的计算会存在差异。若适用确认之诉,价款确定时间是一方当事人主张减价时;若适用给付之诉,则是判决作出时。

第三,在可否附条件及期限上存在差异。如果认为减价权是形成权,则应具有形成权之一般特征,如一经作出,当事人之间的法律关系即发生变动,同时原则上不得附条件与期限,以避免置相对人于不确定之法律状态;[2] 而如果将其认定为请求权,则没有这种限制。

由此可见,减价权的性质之争,并非仅为概念之争,相反,性质上的确定可以为减价的行使程序以及法律效果提供支点,[3] 因此有必要先加以明确和分析。在此基础上,不妨先跳出我国学说内部的争论,拓宽视域,考察比较法上关于减价权性质的相关理论学说的发展与创新。经此横向对比,或能从他山之石中得到灵感和帮助。

(二)减价权性质的域外法考察

下文将着重对大陆法系的两个重要国家——德国和日本进行考察。两国最近十余年来均进行了债法修改,在减价制度上,德国法的规定从修法前的请求权说变成了形成权说,同时将减价扩展到权利瑕疵之中;而日本法继续强化了形成权说的立场,但也将减价的适用扩展到物之瑕疵担保责任之中。对这两个国家的考察,能够较为清晰地发现减价权在不同实证法下性质的变迁,同时可以发现脱离两

---

〔1〕 参见张卫平:《民事诉讼法》(第2版),法律出版社2009年版,第37页。
〔2〕 参见梁慧星:《民法总论》(第5版),法律出版社2017年版,第74页。
〔3〕 参见韩世远:《减价责任的逻辑构成》,载《清华法学》2008年第1期。

国实证法规定的理论共通之处。

1. 德国法中减价权性质的变迁

关于减价制度,以 2001 年《债务法现代化法》作出的债法改革为分界点,法律规定和学说发生了很大的转变。在《德国民法典》的体系中,减价制度规定在合同分则之中,分别于买卖合同(旧《德国民法典》第 462 条及以下、新《德国民法典》第 441 条)、租赁合同(旧《德国民法典》第 537 条、新《德国民法典》第 536 条)、承揽合同(旧《德国民法典》第 634 条、新《德国民法典》第 638 条)中有所适用。下文以最为典型的买卖合同为例,加以分析。

关于德国旧法下减价权的性质,不得不提到的是其旧民法典中关于减价特有的"实现(Vollziehung)"的规定。旧《德国民法典》第 465 条规定:"当出卖人经买受人要求而做出同意的表示之时,解约或者减价即可实现(vollzogen)。"结合旧《德国民法典》第 462 条[1]的规定,学说中一般认为,在德国旧民法的体系下,减价的实施有着以下双层结构:首先,基于旧《德国民法典》第 462 条,买受人首先享有可向出卖人主张的"解约或减价请求权"(Anspruch auf Wandelung oder Minderung);其次,在取得出卖人的同意或可代替同意的判决(ZPO 第 894 条)时,才满足旧《德国民法典》第 465 条的规定,亦即解约或减价被"实现",买受人才享有价金返还等"基于解约或减价的请求权"(Anspruch aus Wandelung oder Minderung)。[2] 因该理论主张买受人减价请求应先取得出卖人同意,从而达成减价的合意,故而被称为"契约说"(Vertragstheorie)。契约说虽最符合法条本意,然

〔1〕 旧《德国民法典》第 462 条规定:"对于依第 459 条、第 460 条规定出卖人应负责的瑕疵,买受人可以请求解除买卖合同(解约)或者减少买卖价金(减价)。"

〔2〕 Vgl. Karl Larenz, Lehrbuch des Schuldrechts, Band Ⅱ, Besonderer Teil, 1. Halbband, 13. Aufl., S. 53 – 54.

而,在实务中却显得过于烦冗和不实用。[1] 故而学说又产生另一有力说为“回复说”(Herstellungstheorie),其认为买受人的请求权从一开始即建立在解约或减价所实现的回复状态(解约场合所实现的状态为原状;减价场合所实现的状态为相同水准之对价关系)上,因此该说不区分“解约或减价请求权”和“基于解约或减价的请求权”,买受人一开始就可以主张价金返还等权利,而旧《德国民法典》第465条规定的“实现”,仅是为买受人行使解约或减价的选择权设立一个消极的要件,即出卖人作出同意的表示之前,买受人享有选择权,在出卖人作出同意的表示之后,买受人的选择权丧失,解约或者减价只能择一实现。[2] 在回复说中,买受人所主张的减价“请求”,实际上隐藏了一个前置的形成效力。不过,该说与法条原文偏离较大,从文义解释层面存在不少困难。所以在司法实务中,判例更多地采取了折中的态度。法院既在某些案例中承认减价权的“实现”需要出卖人对买受人请求的同意,又在另外一些案例中认可买受人对出卖人直接主张返还合同部分价款的请求权;不过没有疑问的是,如果买受人保留损害赔偿请求权,或者当事人对于瑕疵范围没有达成一致的时候,减价权并不“实现”,也就是说,减价权和损害赔偿请求权不能并用。[3]

在旧《德国民法典》债法的体系下,对于减价的效果,通说认为是实现法律状况的改变(Umgestaltung der Rechtslage)。[4] 关于德国旧债法上规定的“实现”手续,亦有学者观察到,该举措旨在为因减价权

〔1〕 BGB – RGRK/Mezger, 12. Aufl., §465, Rn. 2.

〔2〕 Vgl. Soergel – Huber, 12. Aufl., §465, Rz. 4a.

〔3〕 Vgl. BGB – RGRK/Mezger, 12. Aufl., §465, Rn. 5.

〔4〕 Vgl. Karl Larenz, Lehrbuch des Schuldrechts, Band Ⅱ, Besonderer Teil, 1. Halbband, 13. Aufl., S. 57.

行使而产生的新合同提供论理基础，也就是说，减价权实际上和情事变更的效果相接近，具备合同调整的性质，而需要出卖人同意的“实现”手续，仅是为了避免其和传统契约理论相冲突而产生的权宜之策。[1]

随着德国债法现代化的修改，减价制度在德国法体系下得到了再定位。新《德国民法典》第 441 条第 1 款第 1 句规定：“买受人可以通过对出卖人的表示减少买卖价金，以代替合同的解除。”该条文除了将减价权的适用扩展到权利瑕疵上以外，还明确将其设定为形成权。德国联邦政府关于《债务法现代化法》草案的立法理由书对减价权性质变更的说明显得极为简单：“将减价作为一种形成权，即能避开原第 465 条的问题。在这点上所采取的向解除权的同化（Angleichung）是合理的。”[2] 无论具体理由如何，法律已作出明确规定，学说中的多数说转向将减价类比解除权，作为形成权行使。[3] 由此带来的效果，最明显的一例即为，债法现代化改变了以前减价权和损害赔偿请求权不能并用的做法，通过对新《德国民法典》第 325 条（损害赔偿和合同解除）的适用，在减价之外，当事人还可以请求损害赔偿。[4] 同时，减价应符合解除的要件，也就是在一般情况下，买受人应当依据第 323 条的规定向出卖人指定给付或事后补充履行的适当期间而无效果时，方可减价。

---

〔1〕 森田修「契約総則上の制度としての代金減額」東京大学法科大学院ローレビュー3 号（2008）253 頁参照。

〔2〕 BT－Drucks. 14/6040，S. 235.

〔3〕 Vgl. Staudinger/Beckmann，2004，§441，Rn. 1；Brox/Walker，Besonderes Schuldrecht，37. Aufl.，§4，Rn. 73；Medicus/Lorenz，Schuldrecht Ⅱ Besonderer Teil，16. Aufl.，Rn. 167；MünchKomm/Westermann，5. Aufl.，§441，Rn. 1.

〔4〕 Vgl. Medicus/Lorenz，Schuldrecht Ⅱ Besonderer Teil，16. Aufl.，Rn. 168；MünchKomm/Westermann，5. Aufl.，§441，Rn. 3.

然而，在理论上不得不注意的是，德国新近学说在认定减价权为形成权的基础上，试图将减价作为合同调整（Vertragsanpassung〔1〕）处理。〔2〕该学说认为，在减价的适用中，仅仅形式上价格的降低并不能完全涵盖减价的效果，出卖人所承担的给付义务也已经不再是原合同中约定的那样，而是经由减价变更至新的内容。例如，遗产继承人将其继承的一幅画作为“毕加索真作”而以100万欧元出售之后，被证实该画只是毕加索学生的作品，于是买受人此时依规定主张减价。在此例子中并不只有买卖价金被降低，买卖合同内容本身也已经被调整（angepasst）。〔3〕在该理论下，减价与损害赔偿的关系也得到了重新阐释：通过减价，给付负有瑕疵的标的物本身即成为合同内容，而出卖人已经通过标的物的交付完成了新合同的履行，故而代替给付的损害赔偿丧失了适用的依据；当事人可以选择主张减价或者损害赔偿。〔4〕

综合德国法上的考察，可以发现德国目前通说采“部分解除说”更多的是基于法律的规定；而无论是在债法修改前，还是债法修改后，“合同调整”都是避不开的话题。正如拉伦茨对旧法所作的评述那样，“正是在减价上才使得该条（旧法第465条）的做法有意义，该条并没有强迫价金减额的法律效果与买受人的单方请求相联系，恰是因为存在需要减额但对于瑕疵范围仍有争论的情况。这将是有用的，买受人首先试图与出卖人达成合意；在不成功之时由法官决

〔1〕在《德国民法典》中，“Anpassung”一词主要用于指代交易基础丧失理论（情事变更原则）下的合同调整，参见《德国民法典》第313条规定。

〔2〕Vgl. Ulrich Korth, Minderung beim Kauf, Mohr Siebeck, 2010, S. 56.

〔3〕Vgl. Ulrich Korth, Minderung beim Kauf, Mohr Siebeck, 2010, S. 57.

〔4〕Vgl. Ulrich Korth, Minderung beim Kauf, Mohr Siebeck, 2010, S. 59.

定"[1]。此种解释与情事变更中再交涉义务的适用具有高度的契合性。即便可以认为此种解释为拉伦茨对旧法所列之要件的支持,但也可以从侧面看出减价制度本身的复杂性对再交涉义务的需求。

2. 日本法中减价权性质的坚持

以买卖合同为例,日本修改前民法典第563条(标的物部分属于他人)、第565条(数量不足与物的原始部分灭失)[2]中规定了减价权。从法条规定来看,减价这一救济方式仅适用于标的物部分属于他人、标的物数量不足以及原始部分灭失的场合,而在标的物上存有质权等限制物权(修改前民法典第566条)和物之瑕疵(修改前民法典第570条)之时并不承认减价的适用。[3]

在性质上,日本法上虽然依法条之规定,减价需要"请求",但是受民法起草者梅谦次郎的影响,从立法之初时起,通说即认为减价的性质属于"部分解除"。[4] 基于该通说,减价权是形成权的一种,经由买受人的单方意思表示即可实现。同时由于不足部分的价金比例可以客观确定,因此在"请求"之时并无具体提示减价额度的必要。[5]

与通说相对,有学说从瑕疵担保责任无须当事人主观过错要件出发,认为其和风险负担有着同一性,主张将减价作为"部分风险负

---

〔1〕 Vgl. Karl Larenz, Lehrbuch des Schuldrechts, Band Ⅱ, Besonderer Teil, 1. Halbband, 13. Aufl., S. 57 – 58.

〔2〕 因在日本"旧民法"专指1890年制定却并未施行的民法草案,本书对于2017年债法改革前条文统一称为"修改前民法典"。

〔3〕 这主要是因为,在立法之初,立法者认为,在物出现瑕疵或存有限制物权之时,算定其价值比例较为困难,不如转而适用更为简单的损害赔偿来维持双方当事人间的利益平衡。梅謙次郎『民法要義巻之三』(和佛法律学校:明文堂,1899年)526頁参照。

〔4〕 潮見佳男『契約各論Ⅰ』(信山社,2002年)124頁参照。

〔5〕 『新版注釈民法(14)』(高橋眞)(有斐閣,1993年)211頁参照。

担”制度。[1] 该说注意到了一般债务不履行时的赔偿和瑕疵担保赔偿之间的不协调性，试图将“减价”的计算方法扩展到物之瑕疵担保责任之上，认为应将瑕疵担保制度和风险负担制度并列，减价正是起到了桥梁的作用。基于该说，减价即无须通过买受人意思表示作出，法官亦可以依职权作出。

值得注意的是，最近数年，有学者开始反思立法之初对物之瑕疵所作的特殊安排，转而从契约修正的角度对代金减额进行了阐释。[2] 该说从合同调整的视角出发，认为减价所实现的效果正是，当事人若在合同缔结时就已知相关不履行之情事，则可能会缔结的假定合同状态。[3] 在对传统学说的否定上，该说认为在涉及不可分的物之性质瑕疵之时，若将其作为部分不履行而认可“部分解除”的效果，无非只是一种比喻，也无法推导出维持价金的“比例式”算定方法。[4] 依据该说，物之瑕疵担保责任中减价额度的算定困难来源于合同调整问题本身的复杂性，减价制度和情事变更中的合同调整一

---

[1] 加藤雅信「売主の瑕疵担保責任——危険負担的代金減額請求権説提唱のために——」『現代民法学の展開』397～402 頁参照。

[2] 森田修「契約総則上の制度としての代金減額」東京大学法科大学院ローレビュー3号(2008)253 頁参照；森田修「「契約の修正」としての代金減額」『契約規範の法学的構造』(商事法務，2016 年)85 頁参照。

[3] 森田修「契約総則上の制度としての代金減額」東京大学法科大学院ローレビュー3号(2008)262 頁参照。

[4] 森田修「「契約の修正」としての代金減額」『契約規範の法学的構造』(商事法務，2016 年)179 頁参照；森田修「契約総則上の制度としての代金減額」東京大学法科大学院ローレビュー3号(2008)264 頁参照。

样，均属于同一个更为上位的合同调整问题领域。[1] 因而，减价权在效果上更具有后发性和裁量性，而并不仅仅为实现对价上均衡的回复。[2] 这也就意味着，也像情事变更中合同调整那样，存在适用再交涉义务的可能性。同时，该学说从合同调整的性质出发，认为减价和损害赔偿无法并用，而只能择一适用。[3]

2017 年通过的债法修改，将减价的适用扩展到了物之瑕疵等情况上，并进行了统一的规定。其修改后民法典第 563 条为减价设置了催告出卖方补足的前置要件，通说认为此为“部分解除”性质的体现，在减价部分仿照区分催告解除、无催告解除的形式，也区分了催告减价和无催告减价。[4] 然而，在适用标准上，修改后民法典第 563 条用“依不符合的程度（不適合の程度）”代替了修改前第 563 条的“依不足部分的比例（割合）”，将具体适用方法交由实践中解释处理。这主要是在法律审议中，有学者认为在物之瑕疵上很难用比例来衡量，尤其是在排除瑕疵的费用比物之价值还高之时，考虑比例问题更无实意。[5] 不过，学说上通说仍旧认为减价标准为比例式标

〔1〕 依据森田修教授的介绍，合同调整的问题领域是指以下场合：在合同的履行过程中出现阻碍合同履行的障碍之时，不仅仅依据当事人当初约定的契约规范处理，还应当更进一步，在认为契约规范其本身在合同缔结后的履行过程中仍继续形成的基础上，通过新形成的契约规范来处理相关合同障碍问题，如情事变更中的合同调整等。森田修『契約規範の法学的構造』（商事法務，2016 年）214 頁参照。

〔2〕 森田修「契約総則上の制度としての代金減額」東京大学法科大学院ローレビュー3 号（2008）265 頁参照。

〔3〕 森田修「契約総則上の制度としての代金減額」東京大学法科大学院ローレビュー3 号（2008）263 頁参照。

〔4〕 潮見佳男『民法（債権関係）改正法案の概要』（金融財政事情研究会，2015 年）234 頁；部会資料 75A・15 頁参照。

〔5〕「法制審議会民法（債権関係）部会題 84 回会議議事録」8 页（深山幹事の発言）参照。

准。[1] 当然,新的债法修改也没有改变该减价权性质解释上的开放性,认定其为合同调整的学说依旧存在。[2]

经由日本法上的考察,我们可以发现,在债法修改之前,由于物之瑕疵在比例衡量上极具复杂性,因此减价的适用被局限于数量不足等容易计算比例价值的场合;在债法修改之后,减价的适用范围扩展到物之瑕疵之上,但物之瑕疵在比例衡量上的复杂性,反而颠覆了在减价中适用比例式计算方法的一般规则。关于物之瑕疵中减价的适用以及比例式的计算困难,无法完全通过部分解除的性质加以说明,因此新近学说试图将减价认定为合同调整,进一步认为减价中瑕疵数额的计算困难恰好是基于合同调整自身所固有的复杂性。

3. 小结

通过对德、日两国减价权性质的讨论,首先,可以看出减价权性质在适用上的重要性,旧《德国民法典》下的理论中区分契约说和回复说,所带来的不同适用方式和效果,进一步彰显了认定减价权性质的重要性和必要性。其次,学说以及司法实践中对减价权性质的认定,更多的是以法律规定为准绳。在这一点上,相较于德国日本,我国法上笼统的规定更具有解释的空间。再次,将减价权定性为形成权,在德日两国比较法上达成了共识,然而,其究竟属于部分解除还是合同调整,仍存有争议。最后,德日新近学说不约而同地竖起了合同调整的旗帜,将减价的性质与情事变更中合同调整(Anpassung、契約改訂)作类比,主张在减价中作类似的适用。

---

〔1〕 潮見佳男『債権各論Ⅰ〔第三版〕』(新正社,2017年)97頁参照。

〔2〕 森田修『契約規範の法学的構造』(商事法務,2016年)220頁参照;山野目章夫「民法の債権関係の規定の見直しにおける売買契約の新しい規律の構想」法曹時報68巻1号8頁参照。

（三）减价权的性质之分析

结合上述比较法上新近的学说，从结论上讲，笔者认同我国多数学说的部分见解，认为减价权为形成权，实质是合同调整，但立足于我国的司法实践，欲较通说更前进一步，认为减价所导致的合同调整和情事变更原则中的合同调整具有一定的相似性，同样面对“合同调整”这一问题领域的复杂性，也同样需要再交涉义务的适用。以下作具体分析。

1. 减价权为形成权

我国支持形成权说的学者已针对请求权进行了详细的评价分析，笔者本着扬弃的态度，一方面分析来自新近请求权说的回应，另一方面为形成权说补充论据。[1]

近来否定减价权为形成权的主张往往认为，减价数额无法由单方意思表示确定，[2]或是认为德国新法上将减价权定性为形成权的合逻辑性和合理性，是在于其设有优先补充履行的规则，而我国实证法没有规定优先补充履行，因而采形成权说会对出卖人不利益。[3]需要厘清的是，对于前者，减价具体数额无法由单方意思表示确定并

---

〔1〕 参见韩世远：《减价责任的逻辑构成》，载《清华法学》2008 年第 1 期。需要强调的是，笔者并不赞同韩世远教授所作出的“减价过程和减价结果的分类”，如若将减价权作为形成权，一经当事人行使，即已发生权利变动的效果，或是部分解除，或是合同变更，而在之后的所谓“减价结果”仅是为“部分解除”或“合同变更”的效果而已。当然，韩世远教授作如此之区分，更多的是为了解释《合同法》第 111 条将减价作为违约责任的说法，然而笔者认为，既然对于同条所规定的“退货”权利，无学说将其解释仅违约责任中，均承认是该条的立法疏忽，那么对于减价权，也无强行脱离逻辑进行解释的必要。

〔2〕 参见渠涛主编：《中日民商法研究》（第 4 卷），法律出版社 2006 年版，第 292 页；最高人民法院民事审判第二庭编著：《最高人民法院关于买卖合同司法解释理解与适用》，人民法院出版社 2016 年版，第 378 页。

〔3〕 参见武腾：《减价实现方式的重思与重构》，载《北方法学》2014 年第 3 期。

不能够成为否认减价形成权性质的理由,在德日法上,减价以买受人作出减价的表示即为足矣,而并不需要给出具体的数额,但也不能因此而否定形成权适用的可能性。对于后者,在德国的债法修改中,正如上文所述,的确在赋予减价形成权说的同时,采用解除的构造设置了补充履行优先的规则。然而,在同样采形成权说的日本法中,在债法修改之前实证法上亦没有规定补充履行优先,但减价权还是作为形成权持续了一个多世纪,因此也就无法就此断言补充履行优先是减价权作为形成权构造的合逻辑性与合理性的关键。况且,该问题与其说是性质上问题,不如说是要件层面的问题,因为在请求说之下,通过法院判决而实现的减价,同样也没有遵循补充履行优先的规则。

反过来说,将减价认定为请求权,会存有两难之处。在将减价和损害赔偿进行严格区分的基础上,[1]该请求权的内容,究竟是请求通过减价去改变合同内容,还是可以直接请求返还已支付之价金或请求免除瑕疵部分价金的给付义务。如采前者,则会像上述德国旧民法学说中"契约说"一样面临烦冗和不实用的问题;如果采后者,这实际上如同德国旧民法学说"回复说"一样,已经在返还或减少价金之请求或判决中隐藏了一个前置的形成请求或判决。[2]

如果将减价数额的确定与减价权的行使分开来看的话,减价的形成权性质就会显得顺理成章。减价权一经行使即具有改变价金数额的形成性,在概念上可认为其应付价金为已因减价之请求而减至的适当的额度,只是该适当额度究竟为何,于双方有争议时尚待法院

---

〔1〕 当然,如果将减价和损害赔偿不作区分,认为减价是"特殊的损害赔偿",那么减价当然属于请求权,也属于违约责任的范畴。

〔2〕 Vgl. Karl Larenz, Lehrbuch des Schuldrechts, Band Ⅱ, Besonderer Teil, 1. Halbband, 13. Aufl., S. 55.

以裁判的方法确认而已。[1] 作如此认定，既可以解脱请求权说的理论上困境，亦可方便买受人主张其应有的权利。

2. 减价性质为合同调整

关于减价性质，在认定为形成权的基础上，德国和日本民法上通说认为其为合同部分解除，而我国多数学者认为是合同调整。笔者认为，应采我国多数说的观点，认为减价性质实则是合同调整。因为，在比较上，我国和德日两国相比，并无采部分解除说的立法依据，也无相关学说及判例传统。

通过上述对比较法的分析，我们可以发现，在德国法上，"部分解除说"完全是在新《德国民法典》第441条规定出台之后才出现的，在旧法的体系下并无部分解除的论述；在日本法上，在修改之前的民法中，通过明治民法起草者梅谦次郎的努力，减价被定性为"部分解除"，但减价只可用于数量不足等容易判断价值的情况之上，在物之瑕疵的场合无法适用，而在修法之后，才将减价权扩展到整个瑕疵担保责任中。

在我国的实证法中，减价权并没有与解除权挂钩，同时，我国减价权没有存在部分解除说的学说及判例传统，没有维护法治稳定的必要。在这种情况下，将减价权解释为合同调整更具合理性。单从减价后的客观状态来看，在买卖标的为可分物的场合，的确可以通过对部分解除的解释，从而在瑕疵的部分否认契约的效力，实现对价的减少，然而，在标的物为不可分的场合，很难说瑕疵的存在属于部分不履行，即便勉强解释，也无非一种想象。[2] 同时，减价后买受人对

---

〔1〕 参见黄茂荣：《买卖法》（增订第6版），植根法学丛书编辑室2004年版，第429页。

〔2〕 同理可见韩世远教授的论述，参见韩世远：《减价责任的逻辑构成》，载《清华法学》2008年第1期。

于瑕疵之物的认可，也很难说是原有合同的部分解除的状态，反而更像“当事人在合同缔结时若知道该履行障碍的存在，则可能会订立合同”的状态。[1]

作为进一步的补充论证，需要强调的是，合同调整相较于部分解除与比例式的计算方法更为亲近。在采比例式算法的立法例中，合同调整的性质在解释上更有说服力。因为在部分解除的一般场合，作为其效果，价金给付义务消灭量上的比例，并不一定要配合履行障碍的量的比例进行决定。[2] 例如，当事人买卖单价 1 公斤 100 元的商品，数量为 100 公斤，由于量大因而打了折扣，以 8000 元成交。然而，出卖人仅交付 50 公斤，买受人对于剩余 50 公斤进行了部分解除。此时买受人是可以主张 8000 元的一半也就是 4000 元的债务消灭呢，还是从已交付 50 公斤的实际价值(5000 元)出发，主张 3000 元的债务消灭呢，存有疑问。买受人实际取得的货物市价是 5000 元，若仍旧主张以折扣价的一半 4000 元来认定已交付货物的话，会给出卖人带来不利益。即便可以以出卖人应抱有不履行即应承担不利益的觉悟为理由，适用更有利于买受人的规定，[3] 认可其主张 4000 元的债务消灭，但也仅是作价值判断之后的结果，而并不是通过比例式算法得出的。因此，合同部分解除和比例式算法并没有对应性。当然，正如前述，我国理论界和最高人民法院在是否采取比例式算法上仍有争论。笔者认为，从维系当事人之间利益均衡、突出减价权存在

---

[1] Vgl. Ulrich Korth, Minderung beim Kauf, Mohr Siebeck 2010, S. 57 – 58；森田修「契約総則上の制度としての代金減額」東京大学法科大学院ローレビュー 3 号(2008)264 頁参照。

[2] 森田修「契約総則上の制度としての代金減額」東京大学法科大学院ローレビュー 3 号(2008)264 頁参照。

[3] 平野裕之「契約の数量的一部解除論——売買契約を中心として」野村豊弘先生古稀記念論文集『民法の未来』(商事法務，2014 年)195 頁註 28 参照。

必要性的角度出发，应当采取比例式算法，详情见下文论述。从学理上出发，比例式算法的适用和合同调整的性质相得益彰，更具有统一性。

3.通说的不足及补充

我国现有通说在认定合同调整的基础上，仅止步于对“思想”的界定上，没有更深一层次的探讨。例如，认定合同调整会带来何种实际上的不同，具体适用上我国法律体系下何种合同调整的规定可以被类推适用？该种不明确性，正是合同调整说作为我国学界通说却反而未被司法实务界广泛接受的根本原因。

考察我国关于减价纠纷的司法实务可以发现，减价在具体适用中的情况远比学说讨论中要复杂得多。复杂的原因之一在于，在当事人无证据证明有瑕疵之标的物的市场价值之时，法官往往也无法去判断该物的市场价值。因此，在实际案件中出现了大量在无任何证据的情况下，由法官依据合同价和本案“实际情况”“酌定”的情形。[1] 然而，在我国司法审判水平整体还不发达的情况下，究竟法官的“酌定”具有多少合理性和稳定性不无疑问。[2] 当然，笔者并不是苛责法官，在能够证明瑕疵，但瑕疵物价值不明的情况下，让法官去查明个案中的实际价值，不仅会浪费司法资源，同样也并不现实。因此，或有观点认为在此时不得不赋予法官以较大的自由裁量权，然从学说理论的角度出发，“法官仅是法律之手”，最大限度地限制法官

〔1〕 参见江苏省高级人民法院(2013)苏商终字第0146号；浙江省高级人民法院(2014)浙海终字第81号；四川省成都市中级人民法院(2013)成民终字第5834号；山东省青岛市中级人民法院(2015)青民二商终字第820号；浙江省宁波市中级人民法院(2016)浙02民终2616号。

〔2〕 例如，在广东省江门市中级人民法院(2016)粤07民终2393号判决中，一审法院和二审法院分别依据同一事实，各自“酌情”给出了不同的减价额度。

自由裁量权一直是大陆法系法律体系所要追求的方向。

在这种考虑下,若将视野放宽,即会发现此时法官所面临的复杂性并非个例,而是属于本书所讨论的“合同调整”课题所共有的复杂性。减价中出现的复杂性,或多或少地属于合同调整复杂性的体现。当然,虽然根据学说和司法实务的不同,各个论者的著述中,对合同调整问题领域所涵摄的范围略有差异,但一般认为,情事变更原则下的合同调整即属于该种问题领域。在笔者看来,减价所属的问题亦属于该种问题领域中。[1] 如果作此种理解,虽然并不会减弱合同调整的复杂性,但是经由再交涉义务的运用,仍能够在最大限度尊重当事人的前提下实现合同的调整。

同时,如若作此解释,则或许本节一开始提出的,不经当事人主张而由法院或仲裁庭依职权决定适用的案例也就变得不难理解。韩世远教授在解释该案例时,通过对《合同法》第111条的解读,而试图肯定法院做法的可行性。其认为《合同法》第111条后段所提示的“合理选择”一语便已显示,受损害方当事人的选择固属可能,但其选择是否合理,裁判者就此仍有裁量的余地,因而可以主动依职权决定适用。[2] 然而,从当事人角度的“合理选择”到法院代替当事人作出选择,其中的跨度之大不言自明,此种解释的说服力明显不足。在此时,如果扩展视域,其实会发现在情事变更原则下,也会出现类似问题。在情事变更的效果中,合同调整和合同解除也会有孰先孰后的问题存在,在合同目的并非不能实现的场合,通说认为先通过合同调整的手段来解决问题,待合同调整无法实现之时才转向合同解

---

〔1〕 这也正是在比较法上将减价视为合同变更之学说,均采用和情事变更中合同变更(Anpassung、契約改訂)相同用词的原因。

〔2〕 参见韩世远:《租赁标的瑕疵与合同救济》,载《中国法学》2011年第5期。

除。[1] 而且也有学说认为,即便处于不利地位的当事人一方仅仅提出了解除合同的请求,只要符合公平原则,法院仍然可以只作出调整合同条款的裁判。[2] 由此可见,在减价制度中所表现出的由法官依职权适用的问题,恰恰与情事变更原则下“合同调整”与“合同解除”的关系问题相类似。顺着该思路,在能够进行合同调整之时,法院应当首先适用合同调整,这是维系有约必守原则,也是再交涉义务的基本要求。这并非完全没有尊重当事人请求,因为拒绝解除合同一方当事人所提出的维系合同的主张中,也暗含着在迫不得已的情况下调整合同的意思。也就是说,在上述案例中减价的适用上,与其说是法院无视当事人解除合同的主张,依职权适用减价制度,不如说是法院基于另一方所隐藏的调整合同的主张,而适用合同调整。在无法解释出“隐藏”关系,也就是双方当事人均明确拒绝合同调整,而却有减价事由之时,则当事人之间合同关系仅能面向解除。从这一角度说,这也是请求权说和部分解除说所无法阐述的司法实践现象。

综上所述,相对于我国现有通说来看,本书所主张观点更为彻底,即应在减价的行使过程中贯彻合同调整的逻辑。同时,由于减价和情事变更中的合同调整一样,均属于合同调整的问题领域,因而在我国实证法上,或许也有类推适用情事变更原则中合同调整规则的可能性。

二、合同调整视域下减价权的适用

如同上文所述,依本书之观点,减价权和情事变更中的合同调整

---

〔1〕 参见谢鸿飞:《合同法学的新发展》,中国社会科学出版社2014年版,第351页。

〔2〕 参见朱广新:《合同法总论》(第2版),中国人民大学出版社2012年版,第400页。

一样，均属于合同调整的领域。在具体适用上，这种定位主要体现在减价数额的确定和减价与损害赔偿的关系之中。

（一）减价数额的确定

1. 再交涉义务的应用

正是因为存在上述“合同调整问题”，才促使了再交涉义务的出现。再交涉义务是指在出现合同调整的场合，当事人双方就原合同的履行重新进行磋商的义务。[1] 正如上文所述，在国外研究中，再交涉义务并不仅仅在情事变更原则之下，在要求合同调整中，也有再交涉义务的应用余地。其适用恰是针对合同调整这一问题的复杂性而被广泛提出的。

在我国法下，正如上文所阐述的那样，现有议论多集中于情事变更原则之中。我国《民法典》第533条新增了再交涉义务，是学界通说观点[2]和实务观点[3]的明文化。笔者认为，在减价的适用中也应当承认再交涉义务的适用。事实上，虽然我国学说没有明确指出在减价之时适用再交涉规则，但是再交涉所体现的精神早已散见于持“合同变更说”的诸学者的论述中。[4] 例如，有学者主张，减价最终数额的确定应首先需要双方当事人达成一致意见，如双方达不成

---

[1] 谢鸿飞：《合同法学的新发展》，中国社会科学出版社2014年版，第350页。

[2] 参见韩世远：《合同法总论》（第4版），法律出版社2018年版，第515页；王利明：《合同法研究》（修订版）（第2卷），中国人民大学出版社2011年版，第340页；朱广新：《合同法总论》（第2版），中国人民大学出版社2012年版，第399页。

[3] 参见王闯：《当前人民法院审理商事合同案件适用法律若干问题》，载《法律适用》2009年第9期。

[4] 参见李永军、易军：《合同法》，中国法制出版社2009年版，第449页，注释②。

一致意见,则只好请求法院确认减价的数额,[1]同时韩世远教授将此种协商义务认定为原《合同法》第77条第1款,现《民法典》第543条的适用。然而,《民法典》第543条的逻辑是"当事人协商一致→变更合同",而并非"合同已变更→当事人协商确定变更内容"。因此,将该学者所主张之要求双方当事人达成一致的观点,理解为对再交涉义务规则适用的承认更为可取。

由此可以看出,在我国学说中对于减价早已存在适用再交涉义务的主张(虽然他们不自知),然而,在实务中却鲜有敦促当事人再交涉的案例,这也从另外一方面说明了目前实务界对减价性质并没有清晰的认识和对再交涉义务的忽视。

关于违反该再交涉义务的效果,不妨参照本章第一节中情事变更原则项下的讨论,对买受人来说,违反该义务会丧失主张减价的权利,对于出卖人来说,丧失在买受人主张解除时,主张维系合同同时请求减价的权利。当然,在法院认定不适合适用上述效果之时,也可以认定违反义务一方当事人负有承担损害赔偿的义务。[2]

2. 比例式标准的选择

我国《民法典》并没有规定减价的具体计算标准,不过在《民法典》之前的《买卖合同司法解释》第23条(现为修改后的第17条)中有规定,"当事人主张以符合约定的标的物和实际交付的标的物按交付时的市场价值计算差价的,人民法院应予支持"。对此,最高人民法院民二庭解释到,对比"差额式"与"比例式"计算标准,虽然后者更为精细、合理,但人民法院在实践中难以操作,"理想化色彩比较浓

---

〔1〕 参见韩世远:《合同法总论》(第4版),法律出版社2018年版,第858~859页;李永军、易军:《合同法》,中国法制出版社2009年版,第449页,注释②。

〔2〕 石川博康『再交涉義務の理論』(有斐閣,2011年)241頁参照。

厚”，而前者简便易行、可操作性更强，故而司法解释起草小组从“有利于审判工作开展的角度考量”，选择了前者，也就是“差额式”的计算方法。[1]

然而，司法解释中的规定真的是“差额式”计算方法的体现吗？依我国通说介绍，“差额式”计算方法为，以买卖合同的价格和有瑕疵之物的实际价值之差来算定应减价的数额；“比例式”计算方法则是指，通过瑕疵物实有的价值与无瑕疵时应有的价值的比例，乘以合同的价格来计算剩下合同的价格。[2] 举例来说，假设双方当事人买卖标的物的合同价格为 A，无瑕疵的标的物价值为 a，标的物有瑕疵时的价值为 b，应减价数额为 X。依“差额式”算法，计算公式为 $X = A - b$；而依“比例式”算法，计算公式为 $X = A - (b \div a) \times A$。再考察《买卖合同司法解释》第 17 条中规定，以“符合约定的标的物和实际交付的标的物”按“市场价值”计算“差价”，即便将该规定中的“差价”理解为计算差额的算法，那么依该条的规定，计算公式也应该为 $X = a - b$。这一点和我国通说上所理解的“差额式”算法并不相同，并不能说是支持前者的学说。[3]

当然，即便司法解释中所采取的算法和我国差额说并不相同，也无法因此否定将该条解释为 $X = a - b$ 这种思考本身的可能性。事实上在比较法中，也存有该种思考的主张，只是并没有被通说和法律规

〔1〕 参见最高人民法院民事审判第二庭编著：《最高人民法院关于买卖合同司法解释理解与适用》，人民法院出版社 2016 年版，第 383～384 页。

〔2〕 参见韩世远：《减价责任的逻辑构成》，载《清华法学》2008 年第 1 期。

〔3〕 关于此点，最高人民法院民二庭在举例说明了我国通说中对“差额说”的理解之后，却仍将司法解释的条文解释为“差额说”的适用，实在令人费解。参见最高人民法院民事审判第二庭编著：《最高人民法院关于买卖合同司法解释理解与适用》，人民法院出版社 2016 年版，第 383～384 页。

定采纳而已。[1]

不过，若采 X = a - b 的解释方法，则减价和损害赔偿所适用的计算方法相一致，存在的必要性会大大降低。众所周知，违约中的损害，通常被区分为履行利益和信赖利益。履行利益是指一方当事人因另一方没有履行而遭受的损害，此时须使受害人实现如同债务被履行场合他所处的状态；信赖利益是指一方当事人由于信赖法律行为的有效性而遭受的损害，此时须使受害人实现如同未听说该行为会处的状态。[2] 在采赔偿全部损害的制度下，原则上应赔偿履行利益，例外时方赔偿信赖利益。[3] 因此，在合同履行存有瑕疵的场合，买受人完全可以通过请求履行利益的损害赔偿的方式来维护自己的利益。而在此时，履行利益的损害赔偿所欲实现的状态，正是买受人接收到完整无瑕疵物时所应有的状态，也即是 a 的状态，而买受人现有的状态为 b，因此依据损害赔偿法的规定，在不考虑转卖利益等的情况下，此时的损害赔偿数额亦应为 a - b。若将减价的标准作如此理解，则其和损害赔偿在适用上并无较大的区别：在买受人已交付价金的情况下，自然可以请求该数额；在未交付价金的情况下，无非再进一步经由抵销制度而使该部分的价金给付义务消灭。在一般认为我国违约责任采严格责任的前提下，两个制度的相似性会显得更加明显。

由此可见，在我国违约责任采严格责任的情况下，对减价标准作“差额式”的理解，会降低减价制度本身存在的必要性。比较法上认为减价制度的目的是维持合同利益分配的均衡，这是其区分于损害

[1] Vgl. BGHZ 58, 181.

[2] 参见韩世远：《合同法总论》（第 4 版），法律出版社 2018 年版，第 784 页。

[3] 参见曾世雄：《损害赔偿法原理》，中国政法大学出版社 2001 年版，第 135 页。

赔偿的最重要之处,[1]而能体现该目的的计算方式只能是"比例式"。那么,在对我国《买卖合同司法解释》第17条第1款第2句的适用中,是否也能作"比例式"的解释呢。笔者认为,单从文义来看,若将"差价"理解为减价前与减价后的差价,也就是"减价数额"的话,该条并非仅有"差额式"这一种解释方法,"比例式"的解释同样可行。

同时,最高人民法院民二庭似乎对"比例式"中的价值之确定存在误解[2],在"比例式"的计算中,价值也是依据市场价格来确定(所以在采"比例式"的立法例中也会区分合同缔结时和交付时的价值[3]),而并不是马克思主义政治经济学中,由社会必要劳动时间决定的一成不变的"价值"。

此外,正是因为最高人民法院民二庭对"差额式"计算方法进行的推广,使司法实践中出现大量名为减价实为损害赔偿的案例,并且通过考量"过错程度""责任程度",用减价的形式在当事人之间分担损失。[4] 使减价本身所固有的维持合同利益均衡的目的不复存在。

---

〔1〕 在日本债法修改进程中,关于在损害赔偿请求权之外是否仍应规定减价权的讨论中,多数学者认为减价权在不考虑出卖人归责性而实现对价的均衡回复上具有存在意义,而将其继续保存。部会資料15~2第2、2(4)[21頁]参照。

〔2〕 其认为,在法院通过评估作价等取得的常常是标的物在市场交易中的实际价格,而并不是"比例说"所要求的"内在价值"。参见最高人民法院民事审判第二庭编著:《最高人民法院关于买卖合同司法解释理解与适用》,人民法院出版社2016年版,第383页。

〔3〕 例如,同样采"比例式",《德国民法典》第441条第3款按照"合同订立时"的价值进行计算,而CISG第50条以"实际交付时"的价值进行计算。

〔4〕 参见江西省高级人民法院(2014)赣民一终字第117号;江苏省扬州市中级人民法院(2015)扬商终字第0392号;湖南省岳阳市中级人民法院(2014)岳中民二终字第215号;浙江省金华市中级人民法院(2013)浙金商终字第848号;广东省东莞市中级人民法院(2013)东中法民二终字第816号;广东省惠州市中级人民法院(2013)惠中法民二终字第56号;辽宁省葫芦岛市中级人民法院(2016)辽14民终1890号。

综上所述,虽然通过对《买卖合同司法解释》第17条的文义解释,会得出最高人民法院民二庭所采的“差额式”计算方法(其实如前所述并不完全准确),然而,通过目的解释,更应当将该条文解释为“比例式”计算方法。即便“比例式”算法较“差额式”更为复杂和困难(因“差额式”往往能够借助排除瑕疵的费用来计算减价数额),但毕竟此种现象属于少中又少,若因此便整齐划一地适用“差额式”方法,以“有利于审判工作开展”,则无异于“捡了芝麻,丢了西瓜”,不仅不能维护当事人之间合同利益的平衡,反而失去了减价权存在的特殊意义。

3. 减价计算时点及排除瑕疵费用的应用

在选择“比例式”算法的基础上,仍无法确定减价数额,因标的物市场价格随着时间上下波动乃是社会交易常态,依据不同时间点的价格所算出的减价数额大不相同,因而应按何时的市场价计算则显得异常重要。

关于减价的标准时点,参考国内外的判例学说,大体有两种做法:一种是合同缔结时(如《德国民法典》第441条第3款),另一种是交付时(如CISG第50条)。依笔者看来,两种做法均为可行,仅是侧重点不同而已。若认为应从假定当事人意思的角度计算减价,即假定当事人在合同缔结时面对有瑕疵之物会设定为何种价格的角度,则可能会更加倾向于以合同缔结时为减价计算时点;[1]若认为买受人所主张的减价请求本身也可表明其将已交付之物作为买卖标的物而受领的意思(客体上的承认),则以交付时的价值为基准会更为妥

〔1〕 森田修「契約総則上の制度としての代金減額」東京大学法科大学院ローレビュー3号(2008)263頁参照。

当。[1] 因此,我国《买卖合同司法解释》第 17 条将减价的时点规定为"交付时",亦是值得肯定的做法。需要强调的是,"合同缔结时"和"交付时"的时点选择,和将减价权理解为"部分解除"或"合同调整"并没有一对一的对应关系。[2] 两种时点的选择均能够为合同调整的解释提供依据。

然而,当双方当事人无法提供证据证明瑕疵物市场价值之时,如豪华汽车仪表盘发生错位[3]等第三方无法鉴定瑕疵大小的场合,可以依据消除瑕疵所必需的金额来确定价值的降低。[4] 不过在消除瑕疵所必需的花费大于合同履行本身价值之时,此种手段也显得无所适从。笔者认为,在这种情况下,正如前述当事人请求解除而法院依职权进行减价的那样,法院也可以以合同无法调整为由而解除合同。这可能有影响当事人的意思自治之嫌疑,然而,与其让法院无任何依据的在 0 到 1 的比例中选择,介入当事人之间的合同,不如让当事人之间的债务关系消灭。这也正恰好和情事变更原则下合同调整无法实现转而适用合同解除的想法相一致。也就是说,相对于合同解除,由法官对合同内容进行调整,会更加远离合同当事人的原合同意思。[5]

(二)减价与损害赔偿

关于减价与损害赔偿的区分,上文已有论及,两者所欲实现的制度目的、适用方法以及可否免责上有差异,自不必多说。然而,在请

---

〔1〕 潮見佳男『債権各論 I〔第三版〕』(新正社,2017 年)97 頁参照。
〔2〕 潮見佳男『新債権総論 I 』(信山社,2017 年)579 頁参照。
〔3〕 参见山东省青岛市中级人民法院(2015)青民二商终字第 820 号。
〔4〕 参见韩世远:《减价责任的逻辑构成》,载《清华法学》2008 年第 1 期。
〔5〕 潮見佳男『新債権総論 I 』(信山社,2017 年)117 頁参照。

求减价之后,能够继续请求损害赔偿,又是另一个不得不分析的问题。

对减价性质的界定不同,自然在该问题上的理解就不同。若将减价定性为请求权,自然与损害赔偿请求权形成请求权竞合,则按照请求权竞合的路径研讨。若将减价定性为解除权,在当今的德日法学的通说上,解除权并不妨碍损害赔偿的主张,也就意味着同样有损害赔偿请求权的并存。然而,若像上文所述,将减价定性为合同调整,是否还能存有损害赔偿的适用空间。类比情事变更原则中的合同调整来看,通说认为并无损害赔偿的适用,[1]其原因是因情事变更原则的适用而导致合同已变更,自无损害赔偿的适用余地。

然而,通说在减价上的态度则显得不太坚定。在认定减价为合同调整的基础上,却又以两者目的不同为由,在债权人遭受履行价值降低之外的损害,如可得利益损害之时,仍承认损害赔偿的再行主张。[2] 同时有学者以原《合同法》第280条,现《民法典》第800条为例来说明我国法上对减价与赔偿损失并用的承认。[3] 然而,笔者认为,该条并无法准确说明减价与赔偿损失的并用问题,因该条的完整效果是"应当继续完善勘察、设计,减收或者免收勘察、设计费并赔偿损失",如果将"减收或免收勘察、设计费"视为减价,则不光是减价与赔偿损失两者并行的问题,而会出现继续履行与减价和赔偿损失三者并行的现象。然而,我国学说一般均不会承认继续履行和减价

---

〔1〕 韩世远:《合同法总论》(第4版),法律出版社2018年版,第590页。

〔2〕 参见韩世远:《合同法总论》(第4版),法律出版社2018年版,第862页;杜景林:《我国合同法上减价制度的不足与完善》,载《法学》2008年第4期;苏号朋:《合同法教程》(第3版),中国人民大学出版社2015年版,第288页。

〔3〕 参见韩世远:《合同法总论》(第4版),法律出版社2018年版,第862页;苏号朋:《合同法教程》(第3版),中国人民大学出版社2015年版,第288页。

的并立，所以只能理解这是建设工程合同中的特殊减价规定，而并非作为一般意义上减价规则。不管怎么样，该条均不能说明我国实证法中承认一般意义上的减价与损害赔偿的并行问题。

从上述德日两国比较法上，支持合同调整的学说往往主张，合同调整已经使以无瑕疵物为给付的原合同变更为以瑕疵物为给付的新合同，故而已经丧失对原合同履行利益损失（当然包括可得利益）的主张，当然从侵权角度考虑固有利益的损害赔偿仍然存在。[1] 在我国台湾地区"民法"中，通说亦认为，减价权和损害赔偿仅能选择其一而进行适用。[2]

笔者认为，参照比较法上的论述，如若贯彻减价是合同调整的逻辑，则其排斥损害赔偿的适用自不必多言。减价目的是恢复合同的均衡，所以减价不适用损害赔偿的免责事由和可预见性等范围限制事由，这本身就已经是对买受人的优遇。即便将两者并用，减价后的损害赔偿也仅在减价额不及物之实际损害之时，才有适用的余地，[3]其实际上也仅是用损害赔偿请求权来确定减价的额度而已。[4] 因此，应认为减价与损害赔偿为择一的关系。减价一经行使，原合同即变更为新合同，虽同一性还在，但债权人已无法主张基于原合同的损害赔偿请求权。

作如此解释不得不考虑到的条文是《民法通则》第 115 条的规定。该条规定"合同的变更或者解除，不影响当事人要求赔偿损失的

〔1〕 Ulrich Korth, Minderung beim Kauf, Mohr Siebeck 2010, S. 59；森田修「契約総則上の制度としての代金減額」東京大学法科大学院ローレビュー3号(2008)263頁参照。

〔2〕 参见黄茂荣：《买卖法》（增订第6版），植根法学丛书编辑室2004年版，第430～431页。

〔3〕 Vgl. Medicus/Lorenz, Schuldrecht Ⅱ Besonderer Teil, 16. Aufl., Rn. 168.

〔4〕 Vgl. Ulrich Korth, Minderung beim Kauf, Mohr Siebeck 2010, S. 60－61.

权利”。解除和损害赔偿的并行，已经被《合同法》第97条以及《民法典》第566条延续；而合同变更与损害赔偿的并行，并没有为《合同法》和《民法典》所延续。关于该条，有学说认为应分情况讨论，双方当事人就损失的赔偿有约定的，依其约定；无此约定的，则无赔偿责任。[1] 笔者深表赞同，在减价的场合，应像情事变更原则下的合同调整一样，作无赔偿责任的解释。

三、小结

减价制度的适用，在我国司法实践中异常混乱，这和理论中对于其性质的界定仍无定论有很大关系。虽然我国已有越来越多的学者加入合同调整说的阵营中，却并没有对合同调整的具体适用作进一步研究，从而也就无法进一步影响司法实践。

依本书观点，减价和情事变更原则中的合同调整一样，同属于“合同调整”的问题领域。在以下几方面应当同样适用：第一，在适用比例式减价规则之前应优先考虑再交涉义务；第二，立足于实践，在买受人主张解除之时，法院可从出卖人意思中解释出变更合同的主张，从而适用减价的规定；第三，减价和损害赔偿请求权属于择一的关系，并不能够并用。当然，在将来立法方面，如果仿照德、日两国法上规定，将减价确认为解除权，则应当仿照解除的规定，或增加催告要件，或规定无催告减价的内容；而如果基于本国的理论沉积，继续维持现行法上的规定，则应当仿照情事变更原则中合同调整的规则，对减价规定加以解释和完善。

---

〔1〕 参见崔建远主编：《合同法》，法律出版社2016年版，第168页。

第三节 旅游合同中旅行社的单方调整权

正如上文所述，契约严守原则是合同法领域的一项重要原则，自罗马法时代延续至今。[1] 依据该原则，在合同成立生效后，当事人应当按照合同缔结时所确定的内容严格遵守并履行合同，不得擅自变更或解除合同。[2] 旅游合同作为典型合同的一种，亦是如此。《旅游法》第 69 条第 1 款规定，旅行社不得擅自变更旅游行程安排。不过，由于旅游合同具有涉及面广、对象复杂等特点，[3] 在旅游合同的履行中，实际提供旅游服务的旅店、饭店、运输、娱乐业等从业者也不受旅行社的控制，所以会常因实际提供旅游服务者的原因，出现合同预想和现实发生偏离的情况。[4] 为应对纷繁复杂的现实情况，在比较法上多数国家和地区均承认旅行社在特殊情况下对合同内容的调整权，[5] 我国也不例外，《旅游法》第 67 条第 1 项第 2 句也明确规定了旅游合同中旅行社所享有的合同单方调整权。[6]

---

〔1〕 参见史尚宽：《债法总论》，中国政法大学出版社 2000 年版，第 444 页。

〔2〕 参见李永军：《合同法》（第 3 版），法律出版社 2010 年版，第 36 页。

〔3〕 参见杜军：《旅游合同研究》，载《西南民族学院学报（哲学社会科学版）》2001 年第 5 期。

〔4〕 参见郑晶：《旅游合同立法的几个基础性问题》，载《旅游学刊》2011 年第 4 期。

〔5〕 例如，《德国民法典》第 651a 条第 4 款规定了旅费的提高，第 5 款规定了重要旅行给付变更等内容；日本国土交通省颁布的《标准旅行业约款》中关于包价旅行合同的约款第 13 条规定了合同内容的变更，第 14 条规定了旅行费用额度的变更；我国台湾地区“民法”第 514 之 5 条第 1 款规定旅游营业人非有不得已之事由，不得变更旅游内容，并在第 2～4 款规定了变更合同的效果。

〔6〕 我国《旅游法》第 67 条规定：“因不可抗力或者旅行社、履行辅助人已尽合理注意义务仍不能避免的事件，影响旅游行程的，按照下列情形处理：（一）合同不能继续履行的，旅行社和旅游者均可以解除合同。合同不能完全履行的，旅行社经向旅游者作出说明，可以在合理范围内变更合同；旅游者不同意变更的，可以解除合同……”

然而，对于此种合同调整权我国学术界却没有给予充足的重视。关于其理论基础、适用要件等均没有进行深入的讨论。《旅游法》第67条一直以来也更多的是作为旅游合同的特殊法定解除规范来进行讨论的。[1] 这种理论上的缺失也深深地影响了我国实务界对相关问题的处理。在有关旅游合同变更的案件中，法院往往忽视旅行社的单方调整权，转而试图通过对“旅游者实际上已经接受履行”[2]，“旅游者没有及时提出解除”[3]的判断，来认定双方合意变更合同，从而间接地肯定旅行社的变更。当然，在有证据证明当事人存有变更合同的明确合意之时，实务中的处理方式固然可以，但若在无明确证据的情况下通过旅游者是否接受履行、是否及时解除来判断合意的存在，则会显得画蛇添足。首先，旅游者“实际已接受履行”以及“没有提出解除”从学理上很难视为对旅行社变更合同之要约的承诺，[4]因为其并不符合《民法典》第480条但书中“交易习惯或者要约表明”的要件。其次，对合意变更的解释认定，其能够适用的范围比单方调整权要广，同时在解释变更内容上没有《旅游法》第67条第1项第2句所要求的“合理范围”的限制，存有被滥用的可能性。最

[1] 参见朱晶晶：《旅游合同解除制度的体系性解释》，载《旅游学刊》2014年第7期；傅林放、阙杭平：《论包价旅游合同相关问题》，载《旅游学刊》2015年第9期；侯作前等：《旅游立法的理论与实践》，法律出版社2014年版，第163页。

[2] 例如，伍明虹等与北京中国国际旅行社有限公司服务合同纠纷上诉案，北京市第三中级人民法院(2014)三中民终字第14098号；杭州国际旅行社有限公司与浙江省中国国际旅行社合同纠纷上诉案，杭州市中级人民法院(2013)浙杭民终字第1446号；杭州某集团有限公司诉某国际旅行社有限公司纠纷案，杭州市西湖区人民法院(2009)杭西民初字第2653号。

[3] 例如，恒吉集团铜业有限公司诉北京途牛国际旅行社有限公司杭州分公司旅游合同纠纷案，杭州市下城区人民法院(2015)杭下民初字第02822号。

[4] 《合同法》第77条规定变更合同需要当事人各方协商一致，其与订立新合同一样，仍需要经过要约、承诺程序。参见崔建远主编：《合同法》(第5版)，法律出版社2010年版，第206页。

后，认定合意变更最大的优势，即尊重当事人自治的法理在旅游合同中也很难得到体现，因为在旅游开始后，旅游行程整体均为旅行社所掌控，旅游者在合同协商中处于劣势，往往为了使旅程延续，相较于合同解除，仅能表示接受。

上述诸多问题充分表明了我国实务界并没有深入地理解《旅游法》第 67 条第 1 项的规定，同时忽视了《旅游法》作为一部特别法的功用。基于此，在本节的讨论中，拟先将旅游合同中单方调整权的法理依据加以定性，并在其基础上对该单方调整权的适用进行探讨，以期得出一定的合同调整的规律。

一、旅游合同单方调整权的定位

依据我国《旅游法》第 67 条第 1 项的规定，在“因不可抗力或者旅行社、履行辅助人已尽合理注意义务仍不能避免的事件，影响旅游行程的”，同时导致“合同不能完全履行的”情况下，旅行社经向旅游者作出说明，可以在合理范围内变更合同。在《旅游法》出台之前，2010 年颁布实施的《最高人民法院关于审理旅游纠纷案件适用法律若干问题的规定》（以下简称《旅游纠纷案件司法解释》）第 13 条第 2 款规定：“因不可抗力等不可归责于旅游经营者、旅游辅助服务者的客观原因变更旅游行程，在征得旅游者同意后，旅游经营者请求旅游者分担因此增加的旅游费用或旅游者请求旅游经营者退还因此减少的旅游费用的，人民法院应予支持。”该条在《旅游法》出台之前起到重要作用，然而，随着《旅游法》的实施，该条被《旅游法》第 67 条第 1 项所取代。在 2020 年该司法解释修正的过程中，原第 13 条被删除，这也意味着司法实践中采取了《旅游法》所确立的变更模式。相较于《旅游纠纷案件司法解释》第 13 条第 2 款，《旅游法》第 67 条第 1 项明显删除了“征得旅游者同意”的要件，宣告了该合同变更权的单方可行性。对该单方调整权进行体系上的定位，不仅能够阐释该调整权的必要性，而且有利于更加明确该条的适用规范。

（一）非不可抗力制度的延续

在《旅游法》第67条的构成要件中，特别明示了不可抗力或旅行社已尽注意义务仍不能避免的事件，在我国学说中也有主张认为应当注意“不能避免的事件”与不可抗力概念的相当性，从而回归2010年《旅游纠纷案件司法解释》中“因不可抗力等不可归责于旅游经营者的客观原因”的表述。[1] 那么，对于旅游合同中的单方调整权，能否站在不可抗力延长线的角度来审查呢？

在我国《民法典》的规定中，不可抗力仅是一种免责事由（《民法典》第590条），其可以导致合同解除（《民法典》第563条），但并不能够导致合同变更。不过在学说中，也有观点支持不可抗力具有变更合同的效果。[2] 该观点认为，在不可抗力未达到“不能实现合同目的”的程度之时，合同关系继续存在，只是需要变更。在具体的变更上可以经由当事人再交涉协商变更合同，也可以依据交易习惯确定合同内容，还可以由法院或仲裁机构变更合同内容。然而，具体到《旅游法》第67条第1项的规定，笔者认为，不应认定其是不可抗力制度在旅游合同中的特殊运用。首先，在我国实证法上，不可抗力并没有变更合同的效果。其次，即便认为不可抗力的效果包括合同变更，但其也仅是通过《民法典》第590条中“部分免除责任”的形式来体现的，远远达不到旅游纠纷实务中大幅变更旅游合同内容的程度。

---

〔1〕 参见朱晶晶：《旅游合同解除制度的体系性解释》，载《旅游学刊》2014年第7期。

〔2〕 参见韩世远：《合同法总论》（第4版），法律出版社2018年版，第486页。

从实务中对旅游合同所规定的日程、目的地、交通手段等的变更来看，已经远超不可抗力制度所能够带来的合同变更的范围。

如此一来，在认定旅行社的合同调整权并非基于不可抗力制度的基础上，在构成要件的领域中，将"不能避免的事件"作与不可抗力相当的理解也就丧失了必要性。同时，该种理解与实务中的应用不相符。实务中，在因运输方原因导致原有交通手段无法使用时，法院同样认可合同的解除和调整。〔1〕 此种原因很难说得上和不可抗力具有相当性。

（二）非情事变更原则的应用

在合同理论中，作为契约严守规则的例外，情事变更原则也可以导致合同的调整及解除。〔2〕 在旅游合同中，同样具有调整和解除效果的《旅游法》第 67 条第 1 项第 2 句是否为情事变更原则在旅游合同中的具体运用呢？

对此我国学者并没有形成统一意见。"肯定说"认为第 67 条的规定是首次在旅游实际立法中出现情事变更原则，〔3〕只不过相对于《合同法司法解释二》第 26 条及《民法典》第 533 条所采取的形成诉权模式，《旅游法》第 67 条采取的是形成权模式，当事人无须经过诉讼即可变更或解除合同。〔4〕 "否定说"认为《旅游法》中并没有规定

---

〔1〕 例如，浙江省燃气具行业协会与中国国旅有限公司旅游合同纠纷上诉案，杭州市中级人民法院（2015）浙杭民终 3710 号。

〔2〕 参见卡斯滕·海尔斯特尔、许德风：《情事变更原则研究》，载《中外法学》2004 年第 4 期。

〔3〕 参见刘劲柳：《旅游合同立法问世标志着我国旅游业发展方式升级》，载《旅游学刊》2013 年第 9 期。

〔4〕 参见韩世远：《不可抗力、情事变更与合同解除》，载《法律适用》2014 年第 11 期。

情事变更原则，实属遗憾，[1]同时其认为第 67 条不应包含情事变更的原因是，情事变更以合同仍能履行为特征，而“不能避免的事件”以“合同不能继续履行”或“合同不能完全履行”为前提。[2] 否定说所基于的原因实际上是对“合同不能完全履行”的解释问题。该说认为第 67 条中规定的“合同不能完全履行”，仅指合同“部分履行不能”，因而可以排除情事变更原则的适用。然依笔者之见解，“合同不能完全履行”，不应仅解释为合同“部分履行不能”，还应包括“不能完全依据合同本旨履行”。例如，在旅游地发生瘟疫或者暴动等情况下，合同仍旧为可履行，但此种履行显然不符合旅游合同的本意，应当承认在这种状况下《旅游法》第 67 条第 1 项应用的可能性。从比较法上规定来看，《日本标准旅游业约款》第 13 条特意提示了“为旅行之安全”的要件，也肯定了在此种情况下的合同调整权。因此，第 67 条中“合同不能完全履行”的论述无法否定情事变更原则的适用。

同时，关于情事变更原则，《合同法司法解释二》第 26 条将其成立限制在“非不可抗力”的情事变化上，该种做法招引了学术界的批评。[3]《民法典》第 533 条删除了“非不可抗力的”表述。现如今对待情事变更和不可抗力的关系，正确的理解应该是：不可抗力导致完全的不能履行之时，依据《民法典》第 563 条第 1 款第 1 项的规定，当事人一方可解除合同，同时当事人可依据《民法典》第 590 条第 1 款主张免除责任；不可抗力导致履行十分困难，按照合同规定履行会显

---

〔1〕 参见渠涛：《对〈旅游法〉中有关民事法律关系问题的解读和思考》，载《旅游学刊》2013 年第 9 期。

〔2〕 参见朱晶晶：《旅游合同解除制度的体系性解释》，载《旅游学刊》2014 年第 7 期。

〔3〕 参见崔建远：《合同法学》，法律出版社 2015 年版，第 98 页。

失公平时，可适用情事变更原则，可以调整或解除合同。[1] 依此见解，《旅游法》第67条第1项第1句和第2句或许能够与不可抗力解除合同和情事变更原则一一对应，该种规定亦可能解释为《旅游法》立法者对民法一般理论的扩展运用。

然而，不可否认的是，《旅游法》第67条第1项第2句所规定的调整权和情事变更法理仍旧存有较大区别。首先，在适用要件上，虽然通过解释，不可抗力或其他情事的变化导致履行困难时可以适用情事变更原则，但是在导致部分不能履行时，并不可以适用情事变更原则；然而，在旅游合同中，因不可抗力等原因导致的部分不能履行，仍旧属于第67条第1项第2句的适用范围。也就是说，第2句所规定的单方调整权，其适用范围远远大于情事变更原则的适用范围。其次，更重要的是，在调整权的行使上，依据情事变更的法理，理论上来说均是由不利一方当事人提出，[2] 而在《旅游法》第67条第1项第2句中，该种调整权统一由旅行社享有。举例来说，在因特殊原因导致旅行合同目的不达的场合，依据情事变更原则，应由旅行者一方提出变更合同，而在旅游法中仍旧是由旅行社来提出，此种规定和情事变更法理并不相符。

因此，《旅游法》第67条第1项第2句中所规定的调整权并不是情事变更原则在旅游合同领域的具体运用。当然，这并不否定合同理论中一般性的情事变更原则在旅游合同中的适用，[3] 两者在一定程度上产生竞合，在适用上，应遵循“特别法优先于一般法”的规则优

---

〔1〕 参见韩世远：《合同法总论》（第4版），法律出版社2018年版，第498页；崔建远：《合同法总论》（中卷），中国人民大学出版社2012年版，第13页

〔2〕 潮見佳男『新債権総論Ⅰ』（信山社，2017年）105頁参照。

〔3〕 参见王玉松：《情势变更原则在旅游合同中的应用》，载《旅游学刊》2009年第12期。

先适用《旅游法》第 67 条的规定。

(三)系旅游合同的特殊规定

从上述分析可以看出,《旅游法》第 67 条第 1 项第 2 句中所规定的旅行社单方变更权,无法从合同法总则的领域寻找法理依据,其法理依据只能从旅游合同本身来寻找。

根据大村敦志教授的总结,作此特殊规定的法理主要体现在旅游合同的特殊性上:第一,关于旅游这种服务的品质,非专业人士也较为容易作出自己的判断,容易产生纠纷;第二,旅游是为了某种"目的"而组织起来的,但是这种目的却不是通过结果,而是通过过程来实现的,所以对于其目的的实现与否较难判断;第三,旅游合同是以组织安排为内容,具体的服务为第三方所提供,所以隐藏着过多不确定因素。〔1〕 因而,在此基础上有必要给予旅游合同特殊的变更权以及解除权。有意思的是,在日本 1971 年制定的《旅游业约款》第 10 条中,关于旅行社的变更权和我国 2010 年《旅游纠纷案件司法解释》一样,需要征得旅游者的承诺才可变更,而在 1982 年的修改中,删掉了该要件,赋予了旅行社单方变更权(第 11 条)。其理由主要有两个方面:一方面,在为旅行的安全以及顺畅实施需要变更合同之时,若得不到旅游者的承诺则合同的履行会骑虎难下,在保障旅游者安全以及继续履行原合同之间进退维谷;另一方面,多数人士认为,旅程的内容不应被旅游者的意见影响,而是应当在对旅游者进行充分说明的基础上,由专业人士(旅行社)作出最善的考虑。〔2〕 该理由同样也可以用于说明我国的相应修改。同时,基于我国的具体旅游实践,

---

〔1〕 大村敦志「サービス契約——旅行契約を素材に」法学教室 297 号 39 頁参照。
〔2〕 佐々木正人『旅行の法律学』(日本評論社,2000 年)148 頁参照。

单方变更权的确立还可以消弭在团队旅游中变更旅游行程应全体同意还是应采取多数决定的争议。[1]

从更加务实的角度出发,[2]与其将单方变更权与不可抗力以及情事变更原则人为地联系在一起,不如肯定其为上述旅游合同特殊性的产物。在发生不可抗力或不可避免的事情之时,如果依照风险负担的规则,旅行社给付义务消灭的同时,旅游者的对待给付义务也消灭。旅游法所提供的旅行社的合同调整权,正是为了让原来的合同不消灭,在修正合同内容的基础上将其继续维持而被创造出来的权利。[3] 之所以采取单方调整的形式,更主要的还是因为在团队旅游中,旅行社几乎不可能满足每一位旅游者的诉求。[4] 通过赋予旅行社单方调整权,再相应赋予旅游者相应的解除权,不仅能够实现合同的均衡,亦能够保证合同有效顺畅安全合理地履行。因此,在对《旅游法》第 67 条第 1 项第 2 句适用的解释上,无须向不可抗力、情事变更靠近,将其作为旅游合同独有的特殊调整权来定位,更符合规则的本意。

二、适用要件的斟酌与考量

在将旅行社单方调整权定位为旅游合同特殊规定的基础上,其适用也就丧失了向不可抗力或情事变更制度解释的必要性。在比较法上,关于单方调整权的构成要件和效果,日本法中的规定和我国较

---

〔1〕 参见杨富斌:《旅游法教程》,中国旅游出版社 2013 年版,第 226 页。

〔2〕 参见周江洪:《旅游合同性质决定之局限性探讨——以日本的学说及裁判实践为例》,载《旅游学刊》2009 年第 11 期。

〔3〕 大村敦志「旅行契約の内容変更と旅行業者の債務不履行責任」ジュリスト 1122 号 104 頁参照。

〔4〕 参见李飞:《中华人民共和国旅游法解读》,中国法制出版社 2013 年版,第 173 页。

为相似。因此本书主要围绕《旅游法》的条文规定，结合实务界的处理以及日本法上的经验，来探讨单方调整权的适用要件。

从我国法律条文上来看，《旅游法》第 67 条第 1 项第 2 句提示了以下几点：①因不可抗力或旅行社、履行辅助人已尽合理注意义务仍不能避免的事件的发生；②导致合同不能完全履行；③旅行社须事先向旅游者作出说明；④在合理范围变更。合同不能完全履行，正如前述，不仅包括合同部分履行不能，还包括合同不能依合同本旨履行，当然应当属于单方调整权的适用要件，此处不赘述。以下围绕剩余三个要点，分别探讨。

（一）不可抗力与已尽注意义务仍不能避免之事件

关于《旅游法》第 67 条中所规定的“不可抗力或者旅行社、履行辅助人已尽合理注意义务仍不能避免的事件”，与其说“不能避免的事件”旨在对“不可抗力”进行拙劣的类型化列举，[1]不如说从“不能避免的事件”中单独强调“不可抗力”。因为正如前述，本条的单方调整权的法理依据是旅游合同的特性，并无必要按照不可抗力的理论来理解本条文。我国《民法典》第 180 条第 2 款将不可抗力限制在不能预见、不能避免并不能克服的客观情况之上，其当然应包含于旅行社等已尽合理注意义务仍不能避免的事件之中。

在实务中，本要件的判断重点更多地在于旅行社及其履行辅助人是否已经尽到合理注意义务。例如，在北京市某旅行社有限公司与董某等旅游纠纷上诉案[2]中，合同中所计划的航班因流量管制以

---

〔1〕 参见朱晶晶：《旅游合同解除制度的体系性解释》，载《旅游学刊》2014 年第 7 期。

〔2〕 参见北京市第三中级人民法院（2016）京 03 民终 7510 号。

致延误，导致原告并未赶上换乘转机从而不能出游。法院认为，旅游公司作为旅游服务提供者，对应当预留足够的转机时间应有必要的认知，且对可能发生的情形具有较强的预见性，故应承担主要责任。又如，在广东某旅行社有限公司与重庆某有限公司旅游合同纠纷上诉案[1]中，旅游者去机场的动车因天气原因停运，旅行社更改交通工具后，延误预订登记时间，导致预订航班取消。法院认为旅行社对于交通工具的更换已经尽到合理注意义务，故而不承担违约责任。

从日本法上来看，《日本标准旅行业约款》包价合同部分第13条中虽然仅是规定“旅行社无法干预的事由”，并没有涉及注意义务的认定，然而在判例中注意义务违反与否却成为第一性的审查对象。在东京高等裁判所1980年3月27日的判决中，因为合同约定的飞机航班出现预约过多的情况，导致原告的机票被取消而不得不乘坐其他班次，裁判所以旅行社若早点预约则就能够回避机票的取消为理由，肯定了旅行社的债务不履行责任。[2] 在东京高等裁判所1993年3月30日的判决中，合同约定途经雅典抵达巴黎，但由于雅典发生罢工而取消了参观雅典的行程，裁判所以罢工本身属于旅行社的支配之外，旅行社也作出了相应的补救措施以及说明为由否定了旅行社的债务不履行责任。[3] 经过对实务中判例的总结，在学术界也有学者主张在旅行社对基础服务的提供者具有“管理可能性”之时，即应该判断旅行社是否存在注意义务的违反。[4] 由此可见，在日本的学说判例中，在判断所发生之事件是否足以行使单方变更权时，首

[1] 参见重庆市第五中级人民法院(2014)渝五中法民终字第4836号。
[2] 東京高判昭和55・3・27判時962号115頁。
[3] 東京高判平成5・3・30判タ863号216頁。
[4] 鹿野菜穂子「役務契約(2)旅行契約」内田貴・大村敦志編集『民法の争点』(有斐閣,2007年)255頁参照。

先考察所发生之事件是否属于旅行社具有“管理可能性”的范围内，如果属于的话，则需要进一步判断该变更是不是旅行社违反注意义务的结果。对于关键的对“管理可能性”的判断，有学者主张应当更加严谨、更加公平地进行。〔1〕

我国《旅游法》在单方调整权的要件中，不可抗力和“已尽注意义务而不能避免的事件”的组合，恰好和日本法中“无管理可能性”和“有管理可能性但变更非注意义务违反的结果”有着高度的相似性。不过我国不可抗力的覆盖面非常狭小，因而对“不能避免事件”的判断就显得至关重要。在日本法中，学说判例判断的核心是注意义务和事件发生的因果关系，而我国法中似乎更注重先审查旅行社是否已经尽到注意义务。该两种判断方法在以下情况中会有巨大的差距，即在尽到注意义务也不能避免的事件中，旅行社没有尽到注意义务。依据日本法，该事件并不是注意义务违反带来的结果，所以旅行社享有变更权，而依据我国《旅游法》条文的文义理解，依旧存有以旅行社未尽到注意义务而否定变更权的可能性。也就是说，相对于日本法上的规定，注重审查旅行社是否“已尽”注意义务的做法对旅行社更为苛刻，同时通过旅行社自身是否已尽注意义务去判断客观事件是否满足，也显得极不妥当。因此，笔者认为，通过解释，在判断是否满足该要件时，重点并不是旅行社是否已经尽到注意义务，而是未尽到注意义务和事件发生的因果关系。在此理解上，将该条文改为“不可抗力或者旅行社、履行辅助人尽到合理注意义务仍不能避免的事件”更为合理。

---

〔1〕 大村敦志「サービス契約——旅行契約を素材に」法学教室297号39頁参照。

(二)旅行社事先向旅游者作出说明

从《旅游法》第67条的构造上来看,旅行社的事先说明似乎是调整权行使的一项要件。在我国实务案例中,还未出现因事先未作说明进行变更而引发的纠纷。不过以下问题始终是会出现的,即在旅行社事先未作出说明而变更合同的情况下,究竟应认为合同未变更呢,还是应认为合同已变更但须承担违反说明义务的违约损害赔偿呢?

在《日本标准旅行业约款》包价合同部分第13条中,在发生旅行社无法干预的事由之时,旅行社应当"事先""迅速"地就该事由的理由以及该理由与该事由的因果关系进行说明,才可变更合同内容,同时在紧急场合迫不得已的情况下,可以在事后作出说明。从法条原文上来看,旅行社事先说明是行使合同变更权的要件。[1] 然而,在判例中,对于该要件的适用却模棱两可。在因违反说明义务而判处承担违约责任的神户地方裁判所1993年的案件中,在旅行社没有提前告知的情况下,由于预约过多的原因,住宿场所从旅馆变成了低档次的公寓,裁判所认为预约过多属于旅行社无法预见的情形,旅行社并无归责事由[2],因而并不需要因变更住处而承担违约责任,但却

---

〔1〕 島十四郎「旅行あっ旋契約(手配旅行契約)·主催旅行契約」遠藤浩=林良平=水本浩監修『現代契約法大系第七巻』(有斐閣,1984年)106頁参照。

〔2〕 虽然在该案中日本裁判所作出了免责的认定,然而,需要强调的是,在我国实证法下,住宿场所的"预约过多"不应当被认定为"尽合理注意义务仍不能避免的事件"。因为不同于日本,住宿场所的超售行为并没有能够被认定为免责的行业惯例及法律依据。因而当住宿场所预约过多之时,旅行社仍应当承担违约责任,其承担违约责任后当然可以向服务供应商(履行辅助人)追偿,这也是《旅游法》第71条的要求。本书所引该例仅是为了探讨在满足免责要件的前提下,事先说明的缺失,是否会对合同变更产生影响。在此点上,该案具有讨论价值。

以旅行社违反了说明义务为由而肯定了旅游者的损害赔偿请求。[1]根据大村敦志教授的评述，如果认定旅行社并无归责事由，则从风险负担等角度出发，双方当事人的义务均应消灭，在此场合下，若旅行社合法地行使了调整权，则双方当事人受到变更后的合同内容的拘束，合同也得以延续下去。本案判决一方面认定旅行社违反了说明义务，另一方面却承认当事人之间合同关系得以继续存续，这种做法也就意味着，在该判决中，对旅游者的事先说明义务并非旅行社合同调整权的要件。[2] 也就是说，在本案中，在变更本身不存在归责事由，且合同已经履行完毕的前提下，在“变更无效→原合同义务消灭→原合同双方关系清算”和“变更有效→附随义务损害赔偿”两种模式的选择上，裁判所显然是选择了后者。由上文可以看出，虽然从日本的条文上看，旅行社的事先说明是合同调整的一项要件，未经说明的调整应当是无效的，然而，在具体判例中，旅行社的说明更多的是一种附随义务，违反此义务会产生损害赔偿，但并不影响合同变更的效力。

回归我国法上，在旅游合同的履行受不可抗力等事件影响之时，应分两种情况来分析。在当事人已经履行的情况下，若仅因为未作出事前说明即认定合同未变更，进而通过风险负担和合同解除等制度对原合同关系进行清算，一方面会因为当事人的履行完毕而导致清算变得极为烦琐和复杂，另一方面按照不当得利制度，旅游者所享有的变更后的利益仍旧须返还给旅行社，在结果上和承认变更有效并无实质上的区别，同时丧失了向旅行社主张附随义务违反的损害

---

〔1〕 神戸地判平成5・1・22判時1473号125頁。

〔2〕 关于大村敦志教授对此案的详细述评，参见大村敦志「旅行契約の内容変更と旅行業者の債務不履行責任」ジュリスト1122号103頁参照。

赔偿的权利。在当事人未履行的情况下，若未作出事前说明，则无论认定合同变更与否，均不影响旅游者的利益，如若认定为合同变更，则旅游者依第67条享有解除权。如果认定为合同未变更，则旅游者也可以通过风险负担或合同解除等规则从原有合同义务中解放出来。同时，从调整权的适用上来看，事前说明义务仅是旅行社调整权行使的外在条件而已，也正因如此，在日本法上才会有特殊情况下可以作事后补充说明的规定。因此，笔者认为，应当效仿日本判例中的做法，认为旅行社的说明义务并非旅行社单方调整权的行使要件，其仅为合同调整权行使时的附随义务而已。赋予旅行社事先向旅游者说明的义务，主要是为了确保旅游者有足够的空间行使解除权。[1]在违反说明义务这一附随义务之时，其损害赔偿额的计算则涉及机会丧失的问题[2]，即旅游者丧失了及时解除合同从而避免更大损失的机会，因不属于本书讨论范围，故不再赘述。

（三）合理范围内

《旅游法》第67条第1项第2句特别提示了旅行社应当在"合理范围内"变更合同。若超越了该合理范围，合同变更是否有效呢？在我国学术界中并无著述文章论及，同时在实务中未有相应的判决出现。

或有观点认为，在不可抗力等场合下，旅行社在不合理范围内调整合同，且已经履行完毕的场合，若认为此时合同未变更，可能也会像上述违反通知义务一样进入烦琐的清算阶段，不如认为合同已变

---

〔1〕 鹿野菜穂子「役務契約(2)旅行契約」内田貴・大村敦志編集『民法の争点』(有斐閣,2007年)255頁参照。

〔2〕 大村敦志「旅行契約の内容変更と旅行業者の債務不履行責任」ジュリスト1122号103頁参照。

更，旅行社承担损害赔偿更为简洁。然而，需要注意的是，“合理范围内”与事先通知义务不同，前者是对调整合同内容上的限制，是实质性的条件，而后者仅是调整权行使上的要求，是外在的条件；违反前者，会给当事人的合同内容带来非常大的改变，对旅游者非常不利，而违反后者，仅是使旅游者失去解除合同的机会而已。因此前者对当事人之间权利义务的影响远远大于后者，不能作等同处理。同时，如若认为合理范围并非合同调整的要件，从旅行社角度说，在合同未履行之前，存在滥用单方调整权的可能性，因为在因不可抗力等而导致合同不能完全履行之时，旅行社并无解除权，然而，旅行社可以故意地以不合理范围调整合同，促使旅游者依据《旅游法》第 67 条第 1 项第 2 句解除合同，从而使自己得以从合同原定内容中解放出来；从旅游者角度说，仅剩下依照不合理合同履行和解除合同两个选项，显然也有悖旅游者的利益。

因此，笔者认为，“合理范围内”应当为旅行社单方调整权的适用要件之一。赋予旅行社单方调整权，并不意味着旅行社可以无所限制的享有调整合同的权利，《旅游法》第 67 条第 1 项第 2 句所规定的合理性要求，即是对其调整内容的实质限制。如此一来，也能最大限度保护旅游者的权益。

同时，在变更范围是否合理的判断上，则仅能由个案的法官基于具体的旅游行程、旅游日期、旅游费用等斟酌判断。

（四）小结

综上所述，《旅游法》第 67 条中关于合同变更权所提示的 4 个要点中，仅有“因不可抗力或旅行社、履行辅助人尽到合理注意义务仍不能避免的事件的发生”、“合同不能完全履行”及“在合理范围内”为调整权行使的要件，而旅行社事先的说明义务应当为合同附随义务，违反了此种义务会导致违约损害赔偿的发生，但并不会影响合同变更的效力。

虽然旅行社的合同调整权存有适用上的种种限制，然而，其改变合同内容的单方性，还是不可避免地对私法自治提出了挑战。因此，在各国及地区关于旅游合同的规定中，均对此采取了平衡措施，即赋予旅游者相应的合同解除权。[1]

三、保护旅游者利益的平衡构造

在错综复杂的旅游合同中，赋予旅行社单方调整权在一定程度上更能贴近旅游现实，促进旅游活动的良好进展，但同时会给旅游者带来极大的不利益。为了保护旅游者的利益，我国《旅游法》第 67 条第 1 项第 2 句也规定了旅游者的解除权。

（一）旅游者的合同解除权

在旅游者不同意合同变更的时候，可以解除合同。需要强调的是，此时合同解除权并不同于不可抗力制度下的合同解除权，其仅是在旅行社变更合同的前提下平衡当事人利益的手段。[2] 依据《旅游法》第 67 条之规定，旅游者不同意变更的，即可解除合同。

考察德、日两国与我国台湾地区之规定，旅游者合同解除权的行使对于合同变更程度的要求均不相同。《德国民法典》第 651a 条第 5 款规定，当旅费被提高了 5% 或者合同产生了重大变更之时，旅游者可以解除合同。《日本标准旅行业约款》包价合同部分第 16 条第 2

---

〔1〕 例如，《德国民法典》第 651a 条第 5 款，《日本标准旅行业约款》包价合同部分第 16 条，我国台湾地区“民法”第 514 之 5 条第 3 款。

〔2〕 島十四郎「旅行あっ旋契約（手配旅行契約）・主催旅行契約」遠藤浩 = 林良平 = 水本浩監修『現代契約法大系第七巻』（有斐閣，1984 年）106 頁参照。

项的规定,在合同变更为附表所列举的 9 项重要变更或者旅费被提高之时,旅游者可以解除合同。我国台湾地区“民法”第 514 之 5 条第 3 款规定,在旅客不同意时即可终止合同。比较来看,德国法虽然在旅费提高上作出了种种限制(第 651a 条第 4 款),然而,在合同变更后对旅游者解除权的认可上所作出的限制也比日本和我国台湾地区多。反观台湾地区规定,其和《旅游法》一样,只要旅游者不同意,均可以解除合同,而在日本的规定中,旅游者解除仍需要变更为重大的条件。

相比较而言,我国《旅游法》充分给予了旅游者解除合同的自由,保持着双方当事人的利益平衡性。从尊重当事人意思自治的角度出发,在单方变更权的适用要件上,法律作出了比不可抗力制度及情事变更原则更为宽泛的认定,相应地也有必要预设更为自由的退出规则。

(二)现有制度的不周全性及立法建议

从上文可知,旅游合同中的单方调整权规定的整体构架是,先让旅行社在特殊状况出现时享有单方调整权,同时赋予旅游者脱离合同约束的权利。然而,在实务中旅游合同部分履行不能之时,在旅行社仅部分变更的情况下,若让旅游者仅能作接受变更或解除合同这样二选一的抉择,显然无法充分保护旅游者的利益。

从解释论角度出发,一个可行的办法是认为《旅游法》第 67 条的解除规定包括部分解除。我国《民法典》合同编总则没有明确规定部分解除的一般规定,但在关于买卖合同的相关规定(《合同法》第 164 ~ 166 条、《民法典》第 631 ~ 633 条)中有部分解除制度。[1] 从解释上,

[1] 参见韩世远:《履行障碍法的体系》,法律出版社 2006 年版,第 302 页。

可以通过《民法典》第646条确立的其他有偿合同参照适用买卖合同的规则，将部分解除适用于旅游合同之中。实务中，在合同部分履行不能、旅游者拒绝接受变更之时，已有法院判决继续维持合同，旅行社仅退还部分旅游者未参加项目的款项即可。[1] 该类判决虽然没有明确表示，然而，其思路实际上仍旧是采取了部分解除旅游合同的做法。通过对部分解除制度的适用，至少不会让旅游者陷入“非此即彼”的困境。

然而，仅作如此解释仍旧不能周全地保护旅游者的利益。由于旅游过程本身的特殊性，再交涉义务论者所谈及的机会主义风险，同样会出现在旅游合同中。在情事变更等需要调整合同的情况下，如果合同关系的维持对于合同一方有着重大的利益，其在再交涉的过程中即会处于相对不利的地位，会引起机会主义的风险。也就是说，存在一方当事人趁着再交涉的机会打破原合同的约定，将本应负担的权利义务向着对自己有利的方向变更的危险性。[2] 这一点在旅游合同中显得更为明显[3]。在旅游开始前对于旅行社的变更，旅游者不至于处于不得不接受的地步，然而，对于旅途中的变更，旅游者选择解除合同不仅意味着旅游目的的无法实现和时间的浪费，而且依据《旅游法》第67条第2项、第68条的规定，旅游者还应当承担已向地接社支付且不可退还的费用和相关返程费用。因而，在旅游合同中，比一般合同更加存有旅行社利用单方变更权谋求不当利益的

[1] 例如，上海点佰趣信息科技有限公司诉上海科友国际旅行社有限公司旅游合同纠纷案，上海市虹口区人民法院(2013)虹民二(商)初字第1613号；恒吉集团铜业有限公司诉北京途牛国际旅行社有限公司杭州分公司旅游合同纠纷案，杭州市下城区人民法院(2015)杭下民初字第02822号。

[2] 石川博康『再交渉義務の理論』(有斐閣,2011年)172~173頁参照。

[3] 王天星：《旅游法立法研究》，中国旅游出版社2013年版，第191页。

风险，即便有着“合理范围”的限制，然而，在合理范围无法清晰界定的情况下，仍旧无法切实全面保护旅游者的利益。

从立法论的角度出发，考察域外国家或地区的规定，在平衡旅行社和旅游者之间利益方面主要还存有以下三种方法。

其一，合同调整不得增加旅游者的出费。我国台湾地区“民法”第514之5条第2款规定，旅行社变更旅游内容时，所减少之费用应当退还旅游者，但所增加之费用，不得向旅游者收取。《日本标准旅行业约款》包价合同部分第14条第4项规定，旅游者的费用应当按照合同内容的变更而减少或增加，但是因运输或住宿机构的设备不足而变更的场合除外。也就是说，因具体旅游服务提供者的设备不足而发生的合同变更，旅行社不得增加旅游者的费用。

其二，规定特殊的调整补偿金制度。《日本标准旅行业约款》在1996年的修改中新设了旅程保证制度，依据该约款第29条的规定，在发生重要的合同内容变更之时，旅行社须以旅费乘以一定的比例的形式来计算变更补偿金，不过当该变更是因天灾、战乱、暴动、政府命令等而发生的除外。也就是说，在责任不明或者责任非不可抗力等天灾战乱的场合，旅行社均需承担变更补偿金。该项制度将旅行社变更合同责任定位于无过错责任之上，具有划时代的意义。[1] 早在1996日本该法修改之前，即有众多团体从消费者的角度出发，提出了在旅游者不行使解除权而参加旅游之时，旅行社应承担一定赔偿义务的方案。[2] 针对这些提案，日本旅行业协会(JATA)经讨论认为包价旅行业者有着依据合同书面记载而履行合同、管理旅程的

〔1〕 佐々木正人『旅行の法律学』(日本評論社,2000年)20頁参照。

〔2〕 森嶋秀紀「主催旅行契約における旅行業者の債務と責任(二)」名古屋大学法政論集203号256頁参照。

义务，在旅程发生重要变更的场合，即便旅行业者是无过失的，也需要在一定范围内对旅游者予以补偿，[1]该种观点最终也被日本(旧)运输省接受。也就是说，除天灾、战乱等不可抗力的事由之外，只要旅行社对合同内容予以变更，无论其是否有无过失，也无论是否给旅游者带来损害，都必须支付变更补偿金。[2] 对此，有学者认为，旅游合同的规定对合同内容的变更采取了更为宽大的态度，其主要是基于以下构想，即通过合理代替手段以及补偿手段，如果结果对双方当事人都不至于不利的话，对合同拘束力的理论加以适当修正也可以。[3] 依据《日本标准旅行业约款》第 29 条所附之表格的规定，变更内容不同，补偿金的比例亦不同，而变更的内容越重要(如旅游期限的变动和旅游合同中着重保证的内容的变更)，补偿金比例越高。具体到我国法上，虽然有着“合理范围”对单方调整的限制，但是在合理范围认定不清的场合，旅行社或许会极大范围地调整合同，从而只给旅游者或解除或接受调整的空间。如果借鉴日本法上调整补偿金的规定，在非不可抗力的场合，会在效果上引导旅行社进行最为细微的变更，从而缩小对合同的变更幅度。同时，在我国法规层面，不可抗力是法定免责事由，然而，尽合理注意义务仍不能避免的事件并不是《民法典》明确规定的免责事由。在这个意义上，《旅游法》第 67 条规定在该种事件下旅行社可以变更合同，实际上是变相地规定了免责事由，而如果在此时赋予旅行社一个承担变更补偿金的责任，亦能和我国《民法典》规定在一定程度上相契合。当然，或有观点质疑，

---

〔1〕 佐々木正人『改正旅行業法・約款の解説』(中央書院,2005 年)87 頁参照。

〔2〕 油納健一「わが国における旅行契約法の特徴と課題」山口経済学雑誌第 57 巻第 6 号 108 頁参照。

〔3〕 北川善太郎〔ほか〕編『サービス・旅行・運送契約』(三省堂,1999 年)283 頁参照。

如果变更补偿金的目的是让合同内容发生尽可能少的变动,那么是否会引导旅行社在特定情况下牺牲安全利益?笔者认为,引进调整补偿金制度并不会导致旅游者安全利益的受损。因为正如上文所述,旅行社单方调整权的行使要件中,“合理范围”是必要条件,虽然在具体的“合理”程度之上可能会存在疑问,但让旅游者安全利益受到威胁的变更,显然应当归入不合理的范畴。调整补偿金制度归根结底也是在合理范围之内,在保证旅游者安全利益的基础上,使旅行社尽可能小幅度地变更。也就是说,对旅游者安全利益的保护,与对合同较小的介入,在此处并非一对矛盾,而是有着先后关系。因此,从立法论上来看,依变更内容的不同附以不同补偿比例的补偿金制度,或许也可以成为未来旅游立法可以借鉴的制度之一。

其三,赋予旅游者选择解除合同之替代方案的权利。《德国民法典》第651a条第5款中规定,在旅费提高5%以上,或重要的旅行给付发生重大变更之时,若旅行社可以从其提供的旅行给付中提供至少等值的其他旅行方案,且旅客无须支付额外旅费的,旅客可以请求参加此种旅行方案以代替解除合同。

四、小结

在旅游合同生效后,旅行社应当按照合同约定提供给付,不得随意变更合同,自不待言。然而,旅游合同为继续性合同,在合同履行过程中,所面临之变数甚多,在旅程遭遇障碍之时,旅行社积极地采取适当措施使旅程继续,不仅是旅游社的权利,而且从保护游客利益的角度来说同样是旅行社的义务。[1] 作为旅游法的一项重要规则,

---

〔1〕 参见许惠祐:《两岸旅游契约·合同法制》,台北,华泰文化事业股份有限公司2008年版,第115页。

旅行社的单方变更权应当引起我国学术界及实务界的足够重视。从我国《旅游法》第 67 条的规范解释出发,应认为在不可抗力或者旅行社、履行辅助人尽到合理注意义务仍不能避免的事件,造成旅游合同不能完全履行之时,旅行社在合理范围内享有单方调整权。同时,作为其法理构造的重要一环,保护旅游者的相应平衡措施亦必不可少。在现行法律仅支持合同解除的情况下,有必要从立法论的角度借鉴大陆法系国家和地区的规定,对变更的对价规定、变更补偿金制度以及解除的替代措施进行借鉴完善。

虽然旅游合同中合同调整权适用具有很多特殊性和细枝末节的内容,然而,可以清晰地得出,其适用方法和作为情事变更效果的合同调整具有很大区别。在此处,仅有旅行社才享有合同调整的权利,同时,合同解除并非作为排在合同调整之后可供主张调整者选择的第二选项,而是作为调整相对方摆脱合同调整控制的一个工具。

第四节　法定合同调整规范的整合

在分析法定调整规范上,本书所采取的方法是以点带面的形式,通过“抓好典型”,总结出适用于一般法定调整规范上的普遍性。虽然在数量上,我国实证法上的法定调整规范并没有域外立法例中(如德国法)规定得多,但基于篇幅考虑,本书无意也没有必要对法律中存在的每一个调整规范进行详细介绍。通过上述三个典型制度的讨论和研究,已经能看出存在于法定调整规范适用的相关规则,在本节,笔者欲结合其他法定调整规范,对合同法定调整规范统一进行分类和整合。

正文上文所述,法定调整规范旨在调和请求调整一方当事人与相对人之间的利益平衡。从调整一方当事人的角度来看,法定调整规范赋予其调整合同的权利,保障了其积极的合同调整自由,从相对人的角度来看,法定调整规范限制了其消极的合同调整自由。然而,问题在于,是否在每个法定调整规范下,当事人均可以通过自己的意思表示,单方终局地变更合同内容?通过在上文中对三个典型制度的考察,可以看出,合同调整规范的适用远远复杂得多。在每个法定调整规范中,均存在保护一方当事人积极的合同调整自由和限制另一方当事人消极的合同调整自由的平衡点。对该平衡点的整合,正是下文所采取的第一种整合方式,即法定调整规范的功能上整合(funktionale systematik);本书所采取的第二种整合方式,将讨论重点集中于立法者所预设的调整手段之上,探究当事人调整合同是以请求权的形式或者以形成权的形式行使,因而更具有实务上的意义,因是对调整手段的整合,故谓之手段上整合(instrumentale systematik)。[1]

一、功能上整合

仅仅对比本书所列三个典型案例就可以得出,各个调整规范对于当事人的强制力是不同的。在情事变更原则下的合同调整中,当事人一方请求调整合同,在法院确定调整的情况下,另一方当事人仅能够受到该调整内容的限制,并无脱离调整后合同的办法。在旅游合同中旅行社的单方调整规则下,虽然旅行社对旅游合同进行了单方调整,但同时留给旅游者解除合同的权限,赋予了其能够脱离新调整合同内容之限制的手段和方法。在浩尔教授的总结中,前者被称

〔1〕“功能上整合”与“手段上整合”的分类,来源于浩尔教授的研究。Vgl. Wolfgang Jakob Hau, Vertragsanpassung und Anpassungsvertrag, Mohr Siebeck, 2003, S. 245, 277.

为强制调整权（Anpassungserzwingungsrechte），后者被称为确定调整权（Anpassungsbestimmungsrechte），两者构成合同调整法定规范的基本框架。[1]

（一）强制调整权

强制调整权，又称积极调整权、真正调整权（positive oder echte anpassungsrecht），是指依法定调整规范有权主张调整的一方当事人所拥有的，无须获得相对方当事人同意——甚至与相对方明确意思表示相反的，实现合同调整的权利。[2] 在该权利的适用中，相对人只能选择容忍合同的调整，而并不能够选择解除或终止合同。

在我国实证法中，多数合同调整规范属于强制调整权的行列。如上文所述的在合同情事变更原则下的合同调整（《民法典》第533条），合同是否调整由法院来确定，调整相对方并没有选择的权利，仅能容忍合同的调整。

围绕减价的相关规范同样是如此，合同编总则领域，受损害一方依据《民法典》第582条的规定，在"修理、更换、重作、退货、减少价款或者报酬等"救济方式中选择了减价之后，将合同加以调整，从而进入新合同的履行阶段，已付完整价款的，多余价款依不当得利返还，未付价款的，按照新合同承担价款义务。在该规则下，对于出卖方，也并未预设摆脱新合同关系的途径和手段。具有同样思想的减价规则，也具体散见于《民法典》合同编分则的领域中。在买卖合同中，通过《民法典》第617条转介条款的规定，进一步明确适用第582条规

[1] Vgl. Wolfgang Jakob Hau, Vertragsanpassung und Anpassungsvertrag, Mohr Siebeck, 2003, S. 248.

[2] Vgl. Wolfgang Jakob Hau, Vertragsanpassung und Anpassungsvertrag, Mohr Siebeck, 2003, S. 248.

定的减价规则。在租赁合同中,第723条第1款规定,在租赁物具有权利瑕疵之时,承租人享有减少租金的权利;第729条规定在租赁物部分毁损、灭失之时,承租人享有减少租金的权利。在融资租赁合同中,第742条规定,在依赖出租人技能确定租赁物或出租人干预选择租赁物之场合,出卖人不履行买卖合同义务的,承租人在向出卖人行使索赔权利之时,也可以向出租人请求减免相应租金。在承揽合同中,第781条规定,在承揽人交付工作成果不符合质量要求时,定作人享有请求承揽人减少报酬的权利。在建设工程合同中,第800条规定,在勘察、设计的质量不符合要求或者未按照期限提交勘察、设计文件拖延工期时,发包人可以请求勘察人、设计人减收勘察、设计费用。在客运合同中,第821条规定,在承运人擅自降低服务标准之时,旅客可以要求减收票款。在技术咨询合同中,第881条第2款规定,技术咨询合同的受托人未按期提出咨询报告或者提出的咨询报告不符合约定的,委托人可以要求受托人减收报酬。由此可见,减价救济在我国合同编分则领域的适用也极为普遍,同时即便在典型合同中未予规定的情况下,通过第582条的适用,亦应当存在减价规则的适用。在上述减价规则中,在本书作统一理解,即认为上述诸多规则均为合同调整,同时出于相对方所提供给付之物或者服务存在瑕疵,相对方仅能容忍合同调整人所作出的调整。

此外,违约金调整规则的适用也属于强制调整权的领域。《民法典》第585条第2款规定,约定的违约金低于造成的损失的,人民法院或者仲裁机构可以根据当事人的请求予以增加;约定的违约金过分高于造成的损失的,人民法院或者仲裁机构可以根据当事人的请求予以适当减少。违约金的约定自然也属于合同内容,受到合同自由的保护,不能够随意更改。该条的规定本质上赋予了法官干预当事人约定自由的权利,[1]实际上亦是一种合同调整。[2] 关于违约金何时“过分高于”损失,在《合同法司法解释二》第29条中,作出了进一步规定,即“以实际损失为基础,兼顾合同的履行情况、当事人的过错程度以及预期利益等综合因素”,加以衡量,同时如果当事人约定的违约金超过造成损失的30%,一般可以认定为违约金“过分高于”造成的损失。此种违约金调整的规则,同样为《最高人民法院关于审理商品房买卖合同纠纷案件适用法律若干问题的解释》(以下简称《商品房买卖合同司法解释》)第12条所肯定,该条亦强调“当事人以约定的违约金过高为由请求减少的,应当以违约金超过造成的损失30%为标准适当减少;当事人以约定的违约金低于造成的损失为由请求增加的,应当以违约造成的损失确定违约金数额”。

《民法典》第773条对承揽合同中辅助性工作进行了相关规定。依该条的规定,承揽人可以将其承揽的辅助工作交由第三人完成。如果当事人之间明确约定辅助性工作应由承揽人完成,则基于合同法的任意性法规的性质,自然该条无适用余地。问题就在合同中没有规定的情况下,依据该条,承揽人将其承揽的辅助工作交由第三人完成,是否可以被认定为对原合同的调整?本书认为,由于承揽合同以一定工作并交付工作成果为目的,虽然债务专属性并无雇佣合同那么强,但是也是具有一定专属性的。[3] 在此情形下,由第三人完成部分工作的规定性质,不能够通过“第三人清偿”制度解释,因为第

---

[1] 参见王洪亮:《违约金酌减规则论》,载《法学家》2015年第3期。

[2] 姚明斌博士也指出,“甚至可以说,违约金酌减权本身属于合同变更权的范畴”。参见姚明斌:《违约金司法酌减的规范构成》,载《法学》2014年第1期。

[3] 参见崔建远主编:《合同法》(第6版),法律出版社2016年版,第362页。

三人清偿虽原则上有效，但并不适用于具有高度属人性的给付。[1]因而，该条所作的特殊规定，实际上是赋予承揽人调整合同的权利，其调整内容是将本该依合同由自己完成的辅助工作转交由第三人完成。对此调整，与第 772 条不同，定作人并无手段阻止。

以上几种合同调整规则，虽然适用要件及方式上各不相同，但是其效果上一致，即均对合同内容进行了调整。同时，因为调整的原因是不可归责于双方当事人的事由或是请求调整合同的相对方当事人的过错，所以请求调整一方当事人在调整合同时，无须对相对方当事人进行经济上补偿。然而，在下述几种调整规则中，虽然法律允许当事人一方实行调整，但是作为对相对方当事人的补偿，也要求其给予适当经济上的优遇。

在承揽合同的相关规定中，《民法典》第 777 条对定作人中途变更承揽工作要求的规定实际上赋予了定作人单方面调整合同内容的权限，但是，相应地，定作人也必须赔偿因此而给承揽人带来的损失。与之相类似，与建设工程合同相关的第 805 条规定，因发包人变更计划而造成勘察、设计的返工、停工或者修改设计之时，发包人应当按照勘察人、设计人实际消耗的工作量增付费用。该条实际上也赋予了发包人单方面调整合同计划的权利，只不过应为此而给予另一方当事人其应得的优遇。同时，即便没有《民法典》第 805 条的规定，通过第 808 条转介条款的适用，也可以在建设工程合同中类推适用承揽合同中第 777 条的规定。此两种合同调整规范均是基于承揽合同的特殊性，承揽工作的目的就是满足定作人的特殊需要，如果承揽工作的成果不能满足定作人的需要，承揽合同就不会实现定作人订立合同时所期望的利益，因此，定作人可以根据自己的需要，随时变更

---

〔1〕 参见王洪亮：《债法总论》，北京大学出版社 2016 年版，第 159 页。

对合同的要求。[1]

在我国运输合同的相关规定中，也存在若干合同调整规范属于强制调整权的领域，同样在变更时应给予相对方一定的经济利益。《民法典》第816条规定，客运合同的旅客因自己的原因不能按照客票记载的时间乘坐的，应当在约定的时间内办理退票或者变更手续。旅客在变更车次即改签时，通常根据各个行业规定也要承担一定比例的手续费，此可以视为旅客对自己调整合同内容的补偿。第829条规定，在货运合同中，承运人将货物交付收货人之前，托运人可以要求承运人变更到达地或者将货物交给其他收货人。但是同样地，其应当赔偿承运人因此而受到的损失。

由上文可知，在上述法律规定中，一方当事人均可以强制调整合同，而另一方当事人仅能容忍合同的调整。但是，由于调整事由不同，调整方是否对相对方进行补偿也是不同的。该种强制调整权在我国实证法的法定调整规范体系下占据着绝对多数的地位，一方面是由于各个合同的特殊性，在较多场合必须作强制规定；另一方面是由于我国实证法对确定调整权这种立法手段的轻视，从而导致确定调整权之数量较少。

（二）确定调整权

确定调整权，又称消极调整权、不真正调整权（negative oder unechte anpassungsrecht），是指当事人主张调整的要求并无终局确定的强制力，但是其行使可以将相对方当事人置于接受新合同或者解除

---

〔1〕 参见胡康生主编：《中华人民共和国合同法释义》，法律出版社2013年版，第420页。

合同的二者择一的境地。[1] 在该种法定规范下，以不接受调整时解除合同的主体的不同又可以分为两类，即由相对方当事人解除和由主张调整一方当事人解除。

1. 由相对方当事人解除

此种规范在我国实证法中也有体现，如上文《旅游法》第67条规定的旅游合同中的单方变更权，为了平衡旅游合同当事人的利益，在旅行社进行单方变更之后，旅游者仍旧可以通过解除合同的形式，使自己从合同义务中脱离出来。需注意的是，在旅游合同中，旅行社行使单方变更权即会导致合同予以变更，是形成权的应用。在此处不多赘述。

需注意的是，《民法典》第772条第2款规定并非此处的确定调整权。该款规定，"承揽人将其承揽的主要工作交由第三人完成的，应当就该第三人完成的工作成果向定作人负责；未经定作人同意的，定作人也可以解除合同"。承揽合同中，承揽人本就应当自己完成主要的承揽工作，如果擅自将工作交由第三人完成，则构成根本违约。[2] 此处定作人解除合同，并非承揽合同中关于合同调整的特殊规定，而只是在根本违约项下合同解除权的具体化而已。当然，该款也在一定程度上提示着合同调整具有一定的导向作用。依该规定，承揽人在合同履行过程中若试图将主要工作交由第三人完成，则需要征求定作人同意。

2. 由主张调整一方当事人解除

在由调整一方当事人解除上，比较典型的是《德国民法典》第

〔1〕 Vgl. Wolfgang Jakob Hau, Vertragsanpassung und Anpassungsvertrag, Mohr Siebeck, 2003, S. 251.

〔2〕 参见黄薇主编：《中华人民共和国民法典释义》（中），法律出版社2020年版，第1425页。

540 条的规定。依据该条的规定，在使用租赁关系中，非经出租人允许，承租人无权将租赁物交给第三人使用。在出租人拒绝允许的时候，承租人可以在遵守法定期间的情况下，特别地通知终止使用租赁关系。由此可见，德国法实际赋予了承租人一种调整合同的权利，如果出租人不允许，则承租人则有解除合同的权利。

在我国法上，此种合同调整类型数量不多，主要有以下几种：

在劳动法上，理论上一般认为存在变更解除通知的法理。也就是说，在某种条件下，用人单位可以向劳动者主张更换劳动场所等改变合同内容的要求，在劳动者拒绝时，用人单位可以解除合同。该种规则，与其说是解雇的一种类型，不如说是定位于变更劳动条件的法理之上。[1] 该种法理在我国也有体现。《劳动合同法》第 40 条规定了用人单位通知解除的内容，依其第 3 项的规定，在劳动合同订立时所依据的客观情况发生重大变化，致使劳动合同无法履行时，经用人单位与劳动者协商，未能就变更劳动合同内容达成协议的，用人单位可以通知解除合同。该条规定在本质上是推动合同调整的规定，其让劳动者亦处于接受新合同或者解除原合同的选择境地。

这种赋予调整一方当事人解除权，从而推动合同调整的想法在合同编总则领域也有体现。在此处比较容易为人们忽视的权利是不安抗辩权。《民法典》第 528 条规定，在主张不安抗辩权一方当事人中止履行后，对方在合理期限内未恢复履行能力并且未提供适当担保的，中止履行一方可以解除合同。该条规定从本书的视角出发，同样也是推动原有合同向有担保合同调整的手段之一。

---

〔1〕 荒木尚志「雇用システムと労働条件変更法理——労働市場・集団と個人・紛争処理と労働条件変更法理の比較法的考察(4)」法学協会雑誌 117 巻 4 号 487 頁以下参照。

（三）小结

强制调整权以及确定调整权分别有着不同的构造。从理论上来看，一方面，应当以确定调整权为原则，以强制调整权为例外；另一方面，在确定调整权中，以相对方当事人的调整为原则。[1] 确定调整权相对于强制调整权而言，更为尊重相对人的利益，同时对当事人原有合同的介入也显得相对缓和。在大部分的确定调整权的场合，相对人享有解除权，这也会对请求调整一方当事人造成一定制约，因为其为了避免合同解除，势必作出一些更为折中的调整。在强制调整权领域，调整内容的控制只能通过法院来认定（如情事变更原则下的合同调整）或者法律规定（如减价制度中对减价幅度的法定）。因此，强制调整权对于当事人自治并未给予足够的尊重，在此时即有必要通过再交涉义务的运用，来实现对当事人意思的尊重。

再交涉义务的规定本身并非法定的合同调整规范。究其原因，再交涉义务只是要求当事人进行另行交涉的义务，并不会必然决定当事人对合同的调整，也不会使另一方当事人陷入要么接受调整，要么承受解除的境地。不过，再交涉义务的运用是引导强制调整权进一步尊重当事人自治的一个重要因素。在再交涉义务的定位上，本书将其作为强制调整权相关规范适用的第一层次的法律效果，应得到普遍性的适用。理论中提到再交涉义务，往往和情事变更原则紧紧挂钩，然而正如本章在第二节减价制度中所讨论的那样，再交涉义务的出现恰好能够应对合同调整问题的复杂性。虽然通过该义务的运用，也未必能够实现调整的效果，但是作为强制调整权实施的前置

---

〔1〕 Vgl. Wolfgang Jakob Hau, Vertragsanpassung und Anpassungsvertrag, Mohr Siebeck, 2003, S. 414.

效果，赋予当事人再交涉义务可以给予当事人实现自治的机会，提供在一方当事人单方调整合同之外的另一种选择。

二、手段上整合

上一部分从当事人一方调整或调整请求给相对方的强制程度不同，而作出了分类与整合。这一部分拟从实务角度出发，对各种调整或调整请求背后的适用模式作出分类。其主要可以分为两大类，一类是形成权模式，另一类是请求权模式。

在形成权模式下，请求调整一方当事人可以基于自己的单方意思表示，从而直接对合同内容作出调整。在我国实证法上，多数法定合同调整规范属于此种模式。根据权利行使方式的不同，形成权存有单纯形成权（einfaches gestaltungsrecht）与形成诉权（gestaltungsklagerrecht）的区分。[1] 单纯形成权经由一方意思表示即可行使，而形成诉权则需要依诉行使，其目的是约束权利行使行为。在我国法定合同调整规范的适用中，也存有这种分类。属于单纯形成权的主要有《民法典》第582条、第723条、第729条、第742条、第773条、第777条、第781条、第800条、第805条、第816条、第821条、第829条、第881条以及《旅游法》第67条等；属于形成诉权的有《民法典》第533条、第585条等。

在请求权模式下，请求调整一方当事人并不可以直接基于自己的单方意思表示而调整合同，而需要获得相对方当事人的协力。请求权模式的调整规范更像法律中所预设的一种宣示条款，虽然并无强制力，但是也从一定程度上启示当事人通过合意实现合同调整。在我国实证法中，属于请求权模式的调整规范主要有《民法典》第

---

〔1〕 参见朱庆育：《民法总论》（第2版），北京大学出版社2016年版，第519页。

528 条、第 772 条,《劳动合同法》第 40 条等。

从对原有合同的介入以及尊重意思自治的角度来看,请求权模式更具有吸引力。然而,如果均采用请求权模式的话,合同调整会寸步难行,合同调整规范也会丧失原有的意义。因而,在适用上,作为法定调整规范,形成权模式相对于请求权模式而言,更具有适用上的优越性,[1]但是同时不可避免地存在调整内容并非当事人自愿的危险。在形成权模式下,相对于形成诉权,单纯形成权在学说中更受青睐。其可责难的地方也仅是让调整相对人在诉讼程序中承担了积极诉讼的义务。[2] 也就是说,采用单纯形成权模式时,在存有争议的场合,因为合同已经因形成权的行使而完成调整,所以原告往往为调整相对人,其承担起积极主张诉讼的角色。但是,该种不便之处相对于更有效率地维系双方当事人间的利益平衡而言,则显得并非那么重要。

三、小结

法定调整规范的出现,彰显着一个一般性的趋势,即通过一个灵活的,但会扩展司法审判裁量权的法律体系,来修正"要么全有要么全无(要么按照原合同履行,要么终止合同)"的规则。结合本书第二章论述的合同调整的法理,法定调整规范只有在所欲保护之调整利益大于消极变更自由之时,才能够被允许设立。

---

〔1〕 从调整规范适用的效率上来说,形成权模式的适用无疑更简单也更具有吸引力。该种思想也可以适用于解除领域,如德国债法改革之时,立法理由书在第 490 条第 2 款处明确比较了形成权模式以及请求权模式,并最终选择了形成权模式。Vgl. BT - Drucks. 14/6040, S. 255.

〔2〕 Vgl. Wolfgang Jakob Hau, Vertragsanpassung und Anpassungsvertrag, Mohr Siebeck, 2003, S. 414.

本章从三个法定调整规范的典型入手，分析了其适用的具体规则，可以发现各个规范对于当事人的强制力不甚相同。基于此可以从功能上的角度，将法定调整规范区分为强制调整权和确定调整权。强制调整权是指基于法定调整规范，一方当事人所享有的无须获得对方当事人同意的调整权利；确定调整权则是指使当事人一方置于接受新合同或者解除合同二者择一之境地的调整权。在本书所举的典型案例中，情事变更原则下的合同调整权与减价权属于强制调整权；而旅游合同中旅行社的单方调整权属于确定调整权。从未来修改《民法典》的角度来看，应当重视对于确定调整权的运用，因为该种调整方式对合同当事人原有合同的介入更为缓和。同时，赋予调整相对方终止合同的权利，也可以引导调整一方作出更为公平的调整。再交涉义务则是一种较为特殊的调整规范，它并不会直接带来调整的后果也不会影响当事人作出调整的判断。在其适用上，往往应该和既有的调整规范相配合，作为相关调整规范的前置性义务而适用。

从调整规范的行使手段出发，可以将法定调整规范区分为形成权模式和请求权模式。在立法模式的选择上，应当更多地选择形成权模式。虽然请求权模式更加尊重当事人的意思自治，然而，作为特殊情况下的法定调整规范，请求权模式只体现了其推动磋商的一面，并没有实质上的意义。而通过将再交涉义务一般性的运用，同样可以在形成权模式下，实现推动协商的效果。当然，如果如此认定，也就进一步要求，法定调整规范的设立须更为谨慎。

第四章　意定合同调整规范

在合同订立之时，当事人总是基于一定情事的考量而约定合同内容。同时，一旦合同成立，当事人即受到所约定之合同内容的约束。然而，当在合同订立之时的情事发生变化之时，往往亦会发生不受一方或者双方当事人欢迎的效果。在该种情况下，如果合同当事人在订立合同之时就知道情事发生变化的话，则合同当事人并不会以原合同内容缔结合同。为此，法律预设了上述法定调整规范，在某些值得立法者介入的情事变化中，将合同调整为当事人理想中的模样。不过，相对于实践中所发生的众多情事变化的场合，值得立法者介入的场合终究是也必须是少数，当事人也无法完全寄期望于适用法定调整规范来实现自身的利益。在该种背景下，即出现了意定调整规范的适用。依据合同自由原则，当事人自然可以在合同中约定任何不违反法定无效规定的内容。当事人可以将事先预见可能会发生的情事之变化及其应对办法，写进合同之中。此即为意定调整规范。通过意定调整规范，不仅在合同缔结之时满足了当事人的需求，也保证了在情事变化之后当事人的利益公平。[1]

相对于法定调整规范，我国理论界在意定调整规范适用中的着墨并不多。这自然是因为意定调整规范本就是为当事人自由合意所约定，是当事人自由意旨的体现。其并不像法定调整规范一样，具有对当事人合同自由介入的嫌疑，因而并没有议论的话题性。如果严格的按照逻辑出发，意定调整规范这种概念能否存在都有一定疑问。因为意定调整规范和法定调整规范不同，其依据的规范是当事人原有的合同。也就是说，当事人依据原有合同中的规定，调整、变更原有合同，此种行为究竟是对原有合同的"遵守"，还是对原有合同内容的"调整"，尤其在原有合同已经详尽地规定了调整标准之时，此种疑问显得十分明显。例如，当事人在合同中约定，如果在单身公寓中长期居住两个人，则房租上涨 30%。如果将目光扩展于整个意定调整规范领域，则会发现，所有的意定调整规范都会存有此疑问。事实上，从本书的观点出发，意定调整规范既是对原有合同的遵守，也是对原有合同的调整。对原有合同的遵守主要体现在，意定调整规范是原有合同的重要内容之一，在规范中约定的情事发生之时，按照合同严守原则，自然会产生所规定的效果；对原有合同的调整则体现在对原有合同内容的变更之上，有的情况变更标准已经在合同中预定，而有的情况变更并无标准。参照约定解除的规定会发现这种思考方式并不难以理解。在约定解除的场合，当事人一方面严格遵守合同约定，另一方面却产生解除包括该约定解除条款在内的整个合同。在该场合下，对原合同的遵守与对原合同的解除也并不矛盾，该种观

[1] Vgl. Sudabeh Kamanabrou, Vertragliche Anpassungsklauseln, Verlag C. H. Beck, 2004, S. 1.

点也并不影响约定解除作为合同解除的典型规定，发挥合同解除的一般性效果。对本书所欲探讨的意定调整规范，也应当作同样之考量。

第一节　意定合同调整规范的效力考察

法定调整规范的适用，是“法无授权不可为”，也就是说，在法律没有规定的场合，自然没有法定调整规范的适用。意定调整规范的适用，是“法无禁止即可为”，只要法律没有对双方当事人的合意行为进行禁止，意定调整规范即为有效。从这一点出发，意定调整规范与法定调整规范不同，在整合上应多作一层考虑，应当首先排除无效的意定调整规范的类型。

在对意定调整规范进行效力考察之时，应和一般合同规范一样，区别对待格式条款与一般条款。因为格式条款虽然能够为现代社会提供更为便捷的交易方式，其能够使交易谈判的内容相对固定化和程式化，减少了一对一式谈判的风险和摩擦，在经济学上获得了效率与效益的双赢，然而，格式条款的适用却存在导致契约自由失衡、违反合同公平和正义的风险。[1] 对于格式条款，法律往往作出比一般合同条款更为特殊的规制，这在意定调整规范的效力判断中亦是如此。下文将区分一般性合同条款与格式条款来考察意定调整规范的有效性问题，为避免重复论述，适用于一般性合同条款的内容当然地适用于格式条款。

---

〔1〕 参见韩从容：《论格式合同的价值冲突与利益平衡机制》，载《现代法学》2000 年第 6 期。

一、一般性条款的有效性考察

我国《民法典》总则编第六章第三节具体规定了民事法律行为的效力问题，这些规定同样适用于合同法领域。在民事法律行为效力上，可以分为无效法律行为、可撤销法律行为、效力未定法律行为。《民法典》所规定的可撤销及效力未定的法律事由，往往会影响整个合同的效力，而并不单单存在于一部分合同条款之上。而本书试图讨论的核心是，在原合同成立且有效的情况之下，意定调整规范相关条款本身的效力问题，对整个合同效力的考察并不在本书的视野之内。因此，能够对于整个合同效力产生影响的事由及规则，虽然也适用于作为合同一部分的意定调整规范，但并不是本书的讨论范围，在此不作细致考察。在此前提下探讨合同部分条款的有效性问题，不得忽视的是合同部分无效的规则。《民法典》第 156 条确认了部分无效的规则："民事法律行为部分无效，不影响其他部分效力的，其他部分仍然有效。"也就是说，具体到合同领域，合同部分无效，只要不影响其他部分效力的，其他部分仍然有效。在理论上，应当认为我国采取的是以部分无效为原则，以全部无效为例外的立法模式。[1] 在部分无效与全部无效的适用规范上，法律并没有作区分，这也意味着关于合同无效的一般规定，均可导致合同意定调整规范的部分无效。因此，本书将围绕《民法典》中关于合同无效的规定，对一般合同条款的效力进行考察。

《民法典》总则编第六章与合同编第三章的部分条文中分散规定

---

〔1〕 对比《德国民法典》第 139 条的规定："法律行为的一部分无效的，如不能认为除去无效的部分，该法律行为仍会被实施的，整个法律行为全部无效。"《德国民法典》所采取的模式与我国相反，是以全部无效为原则，部分无效为例外。参见黄忠：《法律行为部分无效的处理规则研究》，载《当代法学》2010 年第 3 期。

了合同无效的事由。结合该两章具体规定以及有关理论，对合同一般条款的无效原因作简单分析。

1. 虚假的意思表示

《民法典》废除了《民法通则》第 58 条第 1 款第 6 项及《合同法》第 52 条第 3 项中规定的"以合法形式掩盖非法目的"的合同无效规则，而通过第 146 条对虚伪表示与隐匿行为的规定，将部分原本通过"以合法形式掩盖非法目的"规制的情形纳入其中。[1] 虽然有学者也提出反对意见，认为应当在合同编中再行恢复以合法形式掩盖非法目的的这种合同无效的原因规则，[2] 但最终未被我国《民法典》采纳。

2. 违反法律、行政法规的强制性规定

《民法典》第 153 条规定"违反法律、行政法规的强制性规定的民事法律行为无效"。该条源自《合同法》第 52 条第 5 项。在该项规定的适用上，历来存在诸多争议。因而该条属于不完全规范，需要通过参引其他法律规范的构成要件才能结合成完全规范适用，在此意义上，其具有调和管制与自治功能，将公法规范转接至私法的作

[1] 参见李宇：《民法总则要义——规范释论与判解集注》，法律出版社 2017 年版，第 538 ~ 539 页。

[2] 参见崔建远：《合同效力规则之完善》，载《吉林大学社会科学学报》2018 年第 1 期。崔建远在文中指出，在理论上，"以合掩非"的规定与有关虚伪表示的规定（《民法典》第 146 条第 1 款）、违法无效的规定（《民法典》第 153 条第 1 款）以及有关公序良俗的规定（《民法典》第 153 条第 2 款）的适用场景不相同，存在无法适用上述规定但应当按无效处理的场合。其认为，"当事人签订合同时有意识地违反部门规章或地方法规以牟取私利，甚至谈不上违反某项具体规定但确实严重地损害了相对人的权益或不当地剥夺了（股东或其他身份）资格"，其虽然不能够适用上述规定，"但可以构成以合法形式掩盖非法目的，从而否定合同的效力"。

用。[1] 然而,正是因为参引对象上的不明确,才给适用带来了极大困难。因而,该条文成了司法解释及意见针对的重点。对此,《最高人民法院关于适用〈中华人民共和国合同法〉若干问题的解释(一)》(以下简称《合同法司法解释一》)第4条对该项规定进行了确认,明确合同无效的依据为全国人大及其常委会制定的法律和国务院制定的行政法规,而排除了地方性法规与行政规章;《合同法司法解释二》第14条将"强制性规定"限缩为"效力性强制性规定";《最高人民法院关于当前形势下审理民商事合同纠纷案件若干问题的指导意见》(以下简称《民商事合同案件指导意见》)第15条在此基础上进一步将强制性规定分为效力性强制规定和管理性强制规定,违反效力性强制规定的无效,违反管理性强制规定的,人民法院应当根据具体情形认定其效力。然而,即便作如此解释,也并非使标准变得明晰。最关键的问题是,何种规范属于效力性强制规定。从效力性强制规定的概念出发也得不到任何答案,因为其只是在同义反复而已:其所表达的是,如果某项强制规定将导致违反此规定的合同无效,那么,违反该强制规定的合同无效。[2] 对此,我国有学者呼吁放弃效力性与管理性强制规范的分类,从内容禁令(Inhaltsverbote)、实施禁令(Vornahmeverbote)与纯粹秩序规定(Bloße Ordnungsvorschriften)三个角度通过法律解释来认定实质上的规范意旨。[3] 具体到意定调整规范中,则体现在,法律对合同调整有所限制的时候,当事人约定的调整规范无效。例如,《民法典》第585条第2款对违约金司法酌减的规定。若当事人自行约定了违约金调整的规则,而排除了该条文的

[1] 参见苏永钦:《以公法规范控制私法契约——两岸转介条款的比较与操作建议》,载《人大法律评论》(2010年卷),法律出版社2010年版,第21页。

[2] 参见朱庆育:《〈合同法〉第52条第5项评注》,载《法学家》2016年第3期。

[3] 参见朱庆育:《〈合同法〉第52条第5项评注》,载《法学家》2016年第3期。

适用，则当事人约定的意定调整规范无效。这是因为在解释上出于对实质公平的考量，应当将《民法典》第 585 条第 2 款后段以及其具体适用规则定位为强制性规范。[1]

3. 违背公序良俗

《民法典》第 153 条第 2 款对公序良俗的提法予以首次确认，规定“违背公序良俗的民事法律行为无效”。在意定调整规范中，如果当事人约定调整的对象会有损社会公共利益，有悖于公序良俗，应当为无效。例如，在房屋租赁合同中约定，在一定情事变动之时，将房屋作为卖淫场所。

4. 恶意串通，损害他人合法权益

《民法典》第 154 条承继《合同法》第 52 条第 2 项以及《民法通则》第 58 条第 1 款第 4 项规定，将“行为人与相对人恶意串通，损害他人合法权益”界定为合同无效事由。对于该项规定，理论中一般认为由主观和客观两个因素组成。主观上为恶意串通，即当事人双方具有损害他人合法权益的目的；客观上为当事人间签订的合同损害到他人合法权益。[2] 具体到意定调整规范上，若合同当事人恶意串通，为损害他人合法权益而设立面向未来的意定调整规范，则该规范本身无效，合同仍旧应依原合同履行。

5. 部分免责条款无效

《民法典》第 506 条规定，“合同中的下列免责条款无效：（一）造成对方人身伤害的；（二）因故意或者重大过失造成对方财产损失的”。根据合同自由原则，当事人自然可以约定免责条款，只要在不违反总则编相关无效规定的前提下，法律自然应当认同。然而，对于

---

〔1〕 参见姚明斌：《违约金司法酌减的规范构成》，载《法学》2014 年第 1 期。
〔2〕 参见崔建远主编：《合同法》（第 6 版），法律出版社 2016 年版，第 67 页。

造成人身伤害以及财产损失的免责条款，由于和保护公民的人身权利及财产权利的宪法原则相违背，合同编通过此条加以禁止。当然在解释上，应当认为部分免责条款也在其中。[1] 在意定调整规范领域，若调整规范的效果能够达到对人身伤害以及财产损失免责的效果的话，则依据本条应当无效。

二、格式条款的有效性考察

与传统意义上的合同条款相比，格式条款是近现代社会大量重复生产和交易的产物。和其他国家及地区立法例相同，我国法律也对格式条款作出了特殊性规定。

我国法律对于格式条款的规制较为分散，并没有系统性。总体来说，当前的立法状况是一种以合同法为主，消费者权益保护法、保险法等的相关规定共同构成的复合式的立法体例。[2]

《民法典》第 496 条至第 498 条规定了格式条款合同的基本内容。《民法典》第 496 条第 1 款对格式条款的概念作了定义，即格式条款是当事人为了重复使用而预先拟定，并在订立合同时未与对方协商的条款。其第 2 款则对格式条款订立的原则及程序作出了规定。依该款规定，在使用格式条款订立合同时，提供格式条款的一方当事人应当遵循公平原则确定当事人之间的权利和义务，并采用“合理的方式”提示对方注意免除或者限制其责任等与对方有重大利害关系的条款，同时应按照对方的要求对该条款进行说明。在实务中，《合同法司法解释二》第 6 条进一步将该“合理的方式”解释为提供

---

〔1〕 参见胡康生主编：《中华人民共和国合同法释义》，法律出版社 2013 年版，第 106 页。

〔2〕 参见张建军：《格式合同的司法规制研究》，中国政法大学出版社 2014 年版，第 45 页。

格式条款的一方“在合同订立时采用足以引起对方注意的文字、符号、字体等特别标识，并按照对方的要求对该格式条款予以说明”，同时将已尽合理提示及说明义务的证明责任分配给提供格式条款的一方当事人（第6条第2款）。对于违反提示和说明义务的法律效果，《合同法司法解释二》第9条赋予了对方当事人撤销权，也就是说，此时该格式条款的效力为可撤销。然而，《民法典》第496条改变了此种做法，该条规定“对方可以主张该条款不成为合同的内容”，实际上是从合同订立的角度否认了该条款。这种规定相较于受到除斥期限限制的撤销权，更能够给当事人以充足的保护。[1]《民法典》第497条则规定了格式条款的无效情形。依该条规定，当格式条款具有《民法典》总则编第六章第三节和第506条规定之无效情形时，或是提供格式条款一方不合理地免除或减轻其责任、加重对方责任、限制对方主要权利时，或是提供格式条款一方排除对方主要权利时，该格式条款无效。该条规定一方面确认了格式条款适用于一般条款的无效规定，另一方面突出了格式条款的特别性。《民法典》第498条规定了格式条款的解释问题，因和条款效力关联不大，本书不作讨论。

《消费者权益保护法》第26条也对格式条款作出了规定：（1）经营者在经营活动中使用格式条款的，应当以显著方式提请消费者注意商品或者服务的数量和质量、价款或者费用、履行期限和方式、安全注意事项和风险警示、售后服务、民事责任等与消费者有重大利害关系的内容，并按照消费者的要求予以说明。（2）经营者不得以格式条款、通知、声明、店堂告示等方式，作出排除或者限制消费者权利、减轻或者免除经营者责任、加重消费者责任等对消费者不公平、不合

〔1〕 参见黄薇主编：《中华人民共和国民法典释义》（中），法律出版社2020年版，第955页。

理的规定,不得利用格式条款并借助技术手段强制交易。(3)格式条款、通知、声明、店堂告示等含有前款所列内容的,其内容无效。相对于《民法典》中的内容,《消费者权益保护法》中的规定更为具体,对经营者也赋予了更为严苛的责任。在该条中第3款仅规定了具有第2款内容的格式条款为无效,但并未规定违反第1款合理提示及说明义务的处理办法,在解释上应当与《民法典》第496条第2款作类比,认为对方当事人此时可以主张该条款不成为合同内容。

《保险法》第17条也对格式条款作出了规定:(1)订立保险合同,采用保险人提供的格式条款的,保险人向投保人提供的投保单应当附格式条款,保险人应当向投保人说明合同的内容。(2)对保险合同中免除保险人责任的条款,保险人在订立合同时应当在投保单、保险单或者其他保险凭证上作出足以引起投保人注意的提示,并对该条款的内容以书面或者口头形式向投保人作出明确说明;未作提示或者明确说明的,该条款不产生效力。

在我国法体系下,并没有像《德国民法典》等域外立法例一样通过专章或者特别法来对格式条款进行规定,而是散见于各个法律之中,为此在适用上存在极大的不便。但是,通过对比上述对格式条款的规定,我们依旧能够发现我国法律对于格式条款,一般从两个角度进行规制:其一,适用的程序上,提供格式条款一方当事人应当遵循合理提示及说明义务,违反场合,格式条款未成为合同内容;其二,在内容上,提供格式条款一方不合理地免除或减轻其责任、加重对方责任、限制对方主要权利的格式条款无效,排除对方主要权利的格式条款无效。

1. 程序上的规制

《民法典》第496条第2款相较于《合同法》第39条的规定,扩大了提示和说明义务适用条款的范围。《合同法》第39条提请注意的义务限制在免除或者限制责任之条款方面,《民法典》第 496 条第 2 款将其扩展到“与对方有重大利害关系的条款”。有观点针对《合同法》第 39 条,认为该条本来含义是指任何格式条款都必须要有条款的制作人向相对人提请注意,只不过对格式化的免责条款,条款的制作人应当尽到更高地提请注意义务而已,[1]值得赞同。在说明义务上,一般认为需要考量两方面的因素:一是条款制作人的义务履行方式,包括合同文本中字体的大小、条款内容的清晰程度、提示说明的方法等;二是条款接受方的认知能力,只有对条款的提示说明足以使相对方有机会获取条款信息时,才能得出已尽到说明义务之法律评价。[2] 当然,由于后者并无外部可观测性而前者确定性较强,因而判断的侧重点则在于条款制作人的义务履行方式上。在我国理论中,有学者从以下五个方面对尽到合理的说明义务进行认定:第一,文件的外形。从文件的外在表现形式来看,应当使相对人明确其是规定当事人权利义务关系的合同条款。第二,提起注意的方法。根据特定交易的具体方式,提供格式条款一方可以向相对人明示其条款或以其他显著方式如广播、张贴等公告形式提醒相对人注意。第三,清晰明白的程度。提醒相对人注意的文字或语言必须清楚明白。第四,提起注意的时间。提起相对人注意的行为,必须在合同订立之前或订立过程中。第五,提起注意的程度能够引起一般相对人的注意。[3]

---

〔1〕 参见王利明:《对〈合同法〉格式条款规定的评析》,载《政法论坛》1999 年第 6 期。

〔2〕 参见马辉:《格式条款规制标准研究》,载《华东政法大学学报》2016 年第 2 期。

〔3〕 参见王利明:《对〈合同法〉格式条款规定的评析》,载《政法论坛》1999 年第 6 期。

2. 内容上的规制

《民法典》第 497 条相较于《合同法》第 40 条也作出了重大的修改。在《合同法》的适用中，其第 40 条与第 39 条第 1 款似乎存在矛盾。《合同法》第 39 条第 1 款要求对于“免除或限制其责任的条款”，应当采取合理方式提请相对方注意，同时合理说明，而第 40 条却规定提供格式条款一方其责任的格式条款无效。那么在格式条款中，免除一方责任的条款效力究竟如何呢？单纯从文义上来看，若严格依据第 40 条的规定，将第 39 条第 1 款规定的适用限缩于“限制其责任”的条款之上，也就是说，所有免除提供格式条款一方免除责任的条款均无效，但这势必让第 39 条第 1 款对于免除责任条款的规定成为具文。[1]

《合同法》第 39 条和第 40 条出现的问题应如何修正，学者们作出了不同的尝试。有的学者主张，第 40 条中规定的免责条款与第 39 条第 1 款分管不同时期的责任。第 39 条第 1 款中规定的提请注意的免责条款，只是对未来可能发生的责任予以免责，而《合同法》第 40 条提到的免责条款，是指免除条款制定人在订立合同时即应当承担的责任。[2] 该种思想更像作“免责”条款是否违法的区分，因为在订立合同时应当承担的责任更多的是法定的强制性义务。在该学者之后的论述中，也将该种观点进行了延续，认为《合同法》第 40 条所规定的“责任”，指代当事人依法应当承担的主要义务，“主要权利”

---

〔1〕 有学者针对《合同法》的问题，认为应当将第 40 条的规定分开来判断，格式条款提供方免除其责任或者加重对方责任的，格式条款无效，限制其责任或者排除对方主要权利的，在未尽提示和说明义务时为可撤销。该学者认为在免除提供方责任的条款上，实际上是严格依据第 40 条规定，将第 39 条规定予以限制。参见曾大鹏：《论显失公平的构成要件与体系定位》，载《法学》2011 年第 3 期。

〔2〕 参见王利明：《对〈合同法〉格式条款规定的评析》，载《政法论坛》1999 年第 6 期。

则是对方当事人根据合同性质所享有的主要权利。[1] 有的学者主张,应当区分规制记述核心给付内容的格式条款和记述附随事项的格式条款,并将核心给付条款排除格式条款规制法的规制对象外,而对附随条款通过格式条款规制法来应对。[2] 有的学者主张,可以参照德国法,利用任意性合同法规范的范式作用,通过任意性规范的准则来判断格式条款是否有效。[3] 又有学者进一步主张,可以通过对任意性规范以及集体磋商产生的条款模本的综合运用来实现实质正义标准。[4]

对此,《民法典》在吸收上述学者讨论的基础上,结合实践,在"免除或减轻其责任、加重对方责任、限制对方主要权利"等情形上加上了限定词"不合理地",试图通过此举消弭争议。基于此,《民法典》第496条与第497条逻辑关系就明朗起来。对于格式条款中免除或者减轻自己责任的条款,提供格式条款一方当事人应当依第496条的规定对该条款予以提示和说明,如果未尽到该提示说明义务,则该条款不成为合同的内容。在此基础上,即便该免责的格式条款经提示说明后已成为合同内容,但只要其约定仍被界定为"不合理",则该条款依据第497条的规定仍旧为无效。至于提供格式合同一方"排除对方主要权利"的情形,立法者认为本身就严重违背了公平原

[1] 参见王利明:《合同法新问题研究》,中国社会科学出版社2003年版,第173～175页。

[2] 参见解亘:《格式条款内容规制的规范体系》,载《法学研究》2013年第2期。

[3] 参见[德]卡纳里斯:《债务合同法的变化即债务合同法的"具体化"趋势》,张双根译,载《中外法学》2001年第1期;杜景林:《合同规范在格式条款规制上的范式作用》,载《法学》2010年第7期。

[4] 参见马辉:《格式条款规制标准研究》,载《华东政法大学学报》2016年第2期。

则，不需要其具有不合理性，也可以直接认定格式条款无效。[1]

综上所述，《民法典》针对《合同法》第40条适用的混乱状态[2]，作出了极大的改善。从立法论来讲，从本书的立场出发，上述学者理论中利用任意性规范及行业的示范模本界定格式条款效力的做法更值得赞同。因为从极大地减少法官自由裁量权的角度出发，通过任意性规范及示范模本所作出的限制准则更为具体，法官的判决也更具有稳定性和可预测性。

三、意定调整规范的特殊性

意定调整规范属于合同条款的一种，自然应当适用上述一般性合同条款以及格式条款无效的规定。然而，意定调整规范，尤其是赋予一方当事人单方调整权的合同条款，相对于一般合同条款而言，具有适用上的特殊性。

在合同内容中，意思自治与给付均衡是合同效力考量的两个重要因素。依据意思自治与给付均衡在程度上的不同，可以将合同分为四种类型：第一种是两者的实现程度均较高的场合，如在一般协商缔结的合同，合同往往具有正当性从而有效；第二种是完全没有实现意思自治的极端情形，如胁迫等情形，即便在客观上给付是均衡的，法律秩序也需要介入；第三种是在完全没有实现给付均衡的极端情形，尽管可以推测在其背后的意思自治亦出现了问题，但也有立法例不考虑背后的意思自治而直接介入合同，如罗马法上的非常损失规则；第四种也是最为常见的情况是，意思表示虽然未达到欺诈胁迫以

[1] 参见黄薇主编：《中华人民共和国民法典释义》(中)，法律出版社2020年版，第955页。

[2] 解亘教授将《合同法》第40条的适用情况评价为“一种几近无序的状态”，参见解亘：《格式条款内容规制的规范体系》，载《法学研究》2013年第2期。

及错误的程度，但也并未得到充分的实现，同时给付也并不那么均衡的场合，在此情况下法律一般通过暴利行为、公序良俗原则以及诚实信用原则来应对。[1]

按照上述逻辑，对比一般合同条款和格式条款，会发现在格式条款中，意思自治程度与给付均衡程度均存在偏低的风险。因此，对于格式条款，在法律上需要通过程序上的特别规制以保障意思自治，通过内容上的规制以保障给付均衡。

同样的思路也可以适用于一般合同条款和意定调整规范的对比上。意定调整规范，或许在意思自治领域的问题并不明显（虽然在个案中也可能会产生意思自治不充分的问题，如当事人并没有意识到意定调整规范效果的重要性），但是在给付均衡领域，存在给付失衡的风险。尤其是赋予合同当事人单方调整权的情况下，未来合同内容的变化对于另一方当事人而言甚至都是一个未知数，如果径行认定意定调整规范有效，则可能会使合同利益极端地失去平衡。如果以格式条款的形式设定意定调整规范，则上述问题会显得愈加明显。因此，在域外立法例中，在格式条款的规定下，一般存在对意定调整规范中的单方调整规范进行特殊说明。

例如，在《德国民法典》中，除了在第 307 条规定了一般交易条件的内容控制规则以外，在第 308 条第 4 项特别强调了变更权保留条款的无效，即在考虑到一般交易条款使用人利益的情况下，变更或偏离的约定对合同当事人另一方而言不可被合理期待时，使用人约定变更或改变所许诺之给付权利的条款，尤其不生效力。同时，第 309 条对短期提价的行为也进行了禁止，其规定，预先规定应在合同订立

〔1〕 具体介绍与分析，参见解亘：《格式条款内容规制的规范体系》，载《法学研究》2013 年第 2 期。

后4个月以内提高供应的货物或提供之给付的报酬的条款不生效力。《欧洲示范民法典草案》第Ⅱ-9:410条第1款在不公平条款中规定,“在经营者与消费者订立的合同中,由经营者提供的某一条款具有以下情形的,推定为本节意义上的不公平条款:……(i)规定经营者无须合同明确规定的正当理由即可单方变更合同条款;这一规定并不影响金融服务的提供者在存在正当理由的情况下,无须通知即可变更消费者的存贷款利率或其他金融服务费用的条款的效力,只要规定金融服务提供者必须迅速告知消费者,且消费者有权立即自由的解除合同关系;这一规定也不影响经营者单方变更不定期合同的条件的条款的效力,只要规定经营者必须合理地通知消费者且消费者能自由地解除合同关系;(j)规定经营者无须正当理由即可单方面改变所提供的洞察、其他的财产或服务的特性;(k)……或规定那个经营者可以提高价款,而在提供的价款相对于合同订立时达成的价款过高时,消费者却不享有撤回权;这一规定不影响合法的价格指数化调控的效力,只要明确规定价格变化的方法……”〔1〕该条规定也是延续了《欧共体委员会关于消费者合同中不公平条款的第93/13号指令》附件第1(j)条以及第2条的内容。

综上所述,可以看出意定调整规范相对于一般合同条款具有特殊性,尤其是在格式条款中,单方变更合同的调整规范更应当慎重考量其有效性。然而,意定调整规范有着不同的种类,上述所规制的单方调整规范,仅是意定调整规范的一种。如果对每一种类型的调整规范均进行严厉的控制,则亦有可能妨害到当事人的意思自治。在意定调整规范的规制中,根据意定调整规范类型的不同,维持意思自

---

〔1〕 欧洲民法典研究组、欧洲现行私法研究组编著:《欧洲私法的原则、定义与示范规则:欧洲示范民法典草案》,高圣平等译,法律出版社2014年版,第571页。

治以及给付均衡的平衡点亦不同，因而在进一步探讨对于意定调整规范的规制之前，有必要先将意定调整规范的类型予以分类。

第二节 意定合同调整规范的类型

从意定调整规范的适用出发，可以将意定调整规范分为自动调整规范、单方调整规范和双方调整规范三种类型。

一、自动调整规范

在自动调整规范下，在合同情事发生变动之时，合同内容即发生改变，无须当事人一方或者双方的意思表示。[1] 该种规范适用于当事人对未来情事变化较有把握的场合。当事人从一开始就已经意料到，何种情况的变化能够影响到合同的履行，从而对此设置专门的应对措施。然而，由于合同内容的多样性，情事变化的复杂性，以及当事人预料能力的有限性，在实务中，自动调整规范很难涉及整个合同的调整，而往往集中在内容更为容易确定及变更的领域，如价金调整领域。

例如，在供用电合同领域，依据我国《民法典》第 654 条的规定，用电人应当按照国家有关规定和当事人的约定及时交付电费。对于电费的具体支付义务，往往具体参见于各个地区出台的示范合同文本。以四川省为例，在四川省工商行政管理局、四川省经济和信息化委员会制定的《四川省居民生活供用电合同》（示范文本）中，其明确规定了“供电人按照国家价格管理部门批准的电价和随电量征收的

---

〔1〕 Vgl. Sudabeh Kamanabrou, Vertragliche Anpassungsklauseln, Verlag C. H. Beck, 2004, S. 17.

各项费用收取电费，并在发生电价和其他收费调整时，按规定执行”。[1] 该条对于电费的调整规定，实际上即是对自动调整规范的应用。另一个典型的例子是在劳动合同中的工资给付。在劳动合同中，用人单位往往会根据具体情形设立工资调整机制（该机制为我国《劳动合同法》第22条第3款所确认），在经过一定期限或者发生一定情事之时，对工资予以调整，此种调整也是对自动调整规范的运用。在此处应当注意的是，电价调整以及工资调整机制，和分期付款买卖以及分批交付标的物的买卖不同，虽然两者均具有按期给付的外在表象，但在分期付款买卖以及分批交付标的物买卖中，靠后的批次及期限的内容上的变化并非对靠前批次及期限的改变，而是对整个合同内容的履行。在电价调整以及工资调整的条款中，其变化是对整个合同履行内容的变化。[2]

同时需要注意的是，自动调整规范往往和近年来有学者所主张的合同条款的附条件具有一定类似性。因为自动调整规范在更多的情况下都是约定在某一条件实现的前提下，对合同产生的调整。在提倡应重视“法律行为的条款附条件”概念的学说中，崔建远教授通过对法律行为附条件与法律行为的条款附条件的区分意义的探讨，来体现该概念独立的必要性：第一，若所附条件为停止条件且尚未成

---

〔1〕 资源来自北大法宝，法宝引证码为 CLI. CS. 6940。

〔2〕 在继续性合同中，债务人自始认识到他不是在分期履行一个数量上业已确定的给付，其依一定时间提交的给付，不是部分给付或“一部清偿”，而是某种程度上具有经济上及法律上之独立性的给付，并且是在履行该时点所负的债务；而分期付款、分批交付合同中自始存在一个确定的总给付，每一期的给付仅是合同的部分给付或“一部清偿”而已。参见屈茂辉、张红：《继续性合同：基于合同法理与立法技术的多重考量》，载《中国法学》2010年第5期。当然，如果自动调整规范并不存在于继续性合同中，那与分期付款、分批交付合同更无可比较的基础。

就，则法律行为附条件带来的效果是整个法律行为项下的义务均未届期，债权人不能请求债务人履行法律行为项下的义务，而条款附条件的场合则可以。第二，如果在所附条件为停止条件且尚未成就的场合下，债务人违反法律行为，则在法律行为附条件的场合，债权人基于期待权请求债务人承担侵权责任，而在条款附条件的场合，债权人有权主张承担违约责任。第三，如果所附条件为解除条件且已经成就，则法律行为附条件的场合，法律行为失去效力，基于该法律行为的权利义务关系也归于消灭，而在条款附条件的场合，法律行为继续有效，除了该条款之外的其他义务继续存在。第四，如果所附条件为纯粹随意条件，当该条件为停止条件时，在法律行为附条件的场合，法律行为整体无效，在条款附条件的场合，只是相应的条款无效。[1] 在该学说中，法律行为条款附条件的效果是该条款尚未生效。那么，如果将自动调整规范和合同条款的附条件作等同考量的话，是不是可以认定为自动调整规范也是未生效的呢？

从本书观点出发，自动调整规范效力为有效，理由有以下几点：第一，上述合同条款的附条件概念本身能否成立仍存有疑问。众所周知，条件是法律行为的附款。[2] 然而，“法律行为的附款”这一概念，在理论上却始终没有统一的内容，从广义上来说，它可以指代所有附加于该法律行为上的条款，例如，所有权保留条款、利息条款、担保条款、回购条款、免责条款等。[3] 对于该些条款，虽然也会有各种各样的条件出现，但法律上并没有统一的规定。与此相对应，条件及期限的规则仅限定在“对法律行为的附款”作狭义的理解之上，即在

〔1〕 参见崔建远：《论法律行为或其条款附条件》，载《法商研究》2015年第4期。

〔2〕 我妻栄『新訂民法総則（民法講義Ⅰ）』（岩波書店，1965年）406頁参照。

〔3〕 『注釈民法（4）』（金山正信）（有斐閣，1967年）296頁。

法律行为中,作为效果意思的"一体性的内容"所附加的、制约该法律行为效力之发生或消灭的条款。[1] 由此可见,在一般理论中,为了和其他法律行为的附款相区分,条件的效果作用于法律行为效力本身,而合同条款的附条件并非作用于法律行为效力本身,能否称得上是法律层面上的条件,存有疑问。第二,即便承认合同条款附条件这一概念的存在,但是该种附条件能否适用合同附条件的一般规则,笔者持保留意见。首先,在我国实证法上,《民法典》第 158 条仅规定的是对法律行为整体即合同的效力可以附条件,并未提及合同条款的效力。其次,在合同的条款中,自然有很多条款内容设有各种各样的"条件",如果将该类条款的效力全部认定为未生效,则会打破学界对传统合同条款效力的认知。例如,在免责条款下,当事人的免责往往也以一定的条件为前提,但是在讨论中却鲜见对于免责条款未生效的讨论。再次,即便在合同条款中附上了随意条件,也并不一定会导致合同条款的无效。例如,在回购条款中,约定的条件的实现与否往往取决于出卖人一方的意思,而对于该种条款,域外立法例中甚至有法律明文规定(《日本民法典》第 579 条),其效力显然不可能为未生效。最后,即便认可在特殊情形下合同条款附条件对条款本身效力的影响,那也并不是债权行为层面上的合同条款未生效,而是在物权行为层面上的未生效。例如,在所有权保留条款中,其条件仅决定标的物所有权的移转,并不会决定所有权保留条款本身效力之发生或消灭。[2] 综上,即便承认合同条款附条件的概念,合同条款也并不因所附条件而未生效,合同条款本身(债权合同方面)应当为有效。第三,从自动调整规范的角度来说,其和免责条款、回购条款等一样,

---

〔1〕『注釈民法(4)』(金山正信)(有斐閣,1967 年)296 頁。

〔2〕参见梁慧星:《民法总论》(第 5 版),法律出版社 2017 年版,第 189 页。

虽然也以一定条件的实现为目标，但是作为合同条款的一部分，其效力是有效的。对此参照约定解除条款的效力也可以得知，虽然当事人通过条款约定，在一定条件之下，当事人一方才享有解除权，但这也并不妨碍约定解除条款具有完整的合同效力。

二、单方调整规范

单方调整规范是指一方当事人经由单方意思表示即可调整合同的合同规范。在该规范下，当事人对合同内容作出的调整无须经过相对方同意。该种规范在格式条款中，尤其是与人民基本生活相关的消费者合同下得到了广泛的运用。例如，《中国工商银行电子银行个人客户服务协议》第2条第2款第16项规定，“甲方（客户）使用乙方（中国工商银行）电子银行服务的，应按照乙方制定并公布的相应收费标准支付服务费用。具体收费标准及优惠政策等，详见乙方在网站及营业网点公布的《服务价目表》。各项收费如有变动，以乙方最新公告为准”，同时第3条第1款第2项规定“乙方有权依法制定电子银行业务收费标准，并在网站及营业网点进行公布”。[1] 在该合同中，服务费用的标准完全由银行方所定，同时银行通过公告的形式作出意思表示，因而属于典型的单方调整的规范。在非消费者合同中，该种规范也得到一定程度的适用。[2] 当然，单方调整规范中设置的单方调整权为形成权，自然应当受到除斥期间的限制。

值得注意的是，虽然当事人在合同中对于单方调整规范的使用达成了合意，但是关于调整后的合同内容，当事人并没有达成合意。

---

〔1〕 资料来源于中国工商银行官方网站：www.icbc.com.cn，2018年3月1日访问。

〔2〕 例如，在北大法宝所提供的关于《食品销售代理合同》的合同样式中，其中规定“为适应市场竞争的需要，甲方有权对本合同进行适当变更，但变更必须是善意与合理的”。资料来源于北大法宝，法宝引证码为CLI.CS.7812。

那么一方当事人通过单方调整规范的应用所形成的新合同内容,能否订入合同呢?基于鼓励交易的原则,法律并不要求双方当事人对于所有的给付条款达成合意,只要当事人之间的合同标的、数量确定,合同即能够成立。[1] 然而,在实务中,即便是在合同标的、数量不确定的情况下,只要当事人有特殊约定,那么合同仍旧是成立的(《合同法司法解释二》第1条第1款但书)。也就是说,只要有合同当事人的特约,即便内容上无法得到确定,合同也成立且有效。当事人对单方调整规范的应用,恰巧就是对未来合同内容所作出的特约,因而只要该条款不违反相关无效规定,新的内容自然能够订入合同。此外,有学者立足于消费者保护的视角,认为不应当全面禁止单方调整规范订入合同,理由如下:第一,在经营者通过先进技术或改进管理降低了经营成本或增加盈利,而为回馈客户进行调整之时,禁止其规范订入合同会导致消费者无法享受经营者提供的利益;第二,因为经营者的运行成本最终均由消费者承担,所以即便禁止经营者对收费等进行适当性调整,经营者也可以通过其他方式来维系自己的成本;第三,如果全面否定单方调整规范,则消费者会面临难以承受的信息负担,因为经营者每欲作出改变都需要征求每个消费者的同意,会极大地增加消费者的信息负担和交易成本,有违效率原则;第四,否定单方调整规范并不符合当代合同法上的政策判断,当代合同法降低了对合同当事人实际同意的要求,以努力促成合同的成立;第五,在美国法等比较法上,"披露在后"的条款也逐渐得到承认。也就是说,即便当事人一方迟延将条款展示给另一方,也不能因此否定该条款的效力。[2]

---

〔1〕 参见冉克平:《论私法上的合意及其判定》,载《现代法学》2014年第5期。
〔2〕 参见孙良国:《单方修改合同条款的公平控制》,载《法学》2013年第1期。

根据单方调整规范所规定的调整内容的不同，可以再细分为两种类型：第一种类型是调整内容确定的单方调整规范。该种类型与自动调整规范相似，只不过其行使仍旧需要当事人一方的意思表示，而自动调整规范并不需要当事人的意思表示。也就是说，在满足该调整规范所规定的要件之时，一方当事人仅享有依约定变更合同的权利，而并不能肆意决定合同调整的内容。第二种类型则是调整内容不确定的单方调整规范。在该种类型下，合同调整内容完全由调整一方当事人决定，因此和第一类型相比，第二种类型更具有破坏当事人之间利益平衡的可能性。

三、双方调整规范

双方调整规范是指需要当事人再交涉达成合意后才能调整合同的规范。该种规范仅起到一种引导作用，引导当事人协商应对合同情事的变化。该种规范常见于政府部门拟定的合同文本之中，但是在诉讼中不常见。正如石川博康博士所言，双方调整规范本就是当事人之间意欲不通过诉讼而通过规定再交涉义务解决问题的规范，对此产生的纷争若再经由法院来作判断，则其与当事人最初的想法背道而驰。[1] 因此围绕双方调整规范而产生的纠纷，在实务中并不多见。

在各式各样的合同范本中，双方调整规范得到了广泛的应用。例如，在商务部制定的《家政服务合同》（中介制范本）中规定"本合同内容有变更的，以'家政服务合同变更书'为准，除变更条款外，其他条款不变"。同时在随后给出的家政服务合同变更书的样本中，仅提出服务期限、服务内容、服务场所、服务方式、中介服务费、劳务报

〔1〕 石川博康『再交渉義務の理論』（有斐閣，2011 年）217 頁参照。

酬等变更内容，也意味着对其他方面的内容无法通过当事人合意变更。[1] 又如，建设部、国家工商行政管理总局制定的《建设工程招标代理合同》（示范文本）（GF－2005－0215），其第13条第2款与第3款规定“本合同签订后，如因法律、行政法规发生变化或由于任何后续新颁布的法律、行政法规导致服务所需的成本或时间发生改变，则本合同约定的服务报酬和服务期限由双方签订补充协议进行相应调整。本合同当事人一方要求变更或解除合同时，除法律、行政法规另有规定外，应与对方当事人协商一致并达成书面协议。未达成书面协议的，本合同依然有效”[2]。在双方调整规范与强制缔约义务相结合的领域，一方当事人在对方当事人提起再交涉之时，则与合同订立时相同，同样负有强制缔约的义务。例如，在国家电力监管委员会、国家工商行政管理总局制定的《大用户与发电企业直接交易输配电服务合同》（示范文本）（试行）（GF－2009－0514）中第9.1.2条规定“合同期内，甲方用电需求计划超出约定的合同电量，如乙方能满足甲方需求，可经相应电力调度机构安全校核后，甲乙双方另行签订补充协议约定。乙方不能满足甲方需求，可由丙方负责组织提供。合同期内，甲方用电需求计划低于约定的合同电量，如果乙方同意削减合同电量，可在进行安全校核后，甲乙双方另行签订补充协议约定”[3]。在该合同范本中，如果客户用电量超过发电企业，则乙方负有强制缔约的义务，而如果用电量低于约定电量，则合同的调整则需要经过乙方同意，因为乙方在此时并不负有强制缔约义务。

在双方调整规范中，虽然当事人有再交涉义务，但是再交涉义务

[1] 资料来源于北大法宝，法宝引证码为CLI. CS. 7157。

[2] 资料来源于北大法宝，法宝引证码为CLI. CS. 3576。

[3] 资料来源于北大法宝，法宝引证码为CLI. CS. 6190。

并不代表着一方当事人负有调整义务。双方调整规范仅是起到推动双方当事人自律地解决纠纷，而并不能实际上起到调整合同的效果。

第三节　意定合同调整规范的适用规则

正如本章第一节所述，意定调整规范作为合同条款的一种，自然应当受到一般性合同条款以及格式条款无效规定的制约，但是由于意定调整规范的特殊性，尤其在单方调整规范的类型下会极度导致当事人之间的给付不均衡，因而对于意定调整规范的适用规则，应当相较于其他规范作更深一步的探讨。

一、规范类型不明时的解释规则

本章第二节对于意定调整规范的类型进行探讨，各个类型之间从理论上来说泾渭分明，但是在实务中，几种规范交杂在一起，往往无法清晰地界定。例如，假设在土地和房屋租赁合同中当事人约定“土地租金每六年在双方友好协商下可根据当时的市场价格进行适当调整”，而在六年后，出租方提出调整而承租方不同意，出租方诉诸法院请求按照市场价格调整租金，能否获得法律支持。从该合同条款的文义解释出发，可以往两个方向解释：第一种是向双方调整规范的方向解释，因为在该条款中约定了“双方友好协商”“可”等字眼，所以可以解释为在合同调整之时仍需要合同当事人进行另行合意；第二种是向自动调整规范或者单方调整规范的方向解释，因为该条款明确地约定了具体调整的时间和租金标准，因而在调整之时并不需要当事人的另行合意。

合同解释的目的是探求当事人的真意。王泽鉴先生认为，关于契约解释，自罗马法以来有三种更主要的解释原则，流传至今，一为

“误载不害真意”(falsa demonstratio non nocet),二为“矛盾行为,不予尊重”(protestatio declarationi),三为“有疑义时,应作不利条款制定人之解释”(intepretatio contra moferentem)。[1] 我国《民法典》第466条第1款将合同解释转介至第142条第1款之上,依该款规定,合同解释是应当“按照所使用的语句,结合相关条款、行为的性质和目的、习惯以及诚信原则”来进行解释,确定了文义、体系、目的、交易习惯以及诚信五种法定解释因素。当然,上述五种因素无非解释时应考虑的各项因素而已,对于解释者并不具有规范意义上的拘束力。[2] 同时,在格式条款的解释中,《民法典》第498条采取了“三步走”的解释方法:首先,如果格式条款和非格式条款不一致,应当采用非格式条款(第498条第3句);其次,在对格式条款的解释上,应按照“通常理解”予以解释(第498条第1句);最后,若按照上述因素无法在数种可能的解释中作出取舍,则应作出不利于提供格式条款一方的解释(第498条第2句)。

在意定调整规范类型的解释中,自然也应当按照上述规则来解释。然而,仍旧存有以下疑问:在非格式条款的情况下,如果按照《民法典》第142条第1款的规定,仍无法探求出当事人的真意而存在数种解释时,应当作何种取舍呢?对此问题的回答,有必要进一步考察各种类型调整规范背后的利益平衡点。

为了叙述方便,笔者采取既有学者的理论,使用“合意度”表述来代表合同中意思自治原理的充足程度。[3] 在一般理解中,人们往往并不通过程度的方式来论述合意,而是通过有无的方式来衡量。然

---

〔1〕 参见王泽鉴:《债法原理》,北京大学出版社2009年版,第167页。

〔2〕 参见朱庆育:《民法总论》(第2版),北京大学出版社2016年版,第231页。

〔3〕 参见解亘:《格式条款内容规制的规范体系》,载《法学研究》2013年第2期。

而，在实践中，特别是在格式条款的应用下，当事人虽然对合同达成了合意上的一致，但是其往往并不了解所有合同条款的内容。因此，在论述当事人对合同调整内容的熟悉程度之时，“合意度”的提法具有一定说明上的优势。

在自动调整规范中，因为当事人在合同订立时即已知道调整的内容或者调整的趋势，因而关于调整内容，与其他合同条款一样，当事人有着较为充足的合意度。然而，其所带来的对合同内容自动、强制地变更，会极大改变当事人之间的法律关系内容，也正因如此，对于自动调整规范才需要充足的合意才可适用。

在单方调整规范中，合同内容的调整需要当事人作出意思表示，相对于自动、强制地变更合同内容，单方调整合同还存有不变更合同内容的可能性，同时其变更权也受到除斥期间的限制。根据单方调整规范类型的不同，当事人对于调整内容的合意度也不同：调整内容确定的单方调整规范的合意度高；调整内容不确定的单方调整规范合意度低。

在双方调整规范中，合同内容的调整需要双方当事人的合意，因而其对原有合同介入的可能性相较单方调整规范更低。同时，当事人对于合同调整内容的合意度相较于自动调整规范更高，因为在自动调整规范中，若运用格式条款规定调整内容，当事人仍存在不明晰调整内容的可能性，但是在双方调整规范中，很难想象当事人在不熟悉调整内容的情况下达成合意。

通过以上对三种调整规范在合意度以及对合同介入程度的分析，在无法通过一般解释规则探求出当事人的真意之时，按照以下方法作出解释方案的取舍：第一，若该意定调整规范存有向双方调整规范解释可能性之时，应当首先采取双方调整规范的解释。因为在双方调整规范下，当事人对调整内容的合意度高，同时对原有合同内容的介入也是在双方当事人合意之下进行的。因而，在无法明确解释出当事人具有单方或自动调整合同的意思之时，应当采取双方调整规范的解释。第二，在仅能从自动调整规范和单方调整规范两者之间选择解释路径之时，应当选择单方调整规范。一个合同条款能够作自动调整规范的解释，也就意味着其调整内容已经为合同所确定。也就是说，实际上是在自动调整规范和调整内容确定的单方调整规范中作出解释的选择。在此种情况下，两者的合意度相同，因而应当考虑对原有合同内容的介入可能性。单方调整规范为单方调整权人保留了维持原有合同内容的可能性，在存有疑义的时候，应当作尽量维持原有合同内容的考量，也就是作单方调整规范的解释。第三，对于自动调整规范，必须在能够明确地探求出当事人存有自动调整之意思时，方可解释适用。因为自动调整规范对于当事人合同的介入力度过于强大，在当事人意思表示不明确的情况下，应当限制其适用。

因此，在上文所举土地和房屋租赁合同之例中，应当作双方调整规范之解释，即在合同调整之时仍需要双方当事人达成合意，如果没有达成，则合同内容并无变动。此处还可以另举一例说明，如我国国家能源局、国家工商行政管理总局制定的《风力发电场购售电合同》（示范文本）（GF－2014－0515）中第13.3条规定，“在本合同的有效期限内，有下列情形之一的，双方同意对本合同进行相应调整和修改：（1）国家有关法律、法规、规章以及政策变动对本协议履行造成重大影响的；（2）本协议内容与能源监管机构颁布实施的有关强制性规则、办法、规定等相抵触；（3）双方约定的其他情形”〔1〕。在本合同范本中，约定了双方当事人有义务同意对合同的调整，但是并未约定应

〔1〕 资料来源于北大法宝，法宝引证码 CLI. CS. 7207。

该如何调整。依据本书的解释，该条属于双方调整规范，在双方达不成一致的情况下，合同内容未变更。在合同未变更的情况下，并不代表着合同仍旧能够继续履行，因为合同规范是否能够继续履行，还应当受到合同法其他制度，如不可抗力、情事变更、违法无效等限制。

二、内容不确定之单方调整规范的特殊规则

上述对规范类型进行解释确定的重要性，不仅体现在各个规范类型的适用要件不同有必要确定之上，还体现在对各个规范类型所作的公平控制不同之上。通过上述分析，对于自动调整规范、双方调整规范以及内容确定的单方调整规范而言，其在尊重当事人的意思自治和维持给付均衡之上，和其他合同条款相比，并无特殊性，因为其调整内容要么是已由当事人合意确定，要么是另行经当事人协商确定。因此，对于三者的规制，仅受到合同无效一般事由的规制即可。

对于内容不确定的单方调整规范，因为其内容完全由当事人一方所定，所以有可能在调整内容中给相对方当事人设立无法接受的义务，从而破坏给付的均衡。对此，为了保障相对方的利益，实现合同公平，有必要对该类型的调整规范施加特殊的规制。实际上，与其说是特殊规制，不如说是在法律适用的解释上与其他调整规范不同而已。因为在没有实证法规定的前提下，任何对内容不确定之单方调整规范的特别规制，仅是对诚实信用原则以及公平交易原则运用的具体化规定而已。也就是说，内容不确定之单方调整规范和其他调整规范相同，都应当受到诚实信用原则和公平交易原则的限制，但是在具体考量因素上，内容不确定之单方调整规范具有特殊性。

以下结合我国现有学说的讨论以及比较法上的规定，对内容不确定之单方调整规范在诚实信用原则以及公平交易原则下的考量因

素加以分析。

1. 正当理由的要求

正如《欧洲示范民法典草案》第Ⅱ－9:410条第1款(消费者合同)中规定的那样,单方调整规范中应当具备合理正当的调整理由。《德国民法典》第308条第4项(格式合同)也作出了“可合理期待”的要求。在我国现有的理论中,也存在主张需具备有效理由的观点。例如,有学者从消费者合同角度来看,“有效理由”应当合乎诚实信用与公平交易的标准,其意味着法律为经营者因自身利益而改变条款提供可能性,但同时严格要求经营者基于互惠性考虑消费者利益。[1] 亦有学者以海上平台建造合同为视角,认为委托方依据合同约定取得的单方变更权,其行使应仅限于不可抗力之情形。[2] 虽然还未有观点统一从单方调整规范的角度来阐述,但是既有的观点已经给了我们一种考量的方向。如果合同条款中未规定正当理由,而赋予合同一方的无限调整权,则该合同调整更倾向于被认定为违反诚实信用原则而无效,当其为消费者合同或者格式合同的条款之时更是如此。

2. 相对人退出手段的建立

我国学说中有观点主张,应借鉴《欧共体委员会关于消费者合同中不公平条款的第93/13号指令》的规定,在单方调整规范中明确赋予消费者解除合同的权利,同时无须承担任何成本。[3] 此种赋予相

---

〔1〕 参见孙良国:《单方修改合同条款的公平控制》,载《法学》2013年第1期。

〔2〕 参见刘伟军:《合同买方单方变更权研究——以海上钻井平台建造为视角》,载《河北经贸大学学报》2016年第5期。

〔3〕 参见孙良国:《单方修改合同条款的公平控制》,载《法学》2013年第1期。

对方解除权或者拒绝权限的观点在其他学者处也有体现。[1] 该种想法，事实上和本书在分析法定调整规范之时所提出的应更多地设计确定调整权，而减少强制调整权的想法不谋而合。在为对方当事人设立退出手段的情况下，实际上平衡并保障了调整一方当事人调整合同内容的利益和保证对方当事人对合同内容的意思自治。在单方调整规范中，如果为相对人设立了退出手段，在评价上不应当否认其效力。

需要强调的是，上述两点只是在判断单方调整规范是否有效的额外考量因素，并非具有规范上的拘束力。在具体判断是否违反诚实信用等规则时，还要结合其他足以能够影响判断的具体事实来认定。

三、小结

与法定调整规范不同，意定调整规范问题的核心是在其效力规制上。当事人约定的意定调整规范形式多样，只要不违反法定的无效事由，均应为有效。意定调整规范属于一般合同条款，应当受到相应的免责条款无效、格式条款无效规则的拘束。但是，意定调整规范又具有特殊性，与其他合同条款相比，其在意思自治以及给付均衡方面存在程度偏低的风险。但是，该种风险的存在与否，也与意定调整规范的类型息息相关。

从意定调整规范的适用出发，可以将意定调整规范区分为自动调整规范、单方调整规范以及双方调整规范。在自动调整规范下，符

---

〔1〕 参见刘伟军：《合同买方单方变更权研究——以海上钻井平台建造为视角》，载《河北经贸大学学报》2016 年第 5 期；徐伟、黄喆、沈杰：《工程承包合同变更的限制》，载《东南大学学报（哲学社会科学版）》2012 年第 3 期。

合调整条件时，调整内容自动发生，无须当事人的意思表示；在单方调整规范中，需要由调整一方当事人作出意思表示；在双方调整规范中，合同的调整需要双方当事人共同作出意思表示，即达成合意。在一个意定调整规范存在多种类型的解释可能时，应首先采取双方调整规范的解释。在既可解释为自动调整规范亦可解释为内容确定的单方调整规范之时，选择单方调整规范的解释。因为自动调整规范对于双方当事人合同的介入力度太大，在解释不出明确意思表示之时，不易适用自动调整规范。

由以上三种类型的分析可以得出，并不是所有的意定调整规范都具有特殊性。至少在自动调整规范、双方调整规范以及内容确定的单方调整规范中，相对于其他合同条款并无特殊性，因为其调整内容要么是已由当事人合意确定，要么是另行经当事人协商确定。在内容不确定的单方调整规范中，实际上合同当事人对于调整的内容层面并无合意。因此在除了一般合同条款层面上的判断之外，还需要借助以下两个因素来综合判断是否违背了诚实信用：第一个因素是该条款对于合同变更有没有约定正当理由，第二个因素是该条款有没有为调整相对方当事人预设退出手段。

第五章　合同调整规范的整合

对合同的调整，除了当事人事后合意调整合同之外，还有合同调整规范的适用。以上两章分别对法定调整规范以及意定调整规范的适用加以分析，本章则试图对整个合同调整规范的趋势以及统一的适用效果进行分析。

第一节　合同调整规范的适用分析

无论是法定调整规范抑或意定调整规范，其效果均指向合同调整。在众多构成要件不同、调整方式亦不同的调整规范中，整合出统一的适用规则，对于分析框架的选取则显得异常重要。

一、分析维度的选取

在域外学者的研究中，有观点以调整内容是否经由当事人合意作出为分析维度，分析法律上以及约定中的调整规范。[1] 该观点立足于关系合同理论,认为契约上义务的来源并非当事人的意思,而是当事人之间形成的关系,同时以诚实信用原则作为媒介,将该种关系中所存在的内在的规范吸收入实定法规范之内。其相对于合同具体当事人的合意,更加注重各个领域所形成的共同体的价值,从而将侧重点定于合同过程之上。在该观点中,支撑起关系合同理论的是持续性和灵活性的合同原理。持续性体现在对原有合同的维持之上;而灵活性则是指为了使合同继续存在,合同内容所具有的可调整的特性。在该理论下,合同调整规范是作为尊重合同持续性原理而存在于法规范体系下的。

该观点以关系合同理论为核心,试图淡化当事人具体合意的作用,然而,却通过对调整内容的合意与否来划分具体的合同调整规范,存在矛盾。同时,在该分类下,强调了对于调整内容的合意与否,但是忽视了对于合同调整规范本身的合意与否,同时忽视了合同调整规范所确立的调整方法的不同。举个例子来说,在该理论中,自动调整规范和在情事变更之下再交涉义务相同,均属于调整内容为合意约定的场景[2],但是该两者在适用原则上以及调整方法却上存在较大的区别:自动调整规范受到法律的控制,同时在满足条件的情况下自动调整且内容确定;而再交涉义务则是作为推动当事人协商的工具,并不必然实现调整。因此,单纯从合同调整内容的合意与否出发,无法考察出合同调整规范本身适用情况的全貌。

有鉴于此,本书放弃通过对合同调整内容之合意的考察来分析合同调整规范的方法,而立足于合同调整规范本身,采取两个维度来分析。第一个维度是,考察合同调整规范本身的设定,是否基于当事

---

〔1〕 内田貴『契約の時代』(岩波書店,2000 年)94 頁参照。
〔2〕 内田貴『契約の時代』(岩波書店,2000 年)97 頁、100 頁参照。

人的意思自治。该维度也是本书整体论述框架所采取的维度。在此处,本书参照比较法上观点,以合同调整规范的"自律性"与"他律性"来界定规范所在的方向。[1] 如果合同调整规范是基于当事人的意思自治而成立的,也就是意定调整规范,则将其放入自律的方向;相反,法定调整规范则放入他律的方向。第二个维度是,考察合同调整规范为合同调整目标的实现预设了何种手段。根据手段的不同,可以分为"结果关联性"和"过程关联性"两种调整规范。[2] 结果关联性规范是指,能够直接并且具体地确定合同如何调整(合同调整结果)的规范;过程关联性规范,是指为了推动调整目的的实现而所设立的,仅指向合同调整过程的规范。

二、合同调整规范的适用趋势

基于自律性和他律性、结果关联性和过程关联性的两个维度,可以在所有的合同调整规范中定下两个轴,从而界分不同的情况,如图1所示[3]:

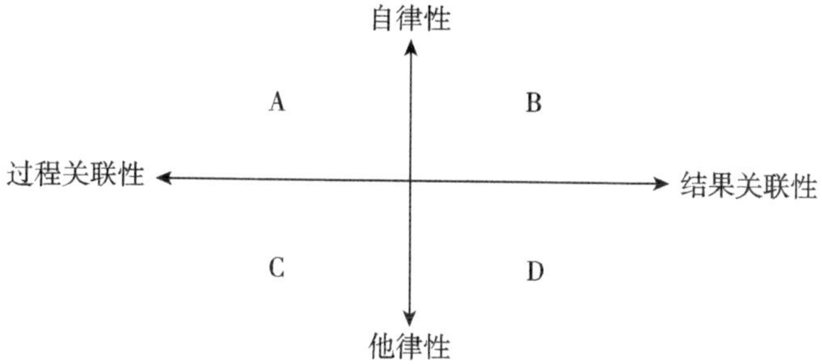

图1　合同调整规范

[1] 石川博康『再交渉義務の理論』(有斐閣,2011年)232頁参照。
[2] 石川博康『再交渉義務の理論』(有斐閣,2011年)232頁参照。
[3] 本图改编自石川教授文中所用之图,石川博康『再交渉義務の理論』(有斐閣,2011年)233頁参照。

通过对两个维度的搭配组合，可以将合同调整规范大致分为四种类型：第一种为自律性兼过程关联性的调整规范（图中 A 领域），上文所提到的双方调整规范即属于该种类型。第二种为自律性兼结果关联性的调整规范（图中 B 领域），除了双方调整规范之外的意定调整规范均属于该种类型。在其中，自动调整规范的结果关联性相对较强。第三种为他律性兼过程关联性的调整规范（图中 C 领域）。例如，情事变更原则之下的再交涉义务，即属于该种规范中的典型。第四种为他律性兼结果关联性的调整规范（图中 D 领域），法定调整规范中强制调整权项下的调整规范则属于该项调整规范。值得探讨的是，法定调整规范中确定调整权项下的调整规范应当属于 C 领域还是属于 D 领域呢？通过确定调整权的应用，可以使调整相对方陷入接受调整或者选择解除的境地之中。然而，该种境地并非能产生确定调整的结果，其更多的是发生推动当事人走向调整的效果。有鉴于此，本书将其放入过程关联性调整规范的领域内，虽然其与再交涉义务相比，对过程的关联性程度不高，但是与其放入结果关联性的规范之中，其更偏向于过程关联性的规范。

如果综合考察本书所讨论的法定调整规范与意定调整规范的适用规则，会惊奇地发现，有两个相似的倾向。

第一个倾向是，结果关联性规范向过程关联性靠拢的倾向。无论是在法定调整规范领域，还是意定调整规范领域，均存在此种倾向。在法定调整规范领域，以情事变更原则的适用为例，在传统理论之下，其效果只有合同调整和合同解除，争论更多的也是合同调整与合同解除何者为首要效果而已。[1] 不过近几十年来再交涉义务的

---

〔1〕 勝本正晃『民法における事情変更の原則』（有斐閣書房，1926 年）25 頁参照；我妻栄『債権各論上巻』（岩波書店，1954 年）26 頁参照；『新版注釈民法（13）』（五十嵐清）（有斐閣，1996 年）69 頁参照。其中勝本教授将合同调整作为第 1 性的效果，而我妻荣将合同解除作为第 1 性的效果。

出现,使之成为情事变更原则之下的第三个效果,该效果的适用顺位更是排在合同调整与合同解除之前。[1] 这也表示,在情事变更原则的效果中,出现了从结果关联性向过程关联性规范转变的趋势。在意定调整规范领域,在对单方调整规范的规制之上,正如上述,近年来也出现了较多观点主张,应当着重考察在单方任意调整规范之中,是否规定了相对方的退出机制,由此来认定该规范是否违反了诚实信用原则。这也就说明,在部分意定调整规范中,已经出现了将强制调整权转变为确定调整权的倾向,这也同样意味着从结果关联性规范向过程关联性规范靠拢的倾向。

第二个倾向虽然与第一个倾向息息相关,是重视自律性的倾向。通过过程关联性规范的适用,完全由当事人协商决定调整内容,在扩大实现自律的契机的同时,经由再交涉的过程使当事人从多元化的角度找到纠纷的解决方法,这本身就是在为自律实现纠纷的解决奠定基础。因而从这个角度说,有学者将他律的过程关联性规范中的再交涉义务称作"自律支援规范"。[2]

无论是第一个倾向,还是第二个倾向,均与过程关联性规范中的再交涉义务及其类似制度有关。可以说,再交涉义务作为合同调整规范中的"万金油",起到了联系结果关联性规范与过程关联性规范、自律性规范与他律性规范之间的桥梁作用。因此,在合同调整规范的适用上,再交涉义务的应用至关重要。

---

〔1〕 参见刘善华:《日本和德国法上的再交涉义务及对我国合同法的启示》,载《山东大学学报(哲学社会科学版)》2013 年第 6 期。

〔2〕 石川博康『再交涉義務の理論』(有斐閣,2011 年)232 頁参照。

第二节　再交涉义务的应用

在合同调整规范的适用上，对过程关联性规范的侧重，虽然仅是萌芽，但已经在部分个别规范中出现。其中最为重要的规范，即是再交涉义务。同样，再交涉义务正是为合同调整而产生的。[1] 早在1993年，再交涉义务的主倡者奈勒，就在其对再交涉义务的定基之作《再交涉义务：作为义务及责任对象的促进合同调整和合同补充的再交涉》中，明确将再交涉义务的应用设立在合同调整与合同补充中。[2] 由此可见，再交涉义务在合同调整规范中的应用，自再交涉义务萌芽阶段就已经被肯定。然而，在没有约定以及法定的前提下，再交涉义务缘何能够得以适用（再交涉义务的正当化基础），其体系定位于何处，其是否可以适用于本书中所提示的所有合同调整规范（再交涉义务的适用要件），以及违反再交涉义务能够产生何种效果等问题仍有待进一步探讨。

一、再交涉义务应用的正当化基础

在我国实证法中，《民法典》仅在第533条情事变更原则项下新增了再交涉义务的规定，并无再交涉义务的一般规定。如何得以承认再交涉义务在所有合同调整规范中的适用，仍有待一番考量。当

---

〔1〕 德国法上再交涉义务的首倡者Horn即强调合同调整问题的复杂性。Vgl. Norbert Horn, Neuverhandlungspflicht, AcP 181(1981), S277f. 转引自石川博康『再交涉義務の理論』（有斐閣，2011年）138頁。具体内容参见下文论述。

〔2〕 Vgl. Andreas Nelle, Neuverhandlungspflichten: Neuverhandlungen zur Vertragsanpassung und Vertragsergänzung als Gegenstand von Pflichten und Obliegenheiten, 1993, S. 1.

然，此种情况并非我国所独有，在德国法、日本法中也存在此种情况。值得考虑的方法是，运用《民法典》第7条所规定的诚实信用原则作为再交涉义务应用的法理基础。然而，如何开展对诚实信用原则适用的说理过程，在既有的讨论中，有着不同的路径。

奈勒试图立足于特别法上规定以及判例来探讨再交涉义务的正当性。其分析探讨了德国债法修改之前的行为基础丧失理论以及特别法规定的合同调整规范项下的判例，认为再交涉义务的前提正是判例中经由诚实信用原则所体现的各种衍生原则，如合同信义（Vertragstreue）、比例原则（Verhältnismäßigkeitsprinzip），以及特别法上直接规定再交涉的调整规定。[1] 然而，特别法及判例中所显现的终究是部分合同调整规范的场合，经由此种判断，能否将再交涉义务运用于全体调整规范之上，仍存在疑问。因此，虽然基于特别法以及判例的考察能够一定程度上确认再交涉义务的正当性，但是还不足够，其无法从一般理论上解释适用再交涉义务的必要。

艾登穆勒（Horst Eidenmüller）则从价值创造和效率性的角度来探讨再交涉义务的正当性。其认为，在契约中没有规定再交涉义务的场合，应当基于《德国民法典》第242条（诚信原则）来推导出再交涉义务。作如此解释的理由是，在多数场合中，再交涉具有优化所有利益相关者地位的价值创造的可能性，而再交涉义务则通过排除再交涉的障碍，可以使再交涉过程中潜在的价值创造可能性成为现实，同时使有利于双方当事人的具体合同调整成为可能。因此，再交涉

---

〔1〕 Vgl. Andreas Nellc, Neuverhandlungspflichten: Neuverhandlungen zur Vertragsanpassung und Vertragsergänzung als Gegenstand von Pflichten und Obliegenheiten, 1993, S.196ff.

义务是对合理当事人而言的“事前会同意的义务”。[1] 然而，在实际中，并不是每一个再交涉都能够实现价值创造的结果，同时并不是赋予当事人再交涉义务都能够更为效率地实现合同内容的调整，对于不想调整合同的一方当事人，赋予强制性的再交涉义务，反而得不出任何有价值的交流，会降低解决争议的效率。

从特别法和判例出发，从价值创造和效率性的视角出发，都无法为一般情况下再交涉义务提供完整全面的适用依据。对于再交涉义务适用的正当性，本书认为，应当区分两种视角来考察，第一种视角是赋予当事人再交涉义务的必要性，第二种视角是赋予当事人再交涉义务的合理性。

关于再交涉义务适用的必要性，主要体现在合同调整问题的复杂性上。霍恩认为，对合同的调整，要综合考虑合同中复杂的约定、当事人之间复杂的利益关系，同时要考虑个别情事出现的多样性，实在过于复杂，完全依照法院的判断确定调整目的十分困难，因而有必要适用再交涉义务。[2] 霍恩虽然是基于行为基础丧失理论而作出的合同调整复杂性的判断，但是该判断在意定调整规范中同样有效。在调整内容由一方当事人确定的调整规范中，在发生纠纷时，同样存在认定调整内容的复杂性问题。面对这样的复杂性，赋予当事人再交涉义务，促使当事人通过协商解决纠纷，或许是唯一的解决途径。

关于再交涉义务适用的合理性，主要体现在再交涉义务的合目

---

〔1〕 Vgl. Horst Eidenmüller, Neuverhandlungspflichten bei Wegfall der Geschäftsgrundlage, ZIP 1995, S. 1068. 转引自石川博康『再交涉義務の理論』(有斐閣,2011 年)195 頁。

〔2〕 Norbert Horn, Neuverhandlungspflicht, AcP 181(1981), S277f. 转引自石川博康『再交涉義務の理論』(有斐閣,2011 年)138 頁。

的性之上。解决复杂的合同调整的课题，正是合同调整规范的目的，而再交涉义务正是实现该目的所存在的必不可少的附随义务。[1]这种附随义务，和一般性的附随义务相同，其作为实现给付义务的目的而存在的必要的行为义务，拘束力也正是来源于给付义务。[2]

综上所述，基于合同调整课题的复杂性和再交涉义务本身的合目的性，再交涉义务应当在我国实证法体系下被一般性地认可。从解释论上出发，该种义务或许仅能将诚实信用原则作为其合法性依据。当然换个角度出发，将诚实信用原则作为再交涉义务的法理依据，实际上也为我们考察诚信原则的新的功能提供了新的角度。[3]

二、再交涉义务的体系定位

在我国理论界的讨论中，再交涉义务往往集中于情事变更原则的适用之下。[4] 然而，从上述讨论中可以看出，事实上在域外比较法上，再交涉义务并没有被限制于情事变更原则之中，而是广泛适用于一般的合同调整规范上。

在本书的理解中，再交涉义务的定位是，在合同调整问题产生之时，以促进和保障合同当事人自主的交涉为第一次目的的契约规范。[5] 其以合同调整规范的存在为前提，适用于一般合同调整规范

〔1〕 石川博康『再交渉義務の理論』（有斐閣，2011年）231頁参照。

〔2〕 北川善太郎『契約責任の研究』（有斐閣，1963年）355頁参照。

〔3〕 山本顕治「契約交渉関係の法的構造についての一考察（三）——私的自治の再生に向けて」民商法雑誌100巻5号827頁参照。

〔4〕 参见谢鸿飞：《合同法学的新发展》，中国社会科学出版社2014年版，第350页。有学者在介绍外国再交涉义务对我国的合同法的启示时，特别提到应当将再交涉义务限定为情事变更的场合，参见刘善华：《日本和德国法上的再交涉义务及对我国合同法的启示》，载《山东大学学报（哲学社会科学版）》2013年第6期。

〔5〕 松井和彦「過程志向的法システムと再交渉義務」一橋論叢115号1号270頁参照。

之中。同时,再交涉义务属于他律性兼过程关联性的规范领域。之所以再交涉义务属于他律性的规范,是因为再交涉义务能够超越当事人明示的合意框架之外,或是通过契约解释来对不完整的合同调整规范加以补充,或是通过更为一般化的诚实信用原则对契约进行补充。[1]

然而,再交涉义务也并非完全不顾自律性的他律规范。再交涉义务作为过程性规范,通过该规范的运用,可以为再交涉的开始提供契机,将合同调整问题的解决委与当事人自律解决。基于此点,有学者将再交涉义务称为"自律支援规范"[2]和"交涉促进规范"[3]。

三、再交涉义务的适用要件

再交涉义务是为合同调整而生的规范。因此,其适用当然以合同调整规范的存在为必要。这种合同调整规范不仅包括情事变更下的合同调整等法定调整规范,而且包括在当事人之间特约的意定调整规范。

此外,从再交涉义务的正当化基础出发,再交涉义务是为解决复杂的合同调整规范而产生的,如果具体合同调整规范不复杂,甚至无争议,则再交涉义务不仅会丧失正当性,也没有适用的必要。也就是说,并不是在所有的合同调整规范之下,都可以无区分地适用再交涉义务,该种适用不仅会极大地降低效率,也会丧失再交涉义务本身的优势。因此,对于再交涉义务的适用,还应当符合一定的要件,从而将部分调整规范排除再交涉义务的适用之外。

---

〔1〕 石川博康『再交渉義務の理論』(有斐閣,2011 年)233 頁参照。

〔2〕 石川博康『再交渉義務の理論』(有斐閣,2011 年)232 頁参照。

〔3〕 山本顯治「再交渉義務論について(1)——交渉理論と契約法理論の交錯」法政研究 63 巻 1 号 1 頁参照。

依据石川教授的构想，再交涉义务的适用可以从两个要件着手。一方面是促使再交涉义务成立的积极性要件，也就是上述的“合同调整课题的复杂性”；另一方面是阻碍再交涉义务成立的消极性要件，主要体现在“无法期待再交涉之情事的存在”。[1] 在认定再交涉义务是否成立上，应区分这两个要件的程度，从而决定是否认定在合同调整规范中存在再交涉义务。

（一）积极性要件

作为积极性要件，再交涉义务的成立需要相关合同调整规范具有适用上的复杂性。正是合同规范在适用上具有复杂性，才能要求当事人以再交涉的形式，更加充分地发挥积极自律的空间，以实现纠纷的解决。对于该复杂性的程度越高，越应当认可再交涉义务存在的必要性，也就是越应当肯定再交涉义务的成立。对于充分体现该要件的例子，石川博士举出了以下几种场合：第一，因交易中存有特殊的投资以及高度的信赖关系或依存关系，需要继续维持合同关系的场合；第二，合同内容自身复杂性较高的场合；第三，对于合同调整存有较多争论点的场合；第四，合同调整标准的抽象度很高的场合；第五，合同调整余地很大的场合。[2]

在本书第三章和第四章所列出的众多合同调整规范中，此处略举几例加以分析。在情事变更下的合同调整以及减价制度中，其合同调整的标准往往抽象度较高，因而更应当认可再交涉义务的存在；在自动调整规范中，其合同标准的抽象度较低，因而在此时不宜适用再交涉义务；在合同内容不确定的单方调整规范之中，合同调整的形

〔1〕石川博康『再交涉義務の理論』（有斐閣，2011 年）238 頁参照。
〔2〕石川博康『再交涉義務の理論』（有斐閣，2011 年）238 頁参照。

成余地较大，因而在此时同样应当认可再交涉义务的存在。

(二)消极性要件

作为消极性要件，当无法期待再交涉的情事发生之时，应当否定再交涉义务的成立。充分体现该要件的场合主要有：第一，当事人之间交涉能力存有巨大差距，交涉地位极度不平等的场合；第二，有必要立刻实现合同调整的场合。[1] 关于再交涉的不利之处，奈勒已经在论文中意识到。奈勒认为应当首要警惕的是，再交涉被机会主义的行动利用的风险，也就是说，趁着再交涉的机会，存在当事人打破原有的合同，将原合同中已经存在的权利义务关系向着自己有利的方式调整的危险性。[2] 此种机会主义行动的风险，多体现在双方当事人交涉能力不一致，情报量不足之上。因而，当出现此种情况之时，原则上应否定再交涉义务的成立。例如，在消费者合同中，即便在满足再交涉义务的积极要件的情况下，也不应当认定再交涉义务的成立。对此，大村教授也提出了两点理由：第一，对于契约内容的

---

[1] 石川教授认为，能够预期到调整相对方不愿意接受合同调整(或者相对方实际已经采取不愿意接受调整的态度)的场合也不适用再交涉义务。例如，在情事变更原则下，调整相对方不愿意采取合同调整，而只想谋求解除的场合。其将理由归结于判例法理出现的趋势之中。石川博康『再交渉義務の理論』(有斐閣，2011 年)238 頁参照。然而，在日本修法过程中通说采取这样的态度，不利一方当事人应当先请求再交涉，在再交涉无法实现的情况下，才发生合同调整和解除的问题(再交涉前置主义)。同时当当事人一方主张调整，另一方主张解除之时，应当由法院判断合同调整的方案是否合理，合理的情况下适用合同调整，不合理的情况下，适用合同解除。潮見佳男『新債権総論 I』(信山社，2017 年)3～8 頁参照。也就是说，即便在石川教授所言的场合中，仍旧存在再交涉义务适用的余地，因此本书不采该种见解。

[2] Vgl. Andreas Nelle, Neuverhandlungspflichten: Neuverhandlungen zur Vertragsanpassung und Vertragsergänzung als Gegenstand von Pflichten und Obliegenheiten, 1993, S. 129f.

决定掌握主动权的往往是企业一方,他们没有支持再交涉的必要;第二,基于再交涉所带来的成本,在消费者合同中加入如此复杂的制度并不适当。[1]

四、违反再交涉义务的效果

在认定再交涉义务成立的情况下,如果没有违反再交涉义务的法律后果,将使这一义务沦为道德规范的宣示,而并非一项法律义务。[2] 对于违反再交涉义务的效果,结合我国与比较法上的学说,主要有以下两个方面:

1. 损害赔偿请求权

《欧洲合同法原则》第6:111条第3款规定,"在上述任何一种情形下,法院得判决违反诚实信用与公平交易原则而拒绝参加或中止谈判的一方当事人为此而给对方当事人造成的损失予以赔偿"。该条文实际上肯定因违反再交涉义务而发生的损害赔偿。基于此,我国支持再交涉义务的诸学者往往主张应当借鉴此种做法,认为违反再交涉义务的,应当承担损害赔偿责任。[3]

在损害赔偿请求权之下,当事人能够主张损害赔偿的范围则会成为问题。依据奈勒的研究,损害赔偿的范围被限定在为促进交涉而付出的费用和因合同调整的迟延而产生的损害之上,而合同调整

---

〔1〕 大村敦志『消費者法[第四版]』(有斐閣,2011年)138頁参照。
〔2〕 参见韩世远:《情事变更原则研究》,载《中外法学》2000年第4期。
〔3〕 参见韩世远:《情事变更原则研究——以大陆法为主的比较考察及对我国理论构成的尝试》,载《中外法学》2000年第4期;吴一平:《情势变更原则法律适用比较分析》,载《江苏社会科学》2013年第3期。

实现后可得的预期利益并不属于损害赔偿的范围。[1] 再交涉义务仅是促使双方当事人进行再交涉，并不包含当事人对合同调整的承诺义务，因而即便履行了再交涉义务，也未必能够获得合同调整实现后所能得到的利益。

2. 合同调整权限的限制或变更

从损害赔偿能够实现的范围受限来看，赋予一方当事人损害赔偿请求权也未必能够实现督促当事人进行再交涉的目的。对于再交涉义务违反的惩罚，仍有必要从更为实际、力度更大的角度来探讨。

由于再交涉义务与合同调整规范的适用不可分割，所以从对合同调整权限的角度入手，未尝不是一个很好的选择。对于此点，日本债法修改时所作出的讨论具有借鉴意义。日本民法改正研讨委员会所提供的草案第 3.1.1.92 条中，采取了以下做法：当事人一方违反再交涉义务的，该方当事人不得主张合同调整或者合同解除。[2] 该说也被日本主流学说赞同。[3] 具体来说，如果享有合同调整权限的一方当事人违反再交涉义务，则其会丧失主张合同调整的权利；如果不享有合同调整权限的另一方当事人违反再交涉义务，则其会丧失提出合同调整草案，以及针对对方的调整请求而提出解除的权利。

---

〔1〕 Vgl. Andreas Nelle, Neuverhandlungspflichten: Neuverhandlungen zur Vertragsanpassung und Vertragsergänzung als Gegenstand von Pflichten und Obliegenheiten, 1993, S. 322ff.

〔2〕 民法(債権法)改正検討委員会編『詳解　債権法改正の基本方針Ⅱ』(商事法務,2009 年)391 頁参照。

〔3〕 潮見佳男『新債権総論Ⅰ』(信山社,2017 年)117 頁参照。

五、小结

在合同调整规范的适用中,再交涉义务的应用是必不可少的一环。再交涉义务理论本身亦是针对合同调整问题而提出的。其适用的正当化基础来源于合同调整问题的复杂性以及再交涉义务本身的合目的性。再交涉义务作为合同规范之一,是他律性兼过程关联性的合同调整规范。在定位上,其适用于所有的合同调整规范,是在适用合同调整规范中存在法定或约定调整方式之前的前置性义务。然而,其适用也要区分个体规范,并不是所有的合同调整规范均应适用再交涉义务。只有在一个合同调整规范充满调整的复杂性问题(积极性要件),同时没有出现无法期待再交涉之情事(消极性要件)的情况下,再交涉义务才能够成立。为保障再交涉义务不致落空,应当承认违反再交涉义务会带来不利的后果。作为违反再交涉义务的法律效果,应首先认为其可带来合同调整权限的限制或变更,同时会产生损害赔偿的义务,只不过损害赔偿的范围限制于受不利影响一方的实际损失,不包括预期利益损失。〔1〕

综上,再交涉义务主要立足于以下三个特征:第一,再交涉义务并不包含承诺义务,因而只有过程关联性的性质;第二,再交涉义务以积极支援合同调整过程中个人的自律性为目的,因而具有自律支援的特征;第三,在违反再交涉义务之时,承认合同调整权限的限制等效果,因而再交涉义务也具有责任的性质。〔2〕然而,再交涉义务仅是提供了当事人自律解决合同调整问题的手段,而当事人实际再

---

〔1〕 同样的观点,参见戚枝淬:《论情事变更原则适用的法律效果》,载《河南省政法管理干部学院学报》2003 年第 3 期。

〔2〕 石川博康『再交渉義務の理論』(有斐閣,2011 年)238 頁参照。

交涉实现了何种效果,并非再交涉义务的可控制范围。在当事人通过再交涉义务的运用仍然达不成合意,或不符合再交涉义务的适用要件之时,对于合同调整规范的适用以及控制,仅能寄希望于法官所带来的作用。

第三节 合同调整过程中法官的作用

基于合同调整自由,当事人有权合意调整合同或者设置意定调整规范;出于合同调整自由的滥用可能性,法律在特定情况下,预设了法定调整规范。无论是在何种调整下,均离不开法或者法官的共同作用。综合本书的讨论,可以发现,在合同调整过程中,法官或法对于合同调整的介入,主要是体现在以下两个方面。第一个方面,法官应探求当事人所约定之合同规范的内容,从而对是否支持合同调整作出判断;第二个方面,当法官被赋予确定合同调整内容的权限时,结合再交涉义务,对新形成的合同内容为何作出判断。对此,以下分别展开论述。

一、合同可否调整的判断

在法定调整规范的适用上,法官对于合同可否调整的判断,主要是基于对法定调整规范构成要件的解释以及对当事人之间所发生之情事的认定。这一点在法定调整规范采取形成诉权的模式之时显得更为重要。例如,在情事变更原则下的合同调整中,依据《合同法司法解释二》第 26 条的规定,人民法院应当根据公平原则,并结合案件的实际情况确定是否调整。

在意定调整规范的适用上,法官对于合同可否调整的认定,在判断适用要件是否达成之前,更为重要的是要判断意定调整规范本身效力之有无。正如本书第四章所阐述的那样,对于当事人意定调整规范,在适用上会比法定调整规范多一环节,即对效力的审查上。

不管是法定调整规范还是意定调整规范,法官均有一些事先既已存在的判断准则,在判断上,仅是对于该些准则的解释适用而已。

二、合同调整新内容的确认

只有在允许合同调整的情况之下,才有合同调整新内容应如何确定的问题。在合同内容的确定中,适用合同调整规范应当首先认可再交涉义务的存在(当然是在满足再交涉义务成立的构成要件的条件下)。在再交涉义务不成立,或者经过再交涉也无法达成合同调整新内容的情况下,对于新内容为何的把握,只能交由法官来判断。

至于应如何把握合同调整的新内容,应当首先考察合同调整规范中的调整内容是否具体确定。如果合同调整内容具体确定,则法官在认可其效力的基础上,按照规定的具体内容确认合同新内容即可。但问题是,如果合同调整内容不确定,法官应当如何认定合同调整的内容。

森田教授在此处提出了一个较为可行的方案。其从“社会工学的角度”出发,试图从法律层面来设计出引导当事人自行走向调整结果的方案。“社会工学的角度”意味着默示合同的当事人均属于以实现自己利润最大化为目标的合理经济人,而通过设定具有结果诱导性的规则,调整双方当事人之间的关系。[1] 假设规则是,谁的方案更为公平,即采纳谁的方案。则当主张合同调整一方当事人提出了在一定范围内较为公平的调整方案时,法官即以公权力来确保该方

---

〔1〕 森田修「アメリカにおける『再交渉義務』論と債務転形論」星野英一先生古稀祝賀『日本民法学の形成と課題上巻』(有斐閣,1996 年)546~547 頁参照。

案的实施，在此，另一方当事人为了避免该种方案的实施，肯定会试图提出比该方案更为公平或者至少一样公平的调整方案。[1] 这种比较提案以及另一提案的公平性的做法被称为“最终提案仲裁”(final offer arbitration)。[2] 通过这种方法，可以产生更符合合同调整当事人之间利益公平的调整方案。

也就是说，在合同调整内容不确定，同时经由再交涉也无法实现合同调整之时，可以让调整双方当事人各提出合理的方案，而法院从二者中选择最佳的一项。这当然至少要求法院具有确定谁的方案更为合理的权利。不过相对于让法院自主地确定合同调整内容，“最终提案仲裁”的方式一方面能够缓解法院自身局限性所带来的弊端[3]，另一方面可以减少当事人之间合意所带来的损害。这也正是在日本法理论下，对情事变更的合同调整的理解。[4] 在情事变更原则之下对该种理论的具体适用，在本书第三章第一节情事变更原则下合同调整的适用中已提及和论述，此处不赘述。

第四节　合同调整规范的适用规则

本章从合同调整的趋势出发，重点探讨了再交涉义务的可能性以及必要性，同时对再交涉义务不成立或未达成一致时的处理办法，提出了相应的见解。现将基于强制调整效力的合同调整规范整体的

---

〔1〕 森田修「アメリカにおける『再交涉義務』論と債務転形論」星野英一先生古稀祝賀『日本民法学の形成と課題上巻』(有斐閣,1996 年)545 頁参照。

〔2〕 北山修吾「契約改訂のプロセスに関する若干の考察——再交涉義務の位置付けと改訂判決の内容」法政理論第 31 巻第 2 号 219 頁参照。

〔3〕 吉政知広『事情変更法理と契約規範』(有斐閣,2014 年)164 頁参照。

〔4〕 潮見佳男『新債権総論Ⅰ』(信山社,2017 年)117 頁参照。

适用规则及顺序整理如下(见图2):[1]

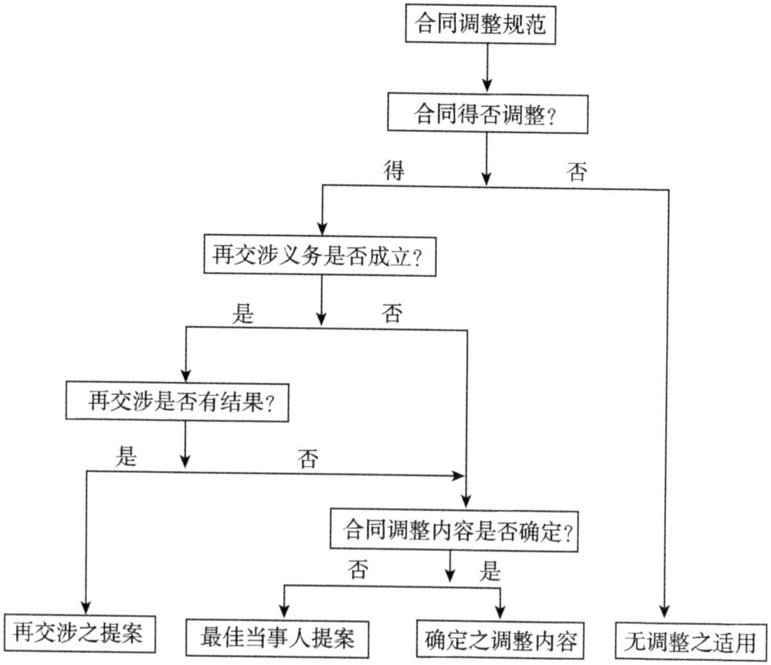

图2　合同调整规范之适用

首先,依据法律法规审查该合同调整规范是否得以适用,其中包含对意定调整规范效力、构成要件的审查和对法定调整规范构成要件的审查。

其次,在符合合同调整要件之时,则继续考察是否符合再交涉义务的成立要件,即合同调整规范是否具有复杂性(积极要件),以及是否有无法期待再交涉之情事的存在(消极要件)。

[1] 需要注意的是,法定调整规范之中的确定调整权和意定调整规范之中的双方调整规范并不包含在本图之中,因为该两者均没有强制调整的效力,相对方当事人可以通过解除或者不作承诺来阻碍调整的发生。

再次，在再交涉义务成立的情况下，同时当事人经由再交涉得出调整方案之时，则按照该调整方案予以调整合同。

最后，在再交涉义务不成立或者通过再交涉没有达成合意的情况下，则区分在合同调整规范中调整内容是否确定，如果确定，则按照该调整内容予以调整；如果不确定，则由法官按照最终提案仲裁的方法确定，即按照最为合理的当事人提案确定。

上述规则，仅是在最大限度上整合散见于我国实证法各个角落中的合同调整规则，为合同法下提取公因式提供另一个可供讨论的角度。

当然，就借鉴、引进一个新的教义学上概念而言，本书仅是一个开端。本书的目的并非为开辟一个新的领域，而仅是将目光着眼于我国实证法以及实践中已存在的各种合同调整规范之上，根据合同调整规范的共性以及趋势总结出一定适用的理论。因此，与其说本书创造规则，毋宁说本书整合现有的规则，提取其共同之处。这也就决定着本书的最终目标并非从立法论出发，在合同法总则领域建立相关规则，而是从解释论出发，将本书所总结之规律适用于所有既有的或者将来立法新设的合同调整规范之中。

第六章　结　语

合同调整规则所包含的问题，在德日法系中已经逐渐被学者们所认知，而在我国学界，还仍未有人作过系统的分析。本书尝试依照域外法上的经验，从最大限度上统一我国法下的合同调整规则，同时从另一个角度提取合同法的公因式，以期能为具体合同调整规范的适用提供建议。

本书将合同调整作如下定义：合同调整，是在保持合同同一性的前提下，为适应情事之变化，对合同内容所作出的变更。从体系上看，合同调整属于合同变更的下位概念。其构成因素包括维持合同同一性、适应合同情事变化和合同内容发生变更三个方面。通过这三者的综合运用，可以将合同调整与合同终止、合同内容的确定以及和解合同相区分。合同调整的法理基础是合同变更自由。当事人合意调整合同以及约定意定合同调整规范，均是对积极的合同变更自由的利用。在法律关系的常态中，消极的合同变更自由则占据着主要的地位，拒绝调整本身既是合同自由的体现，也是契约严守原则的体现。然而，法定调整规范却在某种情事下作出了限制消极的变更自由的规定，使当事人可以单方的调整合同或者引导当事人调整合同。从本书的观点出发，法定调整规范并非通过诚信原则等外部原则而入侵当事人的合同自由，而是在具有合同调整滥用的领域，为了使调整弱势一方能够获得平等探讨调整之机会，从更好地支持积极的变更自由的角度，对消极变更自由进行的限制。

除了当事人事后合意调整合同之外，法定合同调整规范以及意定合同调整规范的适用同样引起合同的调整。通过对于法定合同调整规范以及意定合同调整规范的对比分析，能够得出合同调整规范统一的规律。在合同调整规范的适用上，出现了结果关联性规范向过程关联性规范靠拢以及重视自律性规范的倾向。处于该种倾向中心的即是再交涉义务制度。再交涉义务在我国的讨论中往往和情事变更原则联系在一起，而实际上其是为了应对合同调整问题的复杂性而被提出的，并不仅仅限定于情事变更原则的适用中。在众多合同调整规范中，只有在调整规范下的调整极具复杂性（积极性要件），同时没有出现无法期待再交涉之情事（消极性要件）的情况下，再交涉义务才能够成立。在再交涉义务无法成立或者达不成合意的场合，合同调整的内容只能由法官来作决定。但是，不管在何种情况下，法官都不能径自作出合同的调整内容，而应从更为合理的当事人提案之中确定。

当然，就借鉴、引进一个教义学上的概念而言，本书仅是一个开端。本书的目的并非为开辟一个新的领域，而仅是将目光着眼于在我国实证法以及实践中已存在的各种合同调整规范之上，根据合同调整规范的共性以及趋势总结出一定适用的理论。因此，与其说本书创造规则，毋宁说本书整合现有的规则，提取其共同之处。这也就决定了本书的最终目标并非从立法论出发,在合同法总则领域建立相关规则,而是从解释论出发,将本书所总结之规律适用于所有既有的或者将来立法新设的合同调整规范之中。

参考文献

(一)中文著作

[1]崔建远:《新合同法原理与案例评释》(上册),吉林大学出版社1999年版。

[2]崔建远:《合同法总论》(中卷),中国人民大学出版社2012年版。

[3]崔建远:《合同法学》,法律出版社2015年版。

[4]崔建远:《合同法》(第6版),法律出版社2016年版。

[5]陈自强:《无因债权契约论》,中国政法大学出版社2002年版。

[6]陈自强:《和解与计算错误——契约法之现代化Ⅲ》,元照出版有限公司2014年版。

[7]郭明瑞、房绍坤:《合同法学》(第3版),复旦大学出版社2016年版。

[8]胡康生主编:《中华人民共和国合同法释义》,法律出版社2013年版。

[9]黄立:《民法债编总论》,中国政法大学出版社2002年版。

[10]黄立:《民法债编各论》(下),中国政法大学出版社2003年版。

[11]黄茂荣:《债法总论》(第2册),中国政法大学出版2003年版。
[12]黄茂荣:《买卖法》(增订第6版),植根法学丛书编辑室2004年版。
[13]韩世远:《履行障碍法的体系》,法律出版社2006年版。
[14]韩世远:《合同法总论》(第4版),法律出版2018年版。
[15]黄薇主编:《中华人民共和国民法典释义》(上),法律出版社2020年版。
[16]黄薇主编:《中华人民共和国民法典释义(中)》,法律出版社2020年版。
[17]黄右昌:《罗马法与现代》,丁玫勘校,北京大学出版社2008年版。
[18]侯作前等:《旅游立法的理论与实践》,法律出版社2014年版。
[19]林诚二:《民法债编总论——体系化解释》,中国人民大学出版社2003年版。
[20]李飞主编:《中华人民共和国旅游法解读》,中国法制出版社2013年版。
[21]梁慧星:《民法总论》(第5版),法律出版社2017年版。
[22]李宇:《民法总则要义——规范释论与判解集注》,法律出版社2017年版。
[23]李永军、易军:《合同法》,中国法制出版社2009年版。
[24]梁宗岱:《梁宗岱文集Ⅲ译诗卷》,中央编译出版社2003年版。
[25]马俊驹、余延满:《民法原论》(第3版),法律出版社2007年版。
[26]马特、李昊:《英美合同法导论》,对外经济贸易大学出版社2009年版。
[27]全国人大法制工作委员会民法室编著:《〈中华人民共和国合同法〉立法资料选》,法律出版社1999年版。
[28]渠涛:《中日民商法研究》(第4卷),法律出版社2006年版。
[29]苏慧祥:《中国当代合同法论》,吉林大学出版社1992年版。
[30]孙美兰:《情势变动与契约理论》,法律出版社2004年版。
[31]隋彭生:《合同法要义》(第4版),中国人民大学出版社2015年版。
[32]史尚宽:《债法总论》,中国政法大学出版社2000年版。

[33]王洪亮:《债法总论》,北京大学出版社 2016 年版。
[34]王利明:《合同法新问题研究》,中国社会科学出版社 2003 年版。
[35]王利明:《合同法研究》(第 2 卷)(第 3 版),中国人民大学出版 2015 年版。
[36]王利明:《合同法》,中国人民大学出版社 2015 年版。
[37]王利明、房绍坤、王轶:《合同法》(第 4 版),中国人民大学出版 2013 年版。
[38]王家福:《民法债权》,中国社会科学出版社 2015 年版。
[39]王天星:《旅游法立法研究》,中国旅游出版社 2013 年版。
[40]王泽鉴:《民法思维》,北京大学出版社 2009 年版。
[41]王泽鉴:《债法原理》,北京大学出版社 2009 年版。
[42]谢鸿飞:《合同法学的新发展》,中国社会科学出版社 2014 年版。
[43]谢怀栻等:《合同法原理》,法律出版社 2000 年版。
[44]许惠祐:《两岸旅游契约与合同法制》,华泰文化台湾自版 2008 年版。
[45]杨富斌:《旅游法教程》,中国旅游出版社 2013 年版。
[46]杨立新:《合同法》,北京大学出版社 2013 年版。
[47]尹田:《法国现代合同法》,法律出版社 1995 年版。
[48]最高人民法院民事审判第二庭编著:《最高人民法院关于买卖合同司法解释理解与适用》,人民法院出版社 2016 年版。
[49]最高人民法院民法典贯彻实施工作领导小组主编:《中华人民共和国民法典总则编理解与适用》(下),人民法院出版社 2020 年版。
[50]朱广新:《合同法总则研究》(下册),中国人民大学出版社 2018 年版。
[51]张建军:《格式合同的司法规制研究》,中国政法大学出版社 2014 年版。
[52]周枏:《罗马法原论》(下册),商务印书馆 2014 年版。
[53]朱庆育:《民法总论》(第 3 版),北京大学出版社 2016 年版。
[54]曾世雄:《损害赔偿法原理》,中国政法大学出版社 2001 年版。
[55]张卫平:《民事诉讼法》(第 2 版),法律出版社 2009 年版。

[56]郑玉波:《债法总论》,陈荣隆修订,中国政法大学出版社 2003 年版。

(二)中文论文及期刊

[1]崔建远:《退货、减少价款的定性与定位》,载《法律科学》2012 年第 4 期。
[2]崔建远:《论法律行为或其条款附条件》,载《法商研究》2015 年第 4 期。
[3]崔建远:《民法总则应如何设计民事责任制度》,载《法学杂志》2016 年第 1 期。
[4]崔建远:《合同效力规则之完善》,载《吉林大学社会科学学报》2018 年第 1 期。
[5]杜军:《旅游合同研究》,载《西南民族学院学报(哲学社会科学版)》2001 年第 5 期。
[6]杜景林:《我国合同法上减价制度的不足与完善》,载《法学》2008 年第 4 期。
[7]杜景林:《合同规范在格式条款规制上的范式作用》,载《法学》2010 年第 7 期。
[8]傅林放、阙杭平:《论包价旅游合同相关问题》,载《旅游学刊》2015 年第 9 期。
[9]韩从容:《论格式合同的价值冲突与利益平衡机制》,载《现代法学》2000 年第 6 期。
[10]韩强:《情势变更的类型化研究》,载《法学研究》2010 年第 4 期。
[11]胡启忠:《情势变更事件处理的路径与策略》,载《现代法学》2003 年第 5 期。
[12]韩世远:《减价责任的逻辑构成》,载《清华法学》2008 年第 1 期。
[13]韩世远:《租赁标的瑕疵与合同救济》,载《中国法学》2011 年第 5 期。
[14]韩世远:《情势变更若干问题研究》,载《中外法学》2014 年第 3 期。
[15]韩世远:《不可抗力、情事变更与合同解除》,载《法律适用》2014 年第 11 期。

[16]黄喆:《德国交易基础理论的变迁与启示》,载《法学论坛》2010年第6期。

[17]黄忠:《法律行为部分无效的处理规则研究》,载《当代法学》2010年第3期。

[18]江平、程合红、申卫星:《论新合同法中的合同自由原则与诚实信用原则》,载《政法论坛》1999年第1期。

[19]季卫东:《合宪性审查与司法权的强化》,载《中国社会科学》2002年第2期。

[20]卡斯滕·海尔斯特尔、许德风:《情势变更原则研究》,载《中外法学》2004年第4期。

[21]刘劲柳:《旅游合同立法问世标志着我国旅游业发展方式升级》,载《旅游学刊》2013年第9期。

[22]刘善华:《日本和德国法上的再交涉义务及对我国合同法的启示》,载《山东大学学报(哲学社会科学版)》2013年第6期。

[23]吕双全:《日本债法修改介绍与分析——兼论对我国〈民法典〉制定的启示》,载《上海政法学院学报》2017年第5期。

[24]吕双全:《减价救济之定性与实现的逻辑构成》,载《政治与法律》2017年第5期。

[25]吕双全:《旅游合同中单方变更权的法理构造》,载《旅游学刊》2018年第5期。

[26]吕双全:《情事变更原则法律效果的教义学构造》,载《法学》2019年第11期。

[27]刘伟军:《合同买方单方变更权研究——以海上钻井平台建造为视角》,载《河北经贸大学学报》2016年第5期。

[28]李玉雪:《论合同自由的限制》,载《法制与社会发展》2001年第4期。

[29]马辉:《格式条款规制标准研究》,载《华东政法大学学报》2016年第2期。

[30]屈茂辉、张红:《继续性合同:基于合同法理与立法技术的多重考量》,载《中国法学》2010 年第 4 期。

[31]渠涛:《对〈旅游法〉中有关民事法律关系问题的解读和思考》,载《旅游学刊》2013 年第 9 期。

[32]戚枝淬:《论情势变更原则适用的法律效果》,载《河南省政法管理干部学院学报》2003 年第 3 期。

[33]冉克平:《论私法上的合意及其判定》,载《现代法学》2014 年第 5 期。

[34]孙良国:《单方修改合同条款的公平控制》,载《法学》2013 年第 1 期。

[35]苏永钦:《以公法规范控制私法契约——两岸转介条款的比较与操作建议》,载《人大法律评论》2010 年。

[36]王闯:《当前人民法院审理商事合同案件适用法律若干问题》,载《法律适用》2009 年第 9 期。

[37]王洪亮:《违约金酌减规则论》,载《法学家》2015 年第 3 期。

[38]王利明:《对〈合同法〉格式条款规定的评析》,载《政法论坛》1999 年第 6 期。

[39]王利明:《论和解协议》,载《政治与法律》2014 年第 1 期。

[40]武腾:《减价实现方式的重思与重构》,载《北方法学》2014 年第 3 期。

[41]吴一平:《情势变更原则法律适用比较分析》,载《江苏社会科学》2013 年第 3 期。

[42]王玉松:《情势变更原则在旅游合同中的应用》,载《旅游学刊》2009 年第 12 期。

[43]王泽鉴:《法学上之发现》,载王泽鉴:《民法学说与判例研究》(第 4 册),北京大学出版社 2009 年版。

[44]解亘:《格式条款内容规制的规范体系》,载《法学研究》2013 年第 2 期。

[45]肖俊:《代物清偿中的合意基础与清偿效果研究》,载《中外法学》2015 年第 1 期。

[46]徐伟、黄喆、沈杰:《工程承包合同变更的限制》,载《东南大学学报(哲

学社会科学版)》2012 年第 3 期。

[47]杨明:《论民法原则的规则化——以诚信原则与情势变更原则为例外》,载《法商研究》2008 年第 5 期。

[48]姚明斌:《违约金司法酌减的规范构成》,载《法学》2014 年第 1 期。

[49]张淳:《对情势变更原则的进一步研究》,载《南京大学学报(哲学·人文·社会科学)》1999 年第 1 期。

[50]张淳:《立法与理论:关于情势变更原则中的合同变更权》,载《南京林业大学学报(人文社会科学版)》2001 年第 4 期。

[51]郑晶:《旅游合同立法的几个基础性问题》,载《旅游学刊》2011 年第 4 期。

[52]张传奇:《论重大误解的可变更效力》,载《中外法学》2014 年第 6 期。

[53]周江洪.《旅游合同性质决定之局限性探讨——以日本的学说及裁判实践为例》,载《旅游学刊》2009 年第 11 期。

[54]周江洪:《债权人代位权与未现实受领之“代物清偿”——“武侯国土局与招商局公司、成都港招公司、海南民丰公司债权人代位权纠纷案”评释》,载《交大法学》2013 年第 1 期。

[55]朱晶晶:《旅游合同解除制度的体系性解释》,载《旅游学刊》2014 年第 7 期。

[56]朱庆育:《〈合同法〉第 52 条第 5 项评注》,载《法学家》2016 年第 3 期。

[57]周友军:《论出卖人的物的瑕疵担保责任》,载《法学论坛》2014 年第 1 期。

(三)中文译著及论文

[1][德]迪尔克·罗歇尔德斯:《德国债法总论》(第 7 版),沈小军、张金海译中国人民大学出版社 2014 年版。

[2][德]迪特尔·梅迪库斯:《德国民法总论》,邵建东译,法律出版社 2001 年版。

[3][德]迪特尔·梅迪库斯:《德国债法总论》,杜景林、卢谌译,法律出版社2004年版。

[4][德]莱因哈德·齐默曼:《德国新债法——历史与比较的视角》,韩光明译,法律出版社2012年版。

[5][德]卡尔·拉伦茨:《德国民法通论》(上册),王晓晔等译,法律出版社2003年版。

[6][德]卡纳里斯:《债务合同法的变化——即债务合同法的“具体化”趋势》,张双根译,载《中外法学》2001年第1期。

[7][德]维尔纳·弗卢梅:《法律行为论》,迟颖译,法律出版社2013年版。

[8][日]五十岚清:《情势变更·合同调整·再交涉义务——情事变更原则效果再考》,刘士国译,载梁慧星主编:《民商法论丛》(第15卷),法律出版社2000年版。

[9][意]阿雷西奥·扎卡利亚:《债是法锁——债法要义》,陆青译,法律出版社2017年版。

[10]欧洲民法典研究组、欧洲现行私法研究组:《欧洲私法的原则、定义与示范规则:〈欧洲示范民法典草案〉》,高圣平等译,法律出版社2014年版。

(四)外文著作

[1]北川善太郎『契約責任の研究』(有斐閣,1963年)。

[2]北川善太郎(ほか)『サービス・旅行・運送契約』(三省堂,1999年)。

[3]潮見佳男『民法(債権関係)改正法案の概要』(金融財政事情研究会,2015年)。

[4]潮見佳男『新債権総論Ⅰ』(信山社,2017年)。

[5]潮見佳男『新債権総論Ⅱ』(信山社,2017年)。

[6]潮見佳男『債権各論Ⅰ(第三版)』(新正社,2017年)。

[7]池田真郎『民法債権総論(第二版)』(慶應義塾大学出版会,2013年)。

[8]大村敦志『消費者法(第四版)』(有斐閣,2011年)。

[9]谷口知平 = 五十嵐清編『新版注釈民法(13)』(有斐閣,1996 年)。

[10]磯村哲編『注釈民法(12)』(有斐閣,1970 年)。

[11]加藤雅信『債権総論』(有斐閣,2005 年)。

[12]吉政知広『事情変更法理と契約規範』(有斐閣,2014 年)。

[13]民法(債権法)改正検討委員会編『詳解債権法改正の基本方針Ⅲ』(商事法務,2009 年)。

[14]梅謙次郎『民法要義巻之三』(和佛法律学校(明文堂),1899 年)。

[15]内田貴『契約の時代』(岩波書店,2000 年)。

[16]平井宜雄『債権総論(第二版)』(弘文堂,1994 年)。

[17]前田達明監修『史料債権総則』(成文堂,2010 年)。

[18]石川博康『再交渉義務の理論』(有斐閣,2011 年)。

[19]松岡久和 = 中田邦博編『新・コンメンタール民法(財産法)』(日本評論社,2012 年)。

[20]森田修『契約責任の法学的構造』(有斐閣,2006 年)。

[21]森田修『契約規範の法学的構造』(商事法務,2016 年)。

[22]勝本正晃『民法における事情変更の原則』(有斐閣書房,1926 年)。

[23]我妻栄『債権各論上巻』(岩波書店,1954 年)。

[24] 我妻栄『新訂債権総論』(岩波書店,1964 年)。

[25]我妻栄『新訂民法総則(民法講義 I)』(岩波書店,1965 年)。

[26]我妻栄 = 有泉亨 = 清水誠 = 田山輝明『コンメンタール民法(第二版)』(日本評論社,2008 年)。

[27]柚木馨 = 高木多喜男編『新版注釈民法(14)』(有斐閣,1993 年)。

[28]佐々木正人『旅行の法律学』(日本評論社,2000 年)。

[29]佐々木正人『改正旅行業法・約款の解説』(中央書院,2005 年)。

[30] Andreas Nelle, Neuverhandlungspflichten: Neuverhandlungen zur Vertrags – anpassung und Vertragsergänzung als Gegenstand von Pflichten und Obliegenheiten, 1993.

[31] Angie Schneider, Vertragsanpassung im bipolaren Dauerschuldverhältnis, Mohr Siebeck, 2015.

[32] BGB－RGRK/Mezger, 12. Aufl., §465.

[33] Bork Reinhard, Der Vergleich, Duncker & Humblot, 1988.

[34] Brox/Walker, Allgemeines Schuldrecht, 33. Aufl., C. H. Beck, 2008.

[35] Brox/Walker, Besonderes Schuldrecht, 37. Aufl., C. H. Beck, 2013.

[36] Eric A. Posner, Contract Law and Theory, Wolters Kluwer, 2011.

[37] Joachim Gernhuber, Das Schuldverhältnis, Handbuch des Schuldrechts, Bd. 8, 1989.

[38] Karl Larenz, Lehrbuch des Schuldrechts, Bd. 1, Allgemeiner Teil, 13. Aufl., 1982.

[39] Karl Larenz, Lehrbuch des Schuldrechts, Bd. Ⅱ, Besonderer Teil, 1. Halbband, 13. Aufl., 1986.

[40] Matthias Eckelt, Vertragsanpassungsrecht, Duncker & Humblot, 2008.

[41] Medicus/Lorenz, Schuldrecht Ⅱ, Besonderer Teil, 16. Aufl., C. H. Beck, 2012.

[42] MünchKomm/Westermann, 5. Aufl., §441.

[43] Walter Leisner, Grundrechte und Privatrecht, C. H. Beck, 1960.

[44] Windscheid/Theodor Kipp, Lehrbuch des Pandektenrechts, Bd. Ⅰ, 9. Aufl., 1906.

[45] Wolfgang Fikentscher/Andreas Heinemann, Schuldrecht, 10. Aufl., De Gruyter Recht, 2006.

[46] Wolfgang Jakob Hau, Vertragsanpassung und Anpassungsvertrag, Mohr Siebeck, 2003.

[47] Staudinger/Beckmann, 2004, §441.

[48] Soergel－Huber, 12. Aufl., §465.

[49] Sudabeh Kamanabrou, Vertragliche Anpassungsklauseln, C. H. Beck,

2004.

[50] Ulrich Korth, Minderung beim Kauf, Mohr Siebeck, 2010.

(五) 外文论文及期刊

[1] 北山修吾「契約改訂のプロセスに関する若干の考察——再交渉義務の位置付けと改訂判決の内容」法政理論第31巻第2号。

[2] 北山修吾「事情変更の原則」内田貴＝大村敦志編『民法の争点』(有斐閣,2007年)。

[3] 大村敦志「旅行契約の内容変更と旅行業者の債務不履行責任」ジュリスト1122号。

[4] 大村敦志「サービス契約——旅行契約を素材に」法学教室297号。

[5] 島十四郎「旅行あっ旋契約(手配旅行契約)・主催旅行契約」遠藤浩＝林良平＝水本浩編『現代契約法大系第七巻』(有斐閣,1984年)。

[6] 荒木尚志「雇用システムと労働条件変更法理——労働市場・集団と個人・紛争処理と労働条件変更法理の比較法的考察(4)」法学協会雑誌117巻4号。

[7] 鹿野菜穂子「役務契約(2)旅行契約」内田貴＝大村敦志編『民法の争点』(有斐閣,2007年)。

[8] 平野裕之「契約の数量的一部解除論——売買契約を中心として」野村豊弘先生古稀記念論文集『民法の未来』(商事法務,2014年)。

[9] 森嶋秀紀「主催旅行契約における旅行業者の債務と責任(二)」名古屋大学法政論集203号。

[10] 松井和彦「過程志向的法システムと再交渉義務」一橋論厳115号1号。

[11] 森田修「アメリカにおける『再交渉義務』論と債務転形論」星野英一先生古稀祝賀『日本民法学の形成と課題上巻』(有斐閣,1996年)。

[12] 森田修「契約総則上の制度としての代金減額」東京大学法科大学院ロ

ーレビュー 3 号(2008)。
[13] 山本顕治「契約交渉関係の法的構造についての一考察(三)——私的自治の再生に向けて」民商法雑誌 100 巻 5 号。
[14] 山本顕治「再交渉義務論について(1)——交渉理論と契約法理論の交錯」法政研究 63 巻 1 号。
[15] 山野目章夫「民法の債権関係の規定の見直しにおける売買契約の新しい規律の構想」法曹時報 68 巻 1 号。
[16] 油納健一「わが国における旅行契約法の特徴と課題」山口経済学雑誌第 57 巻。
[17] Richard E. Speidel, Court – Imposed Price Adjustments Under Long – Term Supply Contracts, 76Nw. U. L. Rev. 369(1981).

后　记

本书修改自我的博士论文，是我初涉学术研究的阶段性成果。回顾本书的写作乃至整个求学之路，有一些人、一些事不得不心存感激、予以致谢。没有你们，本书的写作几乎是不可能完成的。

感谢博士研究生阶段的恩师——周江洪老师。周老师为人师表、言传身教，不仅在论文上给予了我很大的帮助，而且在生活中也教会了我很多为人处世的道理。周老师师从日本著名民法学者矶村保，深刻的判例分析和研读方法给了我很大的启迪。也正是在老师的鼓励和支持下，我才得以去日本深造。记得在旅日的最后阶段，辗转3个多小时，终于抵达周老师曾经待过3年的神户大学，完成了我的"朝圣之旅"。坐在面向神户港的石阶前，想象着周老师十余年前学生时代也曾坐在此地，眺望着濑户内海，竟不知不觉坐到了傍晚，才不舍地离开。

感谢硕士研究生阶段的恩师——韩强老师。是韩老师让我步入了民法的殿堂，让我见识到了新世界。在韩老师的支持和鼓励下，我才萌生继续读博深造的念想，才有了我现在的模样。正是看了韩老师在《法学研究》上关于情事变更原则的文章，引起了我对情事变更原则项下合同变更这一法律效果的思考，进而扩展到整个合同调整领域，才有了本书的问世。

感谢母校浙大法学院民商法所的张谷老师、陈信勇老师、王冠玺老师、朱庆育老师、韩家勇老师、陆青老师、章程老师、周淳老师。民商法所的氛围和睦融融，按老师们的话说，采“集体导师制”，每一位师长都在写作上、在生活上给予了我很大的帮助，让我少走了很多弯路。

感谢在日本访学期间的两位导师——松冈久和老师和潮见佳男老师。感谢两位老师提供的机会，使我得以开拓视野，得以深入了解日本法。记得临回国之前，与松冈老师的最后一次会谈，谈及为何要在手续如此烦琐的情况下，仍然同意我来访学。松冈老师微微一笑，回答道，手续是烦琐了点，但如果我不给你机会，那你不就不能来京都大学了吗？松冈老师的慈祥博爱，让我在留学期间得以迅速适应课程学习，并未遇到重大的挫折。

博士学位论文的写作是枯燥乏味的，没有好友的陪伴和讨论，也是无法坚持到底的。所幸我有一批志同道合的同门和同学，在他们的支持下才有了本书的完稿。感谢我的同门亦是兄长的原永朋博士，与他的交流往往会使我心情平静，思维更为专注。感谢同门刘洋博士、朱晶晶师姐、王好博士、刘卓妍师妹，以及季若望、吴云轩等诸位博士。同样还需要感谢我日本的好朋友——饼原波音，是他让我在日本的生活中不再孤单，让我的日本之旅变得更为深入和充实。

感谢工作单位宁波大学法学院各位领导与老师，对我研究工作的鼓励与支持。特别是感谢钭晓东院长、何跃军副院长，是他们的信任与支持，使本书得以更快、更早地出版。

感谢法律出版社的陈昱希编辑，她细心负责，为本书的付梓出版做了大量认真、细致而烦琐的工作。

本书的完成，也离不开家庭的鼎力支持。感谢汪玲玲同学，硕士论文致谢中的她不仅延续到了博士论文致谢之中，也延续至本书之中。感谢汪同学这几年对于穷苦学生的不离不弃，感谢她的理解与支持，使我更加专注于学术。

最后要衷心感谢我的父母。父母生我养我数十载，含辛茹苦，任劳任怨，支持我在外打拼。没有父母无私的理解和鼓励，也就没有本书的完成。每想起不能时刻陪伴在他们身边，心中总有一丝愧疚，只愿儿宏图展翅，以不辜负父母的期望。

博士三年时光，之江两年，旅日一年。每一寸经历都是美好的回忆。无论是九溪夜走，还是琵琶湖垂钓，是骑行西湖，还是环游四国，都是我难以割舍的回忆。

吕双全

2021 年 6 月于宁波鹭园

图书在版编目（CIP）数据

合同调整规则的教义学建构及规范适用 / 吕双全著
. -- 北京 : 法律出版社, 2021
（宁波大学东海文库）
ISBN 978-7-5197-5691-8

Ⅰ. ①合… Ⅱ. ①吕… Ⅲ. ①合同法-研究-中国
Ⅳ. ①D923.64

中国版本图书馆 CIP 数据核字（2021）第 113478 号

合同调整规则的教义学建构及规范适用
HETONG TIAOZHENG GUIZE DE JIAOYIXUE JIANGOU JI GUIFAN SHIYONG

吕双全 著

策划编辑 李 群
责任编辑 李 群 陈昱希
装帧设计 汪奇峰

出版发行 法律出版社
编辑统筹 法规出版分社
责任校对 冯高琼
责任印制 张建伟
经　　销 新华书店

开本 A5
印张 8.375　　**字数** 185 千
版本 2021 年 6 月第 1 版
印次 2021 年 6 月第 1 次印刷
印刷 北京虎彩文化传播有限公司

地址：北京市丰台区莲花池西里 7 号（100073）
网址：www.lawpress.com.cn
投稿邮箱：info@lawpress.com.cn
举报盗版邮箱：jbwq@lawpress.com.cn

销售电话：010-83938349
客服电话：010-83938350
咨询电话：010-63939796

书号：ISBN 978-7-5197-5691-8　　**定价**：48.00 元

凡购买本社图书，如有印装错误，我社负责退换。电话：010-83938349